Arte em cena
A direção de
arte no cinema
brasileiro

Vera Hamburger

Arte em cena
A direção de arte no cinema brasileiro

2ª edição

Serviço Nacional de Aprendizagem Comercial Administração Regional no Estado de São Paulo

Presidente do Conselho Regional
Abram Szajman
Diretor do Departamento Regional
Luiz Francisco de A. Salgado
Superintendente Universitário e de Desenvolvimento
Luiz Carlos Dourado

Editora Senac São Paulo

Conselho Editorial
Luiz Francisco de A. Salgado
Luiz Carlos Dourado
Darcio Sayad Maia
Lucila Mara Sbrana Sciotti
Luís Américo Tousi Botelho

Gerente/Publisher
Luís Américo Tousi Botelho
Coordenação Editorial
Verônica Marques Pirani
Prospecção
Andreza F. dos Passos de Paula
Dolores Crisci Manzano
Paloma Marques Santos
Administrativo
Marina P. alves
Comercial
Aldair Novais Pereira
Comunicação e Eventos
Tania Mayumi Doyama Natal

Edição de Texto
Léia Maria Fontes Guimarães e
Luiza Elena Luchini
Preparação de Texto
Eloiza Helena Rodrigues
Tulio Kawata
Coordenação de Revisão de Texto
Marcelo Nardeli
Revisão de Texto
Ana Carolina Pinheiro Nitto
Leticia Castelo Branco
Maitê Zickuhr
Coordenação de Arte
Antonio Carlos de Angelis
Pesquisa Iconográfica
Vera Hamburger
Tempo Composto
Projeto Gráfico
Dárkon Vieira Roque
Editoração Eletrônica
Dárkon Vieira Roque
Fabiana Fernandes
Veridiana Freitas
Tratamento de Imagens
Motivo
Capa
Ilustração de Andrés Sandoval
Impressão e Acabamento
Gráfica CS

© Editora Senac São Paulo, 2025

Serviço Social do Comércio Administração Regional no Estado de São Paulo

Presidente do Conselho Regional
Abram Szajman
Diretor Regional
Luiz Deoclecio Massaro Galina

Conselho Editorial
Carla Bertucci Barbieri
Jackson Andrade de Matos
Marta Raquel Colabone
Ricardo Gentil
Rosana Paulo da Cunha

Edições Sesc São Paulo

Gerente
Iã Paulo Ribeiro
Gerente Adjunto
Francis Manzoni
Editorial
Clívia Ramiro
Assistente
Antonio Carlos Vilela
Produção Gráfica
Fabio Pinotti
Assistentes
Ricardo Kawazu, Thais Franco

Proibida a reprodução sem autorização expressa.
Todos os direitos desta edição reservados à

Editora Senac São Paulo
Av. Engenheiro Eusébio Stevaux, 823 –
Prédio Editora – Jurubatuba –
CEP 04696-000 – São Paulo – SP

Tel. (11) 2187-4450
editora@sp.senac.br
https://www.editorasenacsp.com.br

Edições Sesc São Paulo
Rua Serra da Bocaina, 570 – 11º andar
03174-000 São Paulo SP Brasil
Tel. (11) 2607-9400
edicoes@sescsp.org.br
sescsp.org.br/edicoes
/edicoessescsp

Dados Internacionais de Catalogação na Publicação (CIP)
(Simone M. P. Vieira – CRB 8ª/4771)

Hamburger, Vera
    Arte em cena : a direção de arte no cinema brasileiro / Vera Hamburger. – 2. ed. – São Paulo : Editora Senac São Paulo; São Paulo : Edições Sesc São Paulo, 2025.

    Bibliografia
    ISBN 978-65-5536-804-8 (impresso – Editora Senac São Paulo)
    e-ISBN 978-65-5536-805-5 (ePub – Editora Senac São Paulo)
    e-ISBN 978-65-5536-806-2 (PDF – Editora Senac São Paulo)
    ISBN 978-65-5536-554-2 (Venda internaciona – Editora Senac São Paulo)
    ISBN 978-85-9493-293-8 – Edições Sesc São Paulo

    1. Direção cinematográfica : Cinema brasileiro   2. Direção de arte : Cinema brasileiro   I. Título.

21-1353t
CDD – 791.430981
BISAC ART057000

Índice para catálogo sistemático:

1. Direção de arte : Cinema brasileiro   791.430981

Sumário

7 Nota dos editores
9 Prefácio: A poesia do espaço – *Carlos Augusto Calil*
12 Agradecimentos
15 Apresentação

17 A direção de arte no cinema
18 O papel da direção de arte no cinema
32 As matérias da direção de arte
52 Afinal, o que é a direção de arte?

55 A direção de arte no Brasil – quatro trajetórias
57 Pierino Massenzi
137 Clóvis Bueno
253 Marcos Flaksman
329 Adrian Cooper

410 Filmografia Vera Hamburger
412 Bibliografia
413 Créditos das imagens

Nota dos editores

Da leitura e análise de um roteiro à transposição da história para o plano audiovisual, um complexo processo se inicia até a finalização de um filme. Nesse percurso, a concepção do ambiente físico-visual é de responsabilidade da direção de arte, ao lado da direção e da direção de fotografia.

Arte em cena: a direção de arte no cinema brasileiro é fruto de pesquisa e reflexão sobre a experiência prática de Vera Hamburger como cenógrafa e diretora de arte. O livro é enriquecido com depoimentos de quatro experientes cenógrafos e diretores de arte da atualidade, por meio dos quais se delineiam importantes momentos da evolução dessa atividade no Brasil. As etapas de criação e realização de vários projetos cenográficos e artísticos são ilustradas por desenhos, croquis e fotografias, revelando desafios e soluções encontrados por esses profissionais.

Diante da escassa bibliografia sobre o tema, com essa publicação, o Senac São Paulo e as Edições Sesc São Paulo oferecem material muito útil para estudantes e profissionais de cinema e produção audiovisual, assim como para os de design, arte e moda, e para o público em geral.

Prefácio – A poesia do espaço

Carlos Augusto Calil

Vera Hamburger, diretora de arte premiada, dando expansão à sua vocação educadora, oferece-nos um guia prático e uma antologia, num único volume.

O valor desse guia é inédito, num país que despreza as regras do fazer e onde tudo se improvisa. No texto de Vera Hamburger, o jovem inclinado à profissão encontrará um repertório de procedimentos, glossário técnico e avaliação crítica de projetos, muito úteis para enfrentar o voluntarismo.

O que motivou a autora foi a inescapável autorreflexão, decorrente da maturidade, em chave coletiva. Quem somos e o que fazemos, nós os cenógrafos e diretores de arte de filmes meramente brasileiros?

O conceito de "direção de arte" em cinema surgiu no final dos anos 1930 por exigência de David O. Selznick, o obsessivo produtor de *E o vento levou*. Na sanha de tudo controlar, convinha ao produtor/autor a concentração nas mãos de um profissional, o *production designer*, da visualização do espetáculo. William Cameron Menzies, consagrado pelo Oscar desde 1929, foi o primeiro titular do posto, responsável pela unidade visual de um filme que teve vários diretores.

A outra vertente do livro de Vera é a pesquisa da obra de quatro dos mais destacados diretores de arte que atuaram e atuam no país. Pierino Massenzi, Clóvis Bueno, com quem a autora compartilhou alguns dos seus mais inspirados trabalhos, Marcos Flaksman, Adrian Cooper. Esse levantamento exaustivo só foi possível graças ao patrocínio de uma Bolsa Vitae de Artes, programa que valorizava a pesquisa não-universitária e cuja extinção deixou uma lacuna insuperada no meio artístico.

Na adaptação da pesquisa ao livro, Vera eliminou as perguntas e deu fluência ao discurso dos profissionais, conferindo-lhes o estatuto de personagens involuntários de um romance de formação. O resultado é a percepção da busca incessante da "poesia do espaço", na obra deles, por meio de maquetes, plantas, desenhos e fotografias de cena. Não poderia haver melhor homenagem a esses grandes artistas, que contribuíram decisivamente para a valorização da sua profissão entre nós.

Pierino Massenzi, com diploma recente da Reale Accademia di Belle Arti, veio ao Brasil fazer a América. Logo encontrou abrigo na colônia italiana instalada na Companhia Cinematográfica Vera Cruz, que ensaiava a produção industrial de filmes em São Bernardo do Campo, no início dos anos 1950. Agarrou a oportunidade e utilizou a infraestrutura fornecida pelos estúdios para imprimir aos cenários dos filmes um realismo estilizado.

Para o filme *Tico-tico no fubá*, uma das mais ambiciosas produções da época, Pierino fez construir em estúdio a praça principal de Santa Rita do Passa Quatro, cidade natal do personagem Zequinha de Abreu, interpretado por Anselmo Duarte. Por uma falha de planejamento da produtora, teve de reconstruí-la precariamente depois de vê-la desmontada, quando as filmagens pareciam ter terminado. Logo compreendeu a fragilidade do meio que o acolhera e soube tirar proveito da reciclagem de materiais e criações. Sua longa carreira foi toda ela trilhada no estúdio de São Bernardo, com as exceções ilustres de *O cangaceiro* e *O assalto ao trem pagador*.

De geração mais recente, Clóvis Bueno, Marcos Flaksman e Adrian Cooper, assim como muitos colegas, tiveram suas vidas radicalmente afetadas pela militância política, numa época de iminência de grandes transformações sociais.

Nessa situação, a Clóvis não restou alternativa senão tornar-se autodidata; passou breve temporada na universidade. Iniciou a carreira no teatro e aprendeu o ofício praticando-o. Sua estreia profissional como diretor de arte se deu em *O beijo da mulher aranha* (1985), o consagrado filme de Hector Babenco, para o qual contribuiu com o duplo registro visual da personalidade de Molina.

A parceria com o diretor lhe rendeu três outros trabalhos notáveis: *Pixote* (1980), com seu rigoroso realismo documental, *Brincando nos campos do Senhor* (1990) e *Carandiru* (2003). Nesse último, reconstituiu, com perfeito verismo, celas, desenhos de parede, corredores, refeitório, altares, até o cheiro da prisão, além, é claro, da violência desmedida. "O espectador comum nunca soube que aquilo era um cenário. É engraçado isso. Nosso trabalho é bom quando o público não nota."

Em *Kenoma* (1997) e *Castelo Rá-tim-bum*, o filme (1999), Clóvis Bueno, em afinada parceria com Vera Hamburger, liberou sua imaginação, lastreado na aparente dicotomia entre ciência e magia. A construção da máquina de *Kenoma* bebe na fonte inesgotável de Leonardo da Vinci, com quem compartilham a aspiração científica. No *Castelo*, explode a fantasia, na chave do realismo fantástico, estilo escolhido para representar a súmula da cultura universal, cujo elemento mágico vem na forma de compêndio de alquimia e ocultismo. Bem-sucedida, não deixou de ser operação de alto risco, considerando a tradição documental que nos condiciona.

Intuitivo, transgressivo, aberto à contribuição do imponderável, que costuma premiar o talento e a humildade do bom profissional, Clóvis Bueno vê-se como o pintor que agrega elementos à tela/imagem, até dar por acabada sua composição rítmica: "o universo pictórico lida com certa melodia em que os materiais contêm emoções".

Reflexivo, Marcos Flaksman é também egresso do teatro, onde buscou a liberdade do "mundo da imaginação". Após intensa atuação política na juventude, cursou faculdade de arquitetura e a completou com especialização em Paris no ofício do cenógrafo.

Com uma formação completa, fez teatro, ópera, cinema, shows musicais, televisão. Por isso mesmo, renega a especialização: "a cenografia, para mim, é uma matéria que está ligada mais visceralmente à dramaturgia, e menos à arquitetura, à fotografia, às artes plásticas".

Dotado de técnica impecável, sempre que pode deixa o espectador "entrever o segundo e o terceiro planos. Gosto das entradas de luz, a presença invisível do lado de fora do cenário". Aos colegas de *set* – diretor, fotógrafo, atores – oferece um "cenário de quatro lados, fechado", que lhes faculta maior conforto no trabalho.

Consciente do paradoxo da profissão, em que não se inibe o artifício na "fabricação da verossimilhança", afirma com a experiência de quem há muito superou a inocência: "não me interessa, na hora de criar um mundo de ficção, a verdade. Interessam-me as verdadeiras mentiras".

Adrian Cooper, inglês de nascimento, moço ainda se lançou ao mundo, correndo atrás da vida, onde ela se manifestasse desimpedida. Atraído pela quimera política, fugiu sistematicamente da norma e da repressão, familiar ou institucional. Libertário, fez carreira ao sabor do vento. Buscando refúgio no Brasil, após a desilusão chilena, logo comprovou habilidades insuspeitas de factótum na fotografia, câmera, som, montagem. "Aprendendo na marra", não demorou que recebesse convite para expandir seus múltiplos talentos. Aceitou por fim a direção de arte de *A marvada carne*, inusitada proposta do jovem realizador André Klotzel.

Compartilhou essa experiência profissional – confessadamente a mais prazerosa – com o público e a equipe inexperiente. Nesse filme vibrante, a descoberta é celebrada a todo momento, irradiando uma alegria feroz. E o prazer de fazer está impresso em cada imagem original.

Além da *Marvada*, Adrian viu-se solicitado a vestir o passado em *Sonho sem fim*, *O judeu*, *Memórias póstumas de Brás Cubas* e *Desmundo*, trabalhos descritos neste volume. Em diferentes graus de dificuldade, a cada empreitada de reconstituição mais ou menos livre, Adrian vai definindo um método de imersão. Lê romances do período, empreende rigorosa pesquisa histórica, visita os locais onde se deram os fatos.

A ausência de iconografia, um dos agudos sintomas da pobreza visual luso-brasileira, surpreende o pesquisador despaisado. Ele não se dá por achado e passa a inventar o nosso passado. Fez como aquele grande crítico que, diante da dificuldade de reconstituir um filme remoto por falta de elementos, o inventou, na esperança de inventar certo.

Arquitetos do efêmero, os diretores de arte que se exibem neste livro – Vera Hamburger, Clóvis Bueno, Marcos Flaksman, Adrian Cooper – emprestaram a imaginação a filmes bons, sofríveis, medíocres, com entrega e generosidade. E aguardam convite para novo trabalho.

Pierino, falecido em 2009, legou-lhes o mote: "Hoje, minha cabeça está cheia de cenários".

Agradecimentos

Agradeço àqueles que colaboraram nas diversas fases deste trabalho. Em primeiro lugar, aos diretores de arte e cenógrafos entrevistados, pela disponibilidade com que me receberam e remexeram gavetas, prateleiras e armários atrás dos registros de suas obras, das lembranças de suas vidas e da reflexão sobre sua profissão; a Amélia Império Hamburger (*in memoriam*) e Fernanda Brenner, sempre lendo e revendo meus ensaios de escrita; a Ernst W. Hamburger, Carlos Augusto Calil, Esther Hamburger e Léa Van Steen, pelo constante apoio; a Déborah Ivanov, que me levou a Pierino Massenzi.

Incluo nesta lista a Cinemateca Brasileira, a Cinemateca do Museu de Arte Moderna do Rio de Janeiro e o Centro Audiovisual (CTAv/MinC) por possibilitarem, muitas vezes em condições especiais, o acesso a cópias de filmes e à documentação de seus acervos; às empresas produtoras, direção, colegas de equipe e fotografia de still, que gentilmente cederam imagens ilustrativas dos diversos filmes apresentados; e especialmente aos atores e atrizes que emprestam sua imagem às fotografias de cena aqui expostas. Agradeço também ao professor Máximo Barros e a Maria Thereza Vargas, pela colaboração na identificação das figuras em cena. Finalmente, agradeço à saudosa Bolsa Vitae de Artes, que deu o impulso inicial à realização deste projeto.

Por fim, faço aqui uma homenagem aos inspiradores Flávio Império, José Pupe e Helena Fausto Império.

Vera Hamburger

A meus pais,
Amélia Império Hamburger e
Ernst Wolfgang Hamburger
(*in memoriam*)

Apresentação

Este livro é resultado da pesquisa sobre o papel e a abrangência da direção de arte na produção audiovisual contemporânea desenvolvida com o apoio da Bolsa Vitae de Artes 2004. Uma oportunidade de rever questões que se colocam no dia a dia de trabalho sob nova ótica e linguagem.

O projeto nasceu de uma necessidade pessoal de compreender a amplitude de minha própria atividade profissional, diante da escassa bibliografia e dos raros cursos específicos sobre o tema e, principalmente, do sentimento de que, mesmo no meio profissional ou na percepção da obra cinematográfica por parte de quem assiste, muitas vezes não há clareza sobre a participação e a influência da direção de arte na concepção e realização dos filmes.

A partir do estudo histórico e da análise sobre a prática da direção de arte e cenografia, além de entrevistas com importantes profissionais da área, discutiremos a atividade como elemento essencial à realização cinematográfica. Serão objeto de reflexão as principais matérias e os instrumentos implicados em sua elaboração, o processo de criação e desenvolvimento dos projetos, assim como aspectos da organização da equipe e as relações que se estabelecem entre os profissionais envolvidos em sua realização. O cinema tratado aqui tem a dramaturgia como mote principal para a concepção das diversas áreas de expressão que o compõem.

O primeiro capítulo discute, de forma didática, os principais conceitos envolvidos na construção da visualidade e espacialidade cinematográfica, as fases de um projeto e os parâmetros de convivência de uma equipe de trabalho. Na segunda parte do livro, apresentamos depoimentos colhidos com colegas de profissão que vivenciaram a formação e a estruturação da função da direção de arte no país. De um lado, Pierino Massenzi, um dos mais experientes cenógrafos da fase áurea dos grandes estúdios (atuante entre os anos 1950 e fim dos anos 1960, principalmente nos estúdios da Companhia Cinematográfica Vera Cruz), oferece em seu depoimento um panorama da atividade em período anterior à adoção da direção de arte em nossas produções. De outro, três artistas de destaque em realizações brasileiras recentes completam o panorama: Clóvis Bueno, Marcos Flaksman e Adrian Cooper. Profissionais da mesma geração, de grande influência nas discussões sobre o papel e a amplitude da atividade, oferecem visões ora complementares ora dissonantes sobre a vivência cinematográfica.

As entrevistas foram editadas em forma de depoimento e ilustradas pelo material produzido durante o processo de criação e realização de projetos selecionados. Ao excluir as perguntas ao entrevistado, pretendemos garantir a fluidez das ideias e considerações próprias a cada profissional, revelando suas trajetórias pessoais. Desenhos, maquetes, fotografias de locação, de construção e de cena recolhidos nos acervos pessoais dos artistas ou cedidos por membros das equipes de produção, produtoras ou, ainda, disponíveis em acervos públicos, proporcionam uma visão fascinante do processo de concepção e realização do universo visual dos filmes, conceitos e metodologia de trabalho adotados por cada autor, além de demonstrar soluções técnicas originais.

Para a nova edição fizemos uma pequena revisão, atualizando alguns dados e conceitos.

Vera Hamburger

A direção de arte no cinema

O papel da direção de arte no cinema

1
Entrevista concedida pelo cenógrafo Anísio Medeiros ao Sistema Nacional de Teatro, Rio de Janeiro, 1977.

Eu nunca fiz um trabalho que fosse somente cenografia ou só o figurino. Desde muito cedo me conscientizei de que, para ter um controle do meu trabalho, para fazer uma coisa mais eficiente, eu teria de saber do que seria o fundo e a forma.
Anísio Medeiros[1]

Um conceito

O que une uma equipe de produção de cinema é a criação de um universo visual, rítmico e sonoro especial, que ofereça ao espectador a vivência de uma narrativa. Instrumento essencial da composição do espetáculo, a direção de arte atua sobre um dos componentes centrais de construção da linguagem cinematográfica: seu aspecto espaço-visual.

Quando falamos em direção de arte, estamos nos referindo à concepção do ambiente plástico de um filme, compreendendo que este é composto tanto pelas características formais do espaço e objetos quanto pela caracterização das figuras em cena. A partir do roteiro, a direção de arte baliza as escolhas sobre a arquitetura e os demais elementos cênicos, delineando e orientando os trabalhos de cenografia, figurino, maquiagem e efeitos especiais. Colabora, assim, em conjunto com a direção e a direção de fotografia, na criação de atmosferas particulares a cada momento do filme e na impressão de significados que extrapolam a narrativa.

Diz a historiografia especializada que o cinema norte-americano inaugurou a função de direção de arte, ou *production design,* em 1939, no filme *E o vento levou*, de David O. Selznick. O trabalho realizado pela equipe de William Cameron Menzies, que desenhou quadro a quadro a produção a ser realizada, descrevendo nos mínimos detalhes todos os elementos que comporiam os enquadramentos, levou seu produtor à definição da nova função na produção cinematográfica: o(a) *production designer*, conhecido(a) no Brasil como diretor(a) de arte. Os e as profissionais de cenografia, figurino, maquiagem e efeitos especiais que, até então, criavam e produziam seus trabalhos articulados diretamente pela direção e/ou produção passaram a seguir a orientação da direção de arte, numa abordagem especializada e global da espacialidade e visualidade da obra.

No Brasil, a adoção dessa figura é algo recente. A geração de profissionais da cenografia em atividade nos anos 1960 e 1970 foi marcada por pessoas da área que passaram a assumir a concepção e a produção do figurino, além da orientação sobre a maquiagem, sem por isso receber um crédito especial nos programas ou fichas técnicas, como foi o caso dos cenógrafos e figurinistas Flávio Império, Anísio Medeiros, Régis Monteiro e Luis Carlos Ripper, entre outros, a quem costumo chamar de precursores da direção de arte na produção cinematográfica brasileira.

Sobre a origem do ofício, o professor e diretor de arte Benedito Ferreira dos Santos Neto (2019), em pesquisa recente, traz novas descobertas que alteram informações contidas na primeira edição deste livro. Em sua dissertação de mestrado, ele propõe: "É provável que a primeira produção a designar o crédito de diretor de arte seja *El Justicero* (Nelson Pereira dos Santos, 1967), que conta com a direção de arte de Luiz Carlos Ripper".

Porém, apenas nas décadas de 1980 e 1990 a atividade toma corpo e reinventa a estrutura de trabalho até então vigente. Em 1980, Yurika Yamasaki assina a direção de arte do filme *Gaijin: os caminhos da liberdade*, dirigido por Tizuka Yamasaki, tornando-se a primeira mulher brasileira a ser assim creditada nas telas, como ressaltam Tainá Xavier e India Mara Martins (2021). Em 1985, Clóvis Bueno, contando com a colaboração de Felippe Crescenti na cenografia e Patrício Bisso no figurino, faz a direção de arte do filme *O beijo da mulher aranha*, dirigido por Hector Babenco. No mesmo ano, Adrian Cooper figurou com o mesmo título nos créditos de *A marvada carne*, de André Klotzel, tendo como colaboradores Beto Mainieri e Marisa Guimarães, respectivamente, cenógrafo e figurinista. Atualmente, a formação do departamento de arte, sob a coordenação desse profissional, tornou-se constante na estrutura da produção nacional. Recentemente, a categoria tem trazido ao debate outras possibilidades para a intitulação desse crédito, visando a uma maior compreensão entre os pares internacionais: direção de arte ou desenho de produção (tradução do termo *production design*), desenho de cena ou design de cena são também opções que hoje se apresentam.

A influência de seu trabalho é ampla. Suas propostas atuam estruturalmente na construção da cena, ao mesmo tempo que a composição plástica opera em diferentes camadas da percepção. O desenho do espaço cênico e sua ambientação estabelecem pontos de referência para a ação prevista, assim como para a iluminação, enquadramentos e movimentos de câmera, agindo diretamente sobre a coreografia da cena. O espaço e os objetos contracenam com *os* atores na construção da ação, enquanto o quadro é redesenhado a cada movimento.

Por sua vez, a configuração arquitetônica e visual gera entendimentos cognitivos ligados diretamente à narrativa, como interpretações simbólicas, históricas, sociais, psicológicas, etc. Ao mesmo tempo, em ação sinestésica característica do cinema, suas propriedades plásticas provocam os sentidos sensoriais do público espectador atribuindo novos significados à experiência.

A construção de um universo físico visual coerente com a abordagem original do projeto, junto à direção e demais parceiros de criação, é o objetivo do trabalho da direção de arte. Extrapolando o chamado "padrão de beleza", o "belo" cinematográfico está ligado à criação de conflitos visuais que tornem a imagem instigante, a ponto de envolver o público naquilo que vê, fazendo-o imergir na realidade do mundo ficcional que lhe é apresentado.

A alquimia do cinema

O caráter coletivo da obra cinematográfica coloca-nos diante de um processo complexo e rico em sua prática. Inúmeras camadas de contribuições artísticas se entrelaçam até que a química se estabeleça. Com base na abordagem definida pela direção, um longo processo é trilhado pela equipe de colaboradores e colaboradoras. A cada fase de produção, diferentes profissionais lançam mão de suas especialidades na construção de um filme.

Com o roteiro em mãos e a produção dimensionada, a direção, em comum acordo com a produção, monta sua equipe. Forma-se então o que, comumente, se chama de "tripé" de criação da imagem, ou seja, a parceria entre a direção, a direção de arte e a direção de fotografia. É o primeiro passo para a caracterização da linguagem visual a ser adotada no filme, iniciando um trabalho conjunto e interdependente, no qual o traço de um profissional sugere ações aos demais. De modo geral, pode-se dizer que a direção define a abordagem, o ritmo, a intensidade e as qualidades dramáticas do filme como um todo; a direção de arte marca sua expressão plástica e arquitetônica; enquanto a direção de fotografia fabrica o quadro final. Três visões reunidas na busca de uma linguagem própria ao projeto. Na base do tripé está a produção, que o viabiliza, definindo parâmetros concretos para a realização das intuições e das ideias propostas.

Apesar de existir uma hierarquia básica, encabeçada pela direção e pela produção, trata-se de um processo coletivo de criação artística, no qual a liberdade de interferência de um ou outro profissional é fruto de características pessoais e das relações que se estabelecem no grupo. Dessa forma, cada equipe formada imprime uma dinâmica particular a cada projeto.

Do diálogo entre a direção do filme, a direção de arte e a direção de fotografia

O espaço de discussão entre a direção de arte e a direção do filme varia de um projeto ao outro, dependendo do modo de entendimento entre elas. Em alguns casos, passam dias inteiros à mesa, com o roteiro aberto, decifrando cada ponto, cada sequência, cada diálogo. Em outros, a direção do filme apresenta à parceira inúmeras referências nas quais identifica uma situação, um personagem ou um clima que, de alguma forma, vê presente em seu próprio projeto, ou, em um sentido complementar, a direção de arte traz imagens e trechos de filmes para a reflexão conjunta. Existem, ainda, projetos que consideram o processo de criação mais intuitivo que discursivo ou ilustrativo, preferindo trocar impressões na prática de sua elaboração. De uma forma ou de outra, o importante é que as pessoas trabalhando nas diferentes frentes consigam estabelecer parâmetros comuns que orientem o trabalho com base nas questões que a leitura do roteiro e demais condições de produção suscitam, construindo assim uma autêntica parceria entre a direção e a direção de arte.

A pauta de discussão entre eles compreende desde a atmosfera e o ritmo geral do filme ao detalhamento de cada cena e ação, delineando-se a linha dramática e a abordagem sobre as quais irão trabalhar. As características dos personagens e dos cenários são, então, particularizadas, construindo-se as bases para a criação de universos espaços-visuais próprios, assim como são esmiuçadas as participações de objetos especiais no decorrer do percurso. Nessa oportunidade, definem-se épocas e lugares nos quais se pretende localizar o tema, analisando-se também ciclos ou lapsos de tempo presentes na estrutura narrativa. Debatem-se indicações de toda ordem presentes no roteiro, conferindo sugestões e prioridades para a encenação.

2
Palavra emprestada à nomenclatura inglesa que designa o lugar de filmagem ou gravação; cenário.

Por sua vez, a relação entre a direção de arte e a direção de fotografia é também fundamental, já que ambas as áreas trabalham concomitantemente sobre os aspectos visuais do filme. A fotografia funciona como filtro ao olhar de quem assiste. Se a direção de arte constrói e ambienta os cenários e paramenta as figuras, definindo o universo plástico e arquitetônico que compõe aquela ficção, a fotografia determina qualidades fundamentais da conformação visual da cena que chega à tela, por meio da iluminação, dos enquadramentos e da forma de captação da imagem.

Sugestões pertinentes à direção de fotografia influenciam diretamente no desenho da arte. Por exemplo, o suporte a ser utilizado (película ou digital) e suas especificidades técnicas, as dimensões do quadro, as lentes e os tipos de refletores ou, ainda, processos de tratamento em pós-produção são parâmetros relativos à fotografia determinantes para as decisões a serem tomadas pela direção de arte. A partir dessas definições, entram em jogo questões como amplitude tonal e profundidade de campo, proporcionalidade entre elementos de cena, preponderância da horizontalidade como característica principal para a composição do quadro ou não, temperatura e tonalidades de cor, propriedades de textura, transparência e brilho, etc.

Por outro lado, a direção de arte estabelece, desde o projeto, referências básicas determinantes para o resultado fotográfico. Por meio da cenografia define, por exemplo, o desenho do espaço e a organização de pontos referenciais para a ação (por meio de sua arquitetura e da disposição de objetos), constrói relações de perspectiva e condições para enquadramentos e movimentos de câmera, estabelece elos entre cenários de interior e vistas de exterior, propõe paletas de cor e textura, bem como define fontes e entradas de luz ainda na prancheta. Da mesma forma, as decisões relativas ao figurino e à maquiagem são essenciais para que a fotografia equilibre contrastes entre a pele e a vestimenta, entre a vestimenta e o espaço.

Enfim, são inúmeros os temas discutidos pelos profissionais para a elaboração da imagem, já que o repertório definido por um será determinante para as escolhas do outro, e vice-versa.

Aspectos artísticos e técnicos revezam-se na colaboração entre as três direções. O ideal é que o processo de criação seja compartilhado por elas em todas as fases de produção, procurando sempre um modo coeso de realização – desde as discussões ao redor da mesa às visitas a locações, provas de figurino e maquiagem; da apreciação sobre os projetos de cenários aos testes de câmera; da construção das cenas, enquadramento e posicionamento de câmera e luz no *set*[2] de filmagem.

Muitas vezes, *storyboards*, ou desenhos de quadro a quadro, são elaborados para a visualização de soluções de filmagem. Normalmente produzido pela direção com o auxílio de uma pessoa especializada em desenho, contando ou não com a participação das direções de fotografia e arte, o desenho de quadro a quadro é um ensaio da decupagem de cada cena. No Brasil, o uso mais comum desse recurso é para destrinchar cenas que contêm efeitos especiais, como estudo e meio de comunicação entre a equipe. Pouco usado em nossas produções, seja pelo tempo exíguo e pelos baixos orçamentos, seja pelas características de nossa direção e produção, é um instrumento controverso por significar um risco de engessamento do processo de criação.

De qualquer maneira, um *storyboard* eficiente, nos parece, deve considerar as condições de produção existentes. A decupagem pode partir dos cenários, figurinos e maquiagem projetados, ou a definição dos espaços e das formas pode seguir o desenho das cenas. O ideal é que um caminho comum seja trilhado, e que se mantenha a abertura para o aproveitamento de situações interessantes que surgem no momento da filmagem.

Das relações entre a direção de arte e a produção

A produção executiva é a instância que gerencia, econômica e estruturalmente, o processo de realização de um filme. É com esse departamento que se discute o orçamento e a composição da equipe de cada área, assim como a macroestrutura de produção. O orçamento, previamente elaborado pela produção com base em uma análise técnica preliminar realizada pela direção e a experiência em projetos similares já produzidos, oferece um panorama da ordem de grandeza da verba disponível para cada área. No que se refere à direção de arte, esse pré-dimensionamento é importante para orientar sua própria imaginação e dirigir as conversas com a direção, a fotografia e a equipe. O sonho tem limites, e é sempre mais produtivo trabalhar desde o início com essa consciência.

Ao longo do projeto, no entanto, as reais condições se impõem. Normalmente, a escolha de locações, em sua complexidade característica, e os primeiros esboços dos cenários e figurinos fornecem parâmetros mais próximos de seu custo efetivo. Cabe à direção de arte e à coordenação da equipe renegociar com a produção o montante disponível e as demais condições para o departamento de arte, até chegar a um novo patamar de orçamento. Por sua vez, cabe à equipe de arte manter os gastos no novo limite acordado.

Pouco tempo e pouco dinheiro são circunstâncias comuns nas produções. Tanto em filmes de alto orçamento quanto de médio ou baixo encontra-se sempre, em maior ou menor proporção, a dicotomia entre as condições de realização e o projeto que se tem em mente. Por isso, o trabalho conjunto entre as áreas criativas e a produção geral é imprescindível.

A autonomia do departamento de arte com relação à administração de seus gastos e logística interna vem se reforçando nas produções das últimas décadas. Até os anos 1980, a direção de produção geral tinha, como uma de suas atribuições, o gerenciamento da verba e da equipe de arte. A partir do momento em que se pôde contar com a figura da coordenação de produção específica do setor, a direção de arte passou a definir os critérios de economia, segundo sua própria visão sobre as prioridades do projeto. A coordenação de produção de arte é, hoje, uma função fundamental na equipe. Ao fazer a intermediação entre o departamento de arte e a produção executiva, alivia as eventuais tensões que se criam quando o assunto é dinheiro.

A direção de produção é responsável pela estrutura cotidiana necessária a cada departamento envolvido na execução do filme, desde as condições básicas do trabalho de preparação – estrutura do escritório, armazenamento de material, transporte, hospedagem e alimentação – até a logística de filmagem. A direção de produção e sua equipe encarregam-se das negociações relativas às locações e da criação da infraestrutura necessária à preparação e filmagem de cada *set*. A procura, negociação e manutenção de veículos, animais e armas de cena, ou quaisquer outros elementos cuja utilização envolve autorizações especiais de órgãos legais, também são assumidas pela direção de produção, sob a orientação artística da direção de arte e a direção geral. Durante todo o processo, do projeto à filmagem, a relação entre a direção de produção e a de arte é intensa.

Existem áreas de uma produção com as quais a direção de arte pouco se relaciona, apesar de serem fundamentais na percepção final de seu trabalho. É o caso da montagem e sonorização final. O departamento de som relaciona-se diretamente com a direção de arte apenas na fase da captação do som direto, que exige um trabalho sutil sobre os ruídos de cenários e figurinos, ora desejados e aproveitados na mixagem final, ora considerados inoportunos.

3
Palavra emprestada da nomenclatura do cinema norte-americano, *props* são os objetos de cena pessoais dos personagens e da figuração, ou ainda aqueles essenciais para a realização da ação descrita no roteiro. O termo será abordado detalhadamente no tópico "Objetos", p. 44.

Fases de produção

A dinâmica de uma produção segue etapas de trabalho que recompõem a equipe de acordo com as atividades desenvolvidas em cada uma delas. Com o roteiro pronto e o grupo de trabalho reunido, formado por produção executiva, direção, direção de fotografia, direção de arte, captação sonora, direção de produção e assistentes essenciais, inicia-se a etapa de "preparação", que compreende leitura e discussão do roteiro, pesquisa específica de cada departamento, busca de locações e escolha do elenco. Também é nessa fase que se toma conhecimento das condições de produção disponíveis para o desenvolvimento do projeto.

Com os resultados obtidos na preparação, passa-se à fase de "pré-produção". Definidas as principais locações e o elenco, o desenho de produção é delineado. Os primeiros croquis dos cenários, seguidos de esboços de figurino, maquiagem e efeitos especiais, são elaborados, assim como as inúmeras listas necessárias à produção. No departamento de arte são identificados os *sets* a serem montados, considerando as construções em estúdio e as adaptações de locações a serem realizadas. Ao mesmo tempo, elabora-se o mapa sobre a vestimenta e os acessórios de cada personagem ao longo do filme, assim como as características principais e as transformações de sua maquiagem. Os efeitos especiais são relacionados e distribuídos de acordo com sua natureza. O detalhamento de projeto de cada área gera outros inventários, tais como objetos, materiais de construção, profissionais necessários, acessórios, adereços, etc. São realizados testes preliminares de cor e de efeitos especiais, além de outros que se façam necessários à realização do projeto. A produção executiva recebe o orçamento e o dimensionamento de necessidades previstas de cada equipe envolvida e discute suas prioridades. A direção de produção arma a estratégia de ação segundo as necessidades apresentadas pelos diferentes setores.

Se na fase anterior, que chamamos de preparação, é opcional a presença da cenografia, do figurino e do restante da equipe de arte, na pré-produção, a equipe tem de estar completa. Profissionais de cenografia, coordenação de arte e produção de objetos se articulam, dimensionam seu trabalho e desenvolvem o projeto, assim como o figurino e assistentes, a maquiagem e as pessoas responsáveis pelos efeitos especiais.

Partindo de bases concretas de produção, a assistência de direção prepara a análise técnica, que em seguida é confirmada por reuniões que articulam, novamente, todos os departamentos. O plano de filmagem é desenvolvido e passa a ser a base da organização do cronograma de trabalho de toda a equipe.

A confirmação do projeto pela direção e produção geral dá o sinal verde para o início de sua execução. Equipes de cenotécnica, pintura e adereços são contratadas, assim como especialistas da construção em pau a pique, de serralheria artística e outros, de acordo com as necessidades do universo a ser confeccionado. A produção de objetos, *props*,[3] elementos especiais e de figurino sai às ruas procurando em lojas, instituições e colecionadores peças para a composição de cenários e vestimentas; os desenhos executivos orientam a compra dos materiais; testes de todos os tipos são agendados e realizados. O elenco se aproxima para participar de ensaios e provas de figurino e maquiagem. O controle dos prazos e gastos anda lado a lado com a supervisão da qualidade de realização.

Seguindo o cronograma estabelecido pelo plano de filmagem e as necessidades de cada departamento, os ambientes são preparados e colocados à disposição tanto da direção de fotografia, para que prepare a luz e realize eventuais testes, quanto da direção, a fim de que estude a decupagem das cenas e ensaie atrizes e atores.

Da pré-produção à filmagem, no entanto, variáveis de ordem prática ou subjetiva entram em jogo, alterando muitos dos rumos previstos, como uma locação que "cai" por desistência do proprietário ou um ator ou uma atriz que não se identifica com o figurino concebido e promove alterações. Trata-se de um processo orgânico que envolve a equipe de produção durante toda a realização cinematográfica, o que requer, por um lado, postura maleável e, por outro, determinação na defesa das ideias e necessidades de cada profissional e departamento envolvido.

Pode-se dizer que a diretora ou diretor de arte é uma figura que durante a fase de pré-produção está em todos os lugares ao mesmo tempo: verificando uma nova opção de locação, fazendo testes de textura e pintura a serem aplicadas em um dos cenários, escolhendo o mobiliário de outro, acompanhando a prova de figurino do protagonista ou participando de inúmeras reuniões com as diversas áreas envolvidas. Enquanto isso, cada membro de sua equipe assume parte da realização do projeto. A formação da equipe de arte, desde seu dimensionamento até a escolha de profissionais adequados e afinados com o projeto, é muito importante para garantir a agilidade da direção do departamento em atender a todas as solicitações a que está exposta e, logicamente, a qualidade final do trabalho. Cada um dos membros da equipe de arte contribui, de forma criativa e técnica, para os diferentes estágios de realização do projeto.

Durante a fase de *filmagem* – ou etapa de *produção* – essa situação persiste. A direção de arte estará agora dividida entre o acompanhamento do *set*, a preparação do dia seguinte e a produção das filmagens futuras. Novamente auxiliada por seus colaboradores, ela providencia para que todos os elementos estejam disponíveis ao *set* de filmagem, como foi anteriormente planejado. Nessa fase, sua equipe deve se organizar para criar condições que permitam à diretora ou diretor de arte acompanhar as filmagens, participando ativamente da construção de cada cena e enquadramento. Esse é o momento decisivo para a composição do quadro final, sendo o olhar da direção de arte essencial.

Segue-se à filmagem a fase de *pós-produção*, que engloba basicamente a montagem (edição), o tratamento da imagem captada e a mixagem sonora. Objeto de profundas transformações nos últimos anos, em virtude do desenvolvimento e da adoção da tecnologia digital, a fase de finalização da imagem conta com recursos que potencializam as possibilidades de interferência visual no material captado. Com o manuseio dos botões, tornam-se possíveis procedimentos como o reenquadramento da cena, a criação virtual de cenários ou de elementos cênicos complementares, a sofisticação de efeitos especiais, além de modificações substanciais no que se refere a cores e luzes. No entanto, numa situação a ser revista, a participação da direção de arte nessa etapa do processo ainda não é uma prática adotada pelas produções nacionais. Coloristas, modelistas de 3D e especialistas em efeitos digitais seguem as orientações da direção e da fotografia, muitas vezes com forte interferência no trabalho plástico anteriormente concebido.

4
Mais um termo técnico emprestado ao vocabulário anglo-americano, *dressing* refere-se à decoração do ambiente cenográfico.

A equipe de arte

A direção de arte define sua equipe, composta basicamente por cenógrafos(as), assistentes de arte, figurinistas e maquiadores(as), além de produtores(as) de objeto e coordenadores(as) de arte, e indica os profissionais com os quais deseja trabalhar naquele projeto. Orienta e coordena os trabalhos de cada setor do departamento para a criação e construção de um universo visual coeso e integrado às outras áreas envolvidas na elaboração do filme.

As relações com os profissionais de efeitos especiais estabelecem-se de forma distinta, sendo normalmente contratados como serviços terceirizados por empresas especializadas, que são coordenadas pela direção de produção, sob orientação artística ora da direção de arte ora da direção ou da direção de fotografia, conforme a natureza do efeito.

A entrada dos profissionais é escalonada de acordo com as fases de produção e os testes necessários. O número de colaboradores em cada função e de seus assistentes é determinado pela complexidade e logística do projeto. Em filmes de baixo orçamento, é possível que a direção de arte acumule funções, como a cenografia e até mesmo o figurino.

Colaborando com a direção de arte em todos os assuntos ligados ao espaço cênico, a cenografia inicia seu trabalho geralmente na fase de pesquisa e análise técnica do roteiro, acompanha a busca de locações e a realização dos primeiros esboços, desenvolve os desenhos do projeto executivo, realiza estudos de cor e de ambientação dos cenários e, por fim, acompanha a construção, a pintura e o tratamento dos ambientes. Em conjunto com a coordenação de arte, participa da administração do orçamento e da contratação da mão de obra especializada para a construção original em estúdio ou a adaptação das locações escolhidas. O *dressing*[4] final dos ambientes é feito de acordo com o método de trabalho de cada equipe envolvida. Por vezes, a assistência de arte ou cenografia envolve-se também

nessa fase, ao lado da direção de arte e da produção de objetos; em outros casos agrega-se a eles a recente figura, em âmbito nacional, do *set dressers* ou decoração de cenário.

Como formação é interessante que a pessoa de cenografia domine o desenho livre e construtivo, assim como a história da arquitetura, do *design* e da arte; que tenha intimidade com o manuseio dos materiais, cores e texturas, além de conhecimento técnico da construção e dos tratamentos cenográficos. Saber lidar com a administração do canteiro de obra completa o quadro.

A produção de objetos é também função essencial da cenografia e reúne na mesma figura profissional tanto os aspectos criativos de sua pesquisa, quanto a negociação financeira e logística que envolve a disponibilização das peças para a preparação e as filmagens de cada cenário. Sob a orientação estética da direção de arte, a produção de objetos garimpa exemplares disponíveis no mercado e apresenta o resultado de sua busca, geralmente por meio de fotografias. Feitas as escolhas, dá início às negociações com as instituições ou pessoas físicas envolvidas. Em cidades com tradição de produção cinematográfica e de filmes publicitários, há muitos estabelecimentos comerciais que disponibilizam suas mercadorias para aluguel. Já em filmes produzidos em cidades pequenas ou em regiões isoladas, recorre-se, muitas vezes, aos pertences dos próprios habitantes locais na montagem do acervo do filme, ou deslocam-se por quilômetros caminhões carregados de artefatos necessários ao projeto. A história da arquitetura, do *design* e da decoração, assim como a compreensão da dinâmica das cores, texturas, materiais, etc., deve compor o universo de conhecimento da equipe de produção de objetos, seja por formação acadêmica, seja por experiência adquirida. Sua sensibilidade deve reunir-se à da direção de arte para a construção das figuras e cenários por meio dos objetos recolhidos.

Outro componente essencial para a equipe é a coordenação de arte. Com sua visão prática, desenvoltura nas negociações e facilidade no controle dos números, organiza a logística dos trabalhos de toda a equipe e controla os gastos, tendo sempre em vista a fidelidade ao projeto e às condições de produção. É a equipe responsável, ao lado da cenografia e da produção de objetos, pelo levantamento do orçamento global dos gastos, o parcelamento e a destinação das verbas previstas, assim como a compra de materiais para a construção e seu transporte. É de sua incumbência também a prestação de contas à produção executiva e a organização da logística cotidiana da equipe em acordo com a direção de produção.

A direção de arte conta, ainda, com a colaboração de outros artistas na criação e realização de elementos de cena específicos como profissionais do *design* gráfico e artistas visuais, ou mesmo consultorias técnicas especializadas (engenharias e outras áreas), segundo as especificidades do projeto.

As equipes de construção dos cenários e confecção de adereços é composta de acordo com o projeto. Profissionais de cenotécnica, serralheria, construção civil, carpintaria, costura e outros artesãos agregam-se ao processo de execução na preparação de cada cenário. Sua colaboração envolve discussões sobre cronograma, orçamento, soluções técnicas, sugestões de materiais e, finalmente, realização da obra. A equipe de cenotécnica define a engenharia e tecnologias envolvidas na construção cenográfica junto aos responsáveis pelo projeto, devendo ser formada por quem conhece profundamente a resistência dos materiais e dinâmicas das estruturas. É junto a ela que a direção de arte e a cenografia discutirão as opções a cada questão construtiva, balizando soluções técnicas e estéticas. A cenotécnica brasileira tem tradição formada principalmente nos palcos teatrais, sendo daí transferida para o cinema. Grandes mestres fizeram escola, como é o caso de Francisco Giacchieri, que foi por muitos anos maquinista-chefe do Teatro Municipal de São Paulo e que

hoje dá nome à central de produções da casa, ou de Arquimedes Ribeiro, vindo do Teatro Brasileiro de Comédia (TBC), ou ainda do recentemente falecido José Pupe, que colaborou em inúmeras produções cinematográficas, cuja cenotécnica apresentava grande complexidade construtiva.

A pintura realiza-se pela colaboração de profissionais de diversas especialidades: pintura lisa, figurativa e de tratamento revezam-se na caracterização final dos cenários. Esse, que já foi um ofício exercido pelo próprio cenógrafo do projeto, nos primórdios do cinema, é hoje uma atividade desenvolvida por prestadores de serviço especializados. A pintura "lisa" é resultado do trabalho convencional de emassamento e aplicação de tinta sobre superfícies em tonalidades variadas. A obra "figurativa" traz ao cenário, seja em forma de afresco ou quadro sobreposto a arquitetura, o traço de artistas da representação pictórica, do geometrismo abstrato ou do grafite, por exemplo. O que chamamos de pintura de tratamento é aquela que se especializa na imitação de materiais, como mármore, madeira, pedra bruta, etc., além da fabricação de efeitos de marcas que a passagem do tempo e as intempéries deixam sobre as coisas, como o limo e a ferrugem que se apropriam das paredes úmidas de uma construção à beira-mar.

O trabalho de aderecistas também divide-se de acordo com as especialidades de cada artífice: existem aqueles insuperáveis na modelagem, trabalhando junto ao barro ou madeira ou nos mais diversos materiais sintéticos, como isopor, poliuretano expandido, etc., assim como especialistas na produção de traquitanas e máquinas, miniaturistas, e assim por diante, numa listagem infinita. Os que trabalham com estofamento, costura, bordado e demais artesanatos produzem elementos complementares específicos a cada projeto.

Desde a produção ou confecção de cada objeto à sua instalação no espaço de cena, um caminho é traçado por cada artefato. Por fim, contamos com o grupo do que chamamos "contrarregras de frente", que reúne artífices multicapacitados, profissionais habilidosos tanto no manejo da furadeira e martelo, como no pincel e ferramentas variadas, que fazem o tratamento final de cada elemento cenográfico. Com zelo, respeito e afeto por cada coisa que compõe o feito da equipe envolvida até então, a contrarregragem de frente prepara o terreno para receber o coletivo específico do *set*.

Na filmagem, outra equipe de contrarregragem assume a responsabilidade de manutenção, preservação e disponibilização dos objetos de cena. No Brasil, tal função se encarrega também, além da continuidade do estado das coisas, das condições de cada cenário a cada cena ou tomada, de *take* a *take*, se usarmos o linguajar utilizado da maioria dos *sets* nacionais. Por exemplo, se temos um ambiente em que as circunstâncias da narrativa levaram a ser todo empoeirado, serão contrarregras de *set* a cuidar da continuação da poeira cenográfica a cada enquadramento, mantendo o contexto espaço-visual especialmente fabricado para cada situação. Da mesma forma, ela será encarregada de rearranjar os lençóis da cama, acertar o relógio e fornecer o copo de água a cada *take* em que o personagem se prepara para dormir. Suas responsabilidades estão ligadas à funcionalidade da cenografia e dos objetos de cena, assim como por sua preservação.

As opções estéticas envolvidas a cada mudança de enquadramento ou situação dramática ficam a cargo da direção de arte ou, em sua ausência, da assistência de arte no *set*, reinventando composições do quadro ao lado da direção, da fotografia e dos atores e atrizes. Além da equipe de contrarregra, e principalmente em cenários de estúdio, conta-se também com profissionais da cenotecnia, adereços e pintura, que estarão à disposição para mover paredes, instalar ou retirar tetos ou realizar qualquer outro recurso cenográfico eventualmente necessário à filmagem.

Outro braço da direção de arte é comandado pelo figurino. Sob a orientação da direção geral e da arte,

e em frequente diálogo com atrizes e atores, colabora na construção das figuras em cena. Por meio de ilustrações, desenhos e amostras, apresenta propostas de modelagem, tecidos e acessórios, possibilitando a discussão e a construção do repertório de vestimenta de cada personagem sobre o qual irá trabalhar. Forma sua própria equipe e acompanha a produção e execução de todo o guarda-roupa dos protagonistas e também da figuração. Organiza, com a direção de produção, a logística de preparação e filmagem.

Embora vinculado ao departamento de arte, o trabalho do figurino requer uma estrutura autônoma, até mesmo no que diz respeito à administração de seu orçamento. Sua equipe compõe-se de assistentes que auxiliam na criação, pesquisa, desenho e produção das peças. Com o auxílio de profissionais de costura, alfaiataria e adereço, confecciona peças especiais; em buscas pelo mercado, encontra vestimentas e complementos prontos. Além disso, para o tratamento final de cada roupa, determina tingimentos, desgastes do tecido, marcas e manchas acidentais. No *set* de filmagem, onde é figura imprescindível, apoia-se no trabalho da equipe de camarim, responsável não só pela organização e manutenção do material produzido e da troca de figurino de atrizes e atores, mas também pela continuidade das composições a cada cena.

O maquiador ou maquiadora, atividade também chamada de visagismo ou caracterização, colabora na criação das figuras em quadro, assim como em sua realização diária. Além da habilidade prática, indica e coordena profissionais que a complementem em técnicas que fogem à sua especialidade ou que sejam necessários para garantir a agilidade do *set* de filmagem. Acompanhando o processo de criação do departamento de arte, inicia seu trabalho pela leitura do roteiro e discussão com a equipe. Testes são feitos, levando-se em conta as condições de produção em que serão realizados, em um processo de pesquisa e refinamento que só se conclui na filmagem.

O início do processo: a leitura do roteiro

Para a direção de arte, tudo começa com o roteiro. Um mundo se deixa entrever e, durante um período, aquela história guiará seus passos. Com atenção a qualquer sinal, externo ou interno, que ajude no entendimento e na atribuição de sentido, procura sua significação plástica e espaços expressivos para abrigar cada ação e as figuras que a compõem.

O roteiro é o primeiro contato com um projeto e também a base de inspiração. A análise subjetiva antecede o estudo técnico do texto. A dramaturgia norteia a compreensão e o olhar da direção de arte, produzindo imagens latentes. A leitura de um roteiro não é algo que se dá de forma mecânica e direta. É, sim, um processo de aproximação e, principalmente, de apropriação da história, de seus personagens e da dinâmica sugerida.

O clima geral deve mostrar-se no primeiro contato, assim como o gênero proposto pelo texto. Ao mesmo tempo, a definição sobre a abordagem pretendida, que pode seguir vertentes realistas, fantásticas ou fantasiosas, ou por outro lado críticas, românticas, maliciosas, etc., é uma das principais questões que se colocam neste contato inicial. O reconhecimento da estrutura narrativa, a identificação do conflito central que a move e dos personagens envolvidos são alguns dos primeiros passos. Uma veia analítica destaca aspectos psicológicos, históricos e sócio-político-econômicos implicados na trama, enquanto, do ponto de vista da dramaturgia, surgem inúmeras equações a serem desvendadas. Com relação aos personagens, questiona-se, por exemplo, como se dá o jogo travado entre eles, qual o papel de cada um no desenvolvimento das situações e qual o vínculo que se estabelece entre as figuras e os ambientes que habitam. A identificação das ações que se passam em cada cenário e a análise de sua importância no percurso dramático são também questões essenciais para a definição do partido arquitetônico e visual a ser estabelecido pela direção de arte, assim como a percepção da relevância de cada objeto ou elemento de cena a cada momento. Por outro lado, a eventual existência de uma localização específica geográfica e temporal para o desenvolvimento da trama e o reconhecimento de ciclos ou hiatos/quebras de tempo esclarecem aspectos fundamentais da estrutura narrativa com relação à continuidade das ações, que podem se organizar em sequência linear ou não, influenciando diretamente na concepção visual do filme.

Os roteiros apresentam estruturas particulares e modos distintos de representação. Enquanto alguns suscitam uma identificação já no primeiro contato, outros têm de ser destrinchados, analisados e reanalisados para que se encontre inspiração. Num processo vivido paralelamente pelos(as) profissionais de direção e fotografia, pelos atores, pelas atrizes, enfim, por toda a equipe, a transposição do universo do roteiro para a linguagem cinematográfica normalmente passa por uma experiência individual para depois ser trabalhada pelo grupo.

Cada diretora ou diretor de arte tem sua própria metodologia de trabalho. O quadro a seguir é uma sugestão de formato de anotação para a análise do roteiro. Sua elaboração e o estudo das variantes relacionadas em linhas e colunas ajudam na compreensão e pré-visualização do filme. Os diversos elementos físico-visuais sinalizados no texto, a cada sequência, são colocados lado a lado em uma tabela: número da sequência, luz prevista (dia ou noite, interior ou exterior), ação principal a ser desenvolvida, cenário e personagens envolvidos, figuração presente, objetos diretamente ligados à ação ou aos personagens (*props*), e tudo o mais que se possa anotar sobre a composição da cena tal qual descrita no texto. Com base na disposição desses dados, é possível fazer inúmeros cruzamentos interessantes ao desenho do universo plástico e arquitetônico do filme.

Os métodos podem variar entre os profissionais, mas o importante é que a direção de arte tenha uma leitura própria e consistente do roteiro. Munida de compreensão e interpretação pessoal, poderá discutir com a direção e a equipe, explorar e otimizar suas matérias, sugerindo e adotando soluções plásticas, ou mesmo dramáticas, para que se alcancem as intenções fundamentais do projeto.

O roteiro é uma obra aberta. Um guia colocado em xeque, cortado e retrabalhado em um processo contínuo, desde a preparação até a montagem final, expressando as diversas visões da equipe que trabalha em sua transposição para a linguagem cinematográfica.

Afinal, que filme é esse?

Roteiro lido e analisado, objetivos básicos definidos com a direção, chega a hora do *brainstorm*, quando a equipe principal de criação faz uma leitura coletiva do texto. Seguindo sequência a sequência, a direção e a direção de arte, de fotografia, de produção e, muitas vezes, figurino, cenografia e a equipe de som e de câmera se reúnem. E, a partir de seus repertórios pessoais e das relações que construíram durante a leitura individual do roteiro, um emaranhado de visões ou interpretações é colocado sobre a mesa. Nessas reuniões, as seguidas tentativas de particularizar cada personagem, cada cena e suas diferentes atmosferas, as contradições e dúvidas encontradas na dramaturgia são expostas, ao mesmo tempo que se buscam soluções cinematográficas atraentes em discussões permeadas por imagens e lembranças pessoais.

Encontrados pontos convergentes, cada departamento ganha autonomia para iniciar o desenvolvimento do projeto. Os profissionais procuram, nas respectivas áreas de atuação, formas que levem a uma obra única, o filme ou a série. O espectador percebe essa convergência quando encontra autenticidade e consonância entre os diversos universos construídos – narrativo, rítmico, sonoro e visual – e não sente nenhuma prevalência de um aspecto sobre o outro.

Mapa da arte
exemplo de anotação do roteiro do longa-metragem *Não por acaso*

direção
Philippe Barcinski
direção de arte
Vera Hamburger
Brasil, 2007

Sequência (nº da cena)	Luz	Cena	Cenário	Personagens	Figuração	*Props*	Veículos/ animais/ efeitos especiais
08	Interior/dia	Ênio prepara-se para ir embora "Nogueira quer falar com você"	CET (Companhia de Engenharia de Tráfego) sala de controle	Ênio Funcionário da noite Funcionário 4	Atendentes ao fundo	Tupperware vazio Caneca cheia de café Rádios Agentes Semáforos numerados	Produção gráfica: carro da CET Produção gráfica: 1- Interface (tarja vermelha que se alastra) 2- Interface (tarja vermelha em ruas adjacentes) 3- Esquinas G-076 e G-089 4- Semáforos B-324 5- Semáforo B-457 6- Semáforo X Produção gráfica: numeração dos semáforos
09	Interior/dia	Nogueira encomenda o texto para alemães	CET sala de Nogueira	Ênio Nogueira	Atendentes ao fundo	Computador de Nogueira Arquivos Material de escritório Mapas Pastas Fotografias da família, etc.	
10	Interior/entardecer	Ênio retira sua tese de cima do armário Tenta computador (?)	Apartamento de Ênio	Ênio		Arquivos mortos Pasta da tese Computador velho (?), máquina de escrever (?)	
11/12	Interior/noite	Ênio escreve consultando sua tese	Lan house	Ênio	Figuração Atendente Ruas	Tese de Ênio Pasta Anotações	Carros de figuração, rua, Carro de Ênio Vistos pela janela
13	Especial	Teoria dos fluxos	Fotografia animada			Figuração chegando para festa	Animação
14	Interior/noite	Anotação sobre a mesa	Lan house	Ênio			

A pesquisa

O primeiro contato com o universo de um novo projeto aciona a antena da curiosidade. A partir da leitura do roteiro, o olhar atento vasculha ruas, livros, histórias em quadrinhos, pinturas e fotografias, à procura de sinais de identificação, pistas para a compreensão e estímulos para o desenho. Processo ininterrupto de descobertas e aprendizado, a pesquisa para o projeto de direção de arte de um filme acompanha cada fase de sua produção, desde a leitura do roteiro, o projeto, a construção e a filmagem.

A primeira investigação é voltada para a definição do partido espaço-visual do filme. Sob o efeito da análise e discussão do roteiro, forma-se um repertório comum à equipe sobre aquele mundo específico. Um inventário de imagens e textos, muitas vezes complementado por visitas a campo e depoimentos, oferece novos significados ao jogo. Em pauta, a cenografia, o figurino, a maquiagem e os efeitos especiais; os costumes e os gestos; o modo de uso dos objetos e do espaço; os acessórios e seus significados; luzes, brilhos, cores e atmosferas especiais.

A criação de uma intimidade com o universo do filme, de cada personagem e cenário tratados, independe do gênero – produções de época, representações do mundo contemporâneo ou filmes fantásticos alimentam-se igualmente desse processo. O entendimento dos códigos sociais próprios a cada grupo, tempo e lugar, sua organização política e econômica ou preceitos e signos religiosos, morais e afetivos dão embasamento à eleição de elementos de sua composição. Por outro lado, há um aspecto intangível nesse processo, no qual,

mesmo sem podermos explicar exatamente por que, a atmosfera típica de quadros de determinado artista plástico pode inspirar a composição geral de um filme, ou a estrutura óssea de um peixe pode tornar-se o modelo construtivo de um cenário.

Visitas de busca à locação são sempre momentos ricos para a pré-visualização de um filme. Num primeiro contato com seu universo físico, assimila-se a arquitetura típica da região (proporções, técnicas e detalhes de construção), descobre-se sua paisagem (cores, luzes, texturas, linhas de força predominantes e contrastes característicos), toma-se conhecimento da população que habita aquele lugar (costumes, especialidades e expressividade), além de se conhecer os materiais disponíveis.

Todo o cuidado, porém, é pouco para que a pesquisa não provoque o engessamento da imaginação. Mais do que uma investigação sobre uma realidade a ser seguida fielmente, ela deve proporcionar maior repertório e estímulos à intuição.

As matérias da direção de arte

5
Entrevista de Hélio Eichbauer à autora, Rio de Janeiro, abril de 2004.

O espaço para o cinema é de 360 graus. É circular, esférico. Para mim, o cinema é uma esfera. Tenho de trabalhar tudo: os detalhes e todos os ângulos, embora muitas vezes o cineasta não filme tudo.[5]
Hélio Eichbauer, 2004

A cenografia

A cenografia cinematográfica tem características próprias. Diferente do teatro com palco italiano ou de arena, no qual cada pessoa do público tem um ponto de vista fixo e, normalmente, longínquo da cena, o cinema relaciona-se de forma mutante com o espaço cênico. A cada enquadramento e movimento de câmera, as relações espaciais se transformam e multiplicam seus significados.

Por exemplo, em movimento, a câmera percorre o corredor, descortinando um quarto. Leva quem assiste a uma leitura do espaço no tempo. Não se percebem detalhes, mas atmosfera – é um longo e escuro corredor, tortuosamente percorrido até a cena de um assassinato. No quarto, o ambiente mostra-se por inteiro – agora, a câmera está fixa com uma lente aberta: na penumbra, um corpo estendido no chão. Percebe-se que se trata de um rico e solitário senhor, amante das artes e bastante sofisticado, quando a câmera descreve aquele ambiente em seus detalhes: o robe de seda com que está vestido, o copo de uísque caído, a faca adornada, cheia de sangue – a arma do crime.

A cada quadro forma-se um espaço diferente do anterior, em escalas distintas. Um objeto que no plano inicial aparecia como um simples elemento de composição ganha a importância de um plano fechado e apresenta, por si só, características significantes ao contexto da narrativa. Do plano aberto ao detalhe, universos visuais são construídos ao longo do tempo.

A composição da poesia do espaço joga com diversos elementos combinados. Em sua base está a eleição da arquitetura e da paisagem dominantes e, nesse contexto, a inserção da arquitetura e da paisagem referentes a cada personagem ou cena. A cada traço do projeto, o desenho do espaço define a disposição de pontos de referência para a ação, levando em conta os efeitos que se podem

6
Respectivamente, cenografia (art direction) Van Nest Polglase; cenografia (scénarios) Jean-Luc Godard; direção de arte (production design) Lawrence G. Paul; direção de arte (production design) Roy Walker; cenografia (art direction) Otto Hunte, Erich Kettelhut, Karl Vollbrecht.

conseguir através do olhar da câmera. Em mente, a exploração da continuidade espacial e da profundidade de campo, as relações de proporção entre corpo e espaço, os desenhos produzidos pelas relações de perspectiva e a atmosfera que se pode criar pelo posicionamento das fontes de luz, sejam naturais ou artificiais.

A geometria espacial alia-se ao tratamento das cores e texturas. Igualmente determinante para o projeto, a definição do repertório de tons, intensidades de cor e seus contrastes se dá em um processo analítico e ao mesmo tempo intuitivo, como todos os elementos da direção de arte. As possibilidades de sobreposição, a cada enquadramento, guiam o tingimento do espaço e de seus objetos, criando diferentes circunstâncias e caracterizando sujeitos também por matizes, saturação e textura. Por fim, os objetos e adereços oferecem novos significados e sensações ao espaço cênico. Na composição de cada conjunto de elementos cenográficos, a comunicação de dados cognitivos soma-se a provocações de ordem emocional e sensorial ao espectador, além de constituir a base estrutural para a construção das cenas pela direção, fotografia e atores e atrizes.

A composição do personagem se dá também pela visualização dos cenários nos quais ele se insere. Por meio de elementos visuais definem-se aspectos fundamentais para a compreensão de cada sujeito envolvido na trama, como posição social, estado civil, posturas políticas e sociais, relações familiares, estados psicológicos, etc.; situa-os em meio ao jogo dramático e sugere relações entre os pares pelo uso das cores, dos materiais, do desenho de seu mobiliário, pela escolha da arquitetura que o abriga. Em um momento vemos a casa do personagem, em seguida, a casa de sua mãe e seu escritório – três ambientes com os quais ele tem profunda relação e que contêm, por sua composição e pelos contrastes que estabelece com sua figura, informações inéditas de sua personalidade. A cada ambiente em que ele se insere, novas relações visuais são

criadas, levando quem assiste a perceber diferentes aspectos de sua identidade. Fundo e forma se complementam a cada passo, desenhando visualmente a evolução do sujeito no meio em que está.

No decorrer da narrativa, esses espaços sofrem transformações formais, redefinindo a posição de seu protagonista nas diversas fases de sua trajetória. Cenários são elementos vivos que, somados aos efeitos da luz e outros, especiais, fabricam atmosferas e armam situações a cada acontecimento do roteiro. A edição em sequência dos inúmeros ambientes, ou mesmo das diversas cenas que se passam em um único espaço, oferece ao público um percurso visual. Ao explorar plasticamente essa fluência, cria-se uma cadência rítmica ao olhar, interferindo diretamente na vivência do filme e na compreensão da narrativa.

Alguns roteiros constroem suas narrativas de tal maneira que os cenários atuam como personagens. É o caso da construção da máquina do moto-perpétuo em *Kenoma* (1998), de Eliane Caffé (*ver p. 190*), comandando o compasso da história, ou mesmo o castelo de *Castelo Rá-tim-bum, o filme*, de Cao Hamburger (*ver p. 204*), cujo destino se torna um dos temas principais do filme.

A força da imagem criada faz com que vários cenários de filmes fiquem estampados na memória. O que dizer do Xanadu de *Cidadão Kane* (1941), de Orson Welles? Da Alphaville do filme homônimo (1965) de Jean-Luc Godard? Da cidade e dos interiores fantásticos de *Blade Runner, o caçador de androides* (1982), de Ridley Scott? Dos corredores do hotel de *O iluminado* (1980), de Stanley Kubrick? Ou, ainda, do universo futurista de *Metrópolis* (1927), de Fritz Lang?[6]

Assim, podem-se destacar, dentre os trabalhos dos entrevistados ou de outros citados neste livro, cenários marcantes, como o acampamento construído por Pierino Massenzi para *O cangaceiro*, de Lima Barreto; o quarto da prostituta e a Febem compostos por Clóvis Bueno em *Pixote* (1981), de Hector Babenco; a casa de Totó idealizada por Adrian Cooper para *A marvada carne* (1985), de André Klotzel; ou a cidade do Rio de Janeiro do fim do século XIX em *O Xangô de Baker Street* (2001), de Miguel Farias, cenografada sob a direção de arte de Marcos Flaksman.

A arquitetura e a paisagem

O estilo da arquitetura e a tipologia da paisagem dão o tom do filme. Elementos visuais poderosos são capazes de levar quem assiste muito além da ambientação dos personagens. A vivência de suas formas coloca em jogo tanto sensações criadas por suas características plásticas quanto a elaboração de significados a partir de referências históricas e socioculturais que simbolizam. Assim, a entrada da câmera em uma igreja gótica traz ao espectador sua verticalidade solene, construída de pedras encaixadas, úmidas e frias cuja visão é capaz de elevar seu espírito aos céus, ao mesmo tempo que pode provocar em sua mente *flashes* das ruas sórdidas das cidades medievais, suas forcas, guerras e sacrifícios. Já a visualização de uma igreja barroca, com seu universo onírico, labiríntico e extravagante, pode remeter o público à escravagista Vila Rica, nas Minas Gerais do século XVIII, e à resistência política e cultural, ao mesmo tempo que faz seus olhos passearem pelas curvas entalhadas, em cada detalhe reluzente da madeira por ouro dourada. Os inúmeros significados implícitos em cada estilo arquitetônico são questões a serem exploradas pela direção de arte, ao optar pelas escolas construtivas que irão compor seu projeto.

Assim como a arquitetura, a paisagem natural caracteriza e marca a atmosfera visual dos filmes. A monotonia formal e a monocromia de um deserto ou do sertão brasileiro, a exuberância cromática e plástica de uma floresta tropical ou as sinuosidades de um rochedo à beira-mar oferecem experiências distintas ao espectador junto ao universo da tela.

Nos edifícios ou na natureza, as linhas estruturais de seu desenho e as tensões criadas pelo contraste entre elas – verticais, horizontais, espirais, linhas de perspectiva, etc. – imprimem movimento e ritmo ao olhar. No cinema, a compreensão da dinâmica desses elementos é primordial para a composição do quadro. Por outro lado, a conformação do espaço,

7
Direção de arte (*production design*) de Anton Furst.

8
Direção de arte (*production design*) e cenografia (*art direction*) de Peter Grant.

típica de cada estilo arquitetônico e da paisagem, sugere diferentes formas de apropriação à câmera e a atrizes e atores, agindo diretamente sobre a composição e o ritmo das cenas. As relações de proporção criadas entre o ambiente e a escala humana são outro elemento a ser considerado, assim como as texturas e tonalidades cromáticas oriundas das características dos materiais que compõem a escola proposta.

A época e a localização geográfica da narrativa são dados transmitidos visualmente também pela arquitetura e pela paisagem, assim como passagens de tempo podem tirar partido das transformações que se apresentam sobre elas.

O universo imaginado pode ser inteiramente construído ou adaptado em locações existentes. Filmes como *Blade Runner* e *Metrópolis*, mencionados anteriormente, e *Batman* (1989),[7] de Tim Burton, são exemplos de exploração da força expressiva da arquitetura em cenários erguidos cenograficamente em sua totalidade. Já o futurista *Alphaville*, de Godard, utiliza várias locações adaptadas, apresentando uma notável coerência estética ao formar um universo ímpar àquela cidade fantástica. Por outro lado, *Dogville* (2003),[8] de Lars von Trier, elimina a arquitetura como construção, restando o desenho simbólico e indicativo do espaço em planta baixa, cujo resultado é de uma intensidade dramática tão forte quanto os exemplos anteriores.

O desenho do espaço

Resultado da arquitetura adotada no projeto, do estudo das ações nele compreendidas, da caracterização dos personagens e das situações que se desenvolvem em seus limites, o desenho do espaço é o primeiro passo para a configuração de um cenário. Ao lidar com a dinâmica das cenas, influencia diretamente a coreografia da câmera e de atrizes e atores. Esse é, talvez, o ponto mais importante da relação entre a cenografia e a dramaturgia, a estruturação das cenas – seja do ponto de vista da atuação, seja com relação aos recursos que oferece para a fotografia. Dos corredores labirínticos aos inúmeros patamares de uma fábrica desativada, uma perseguição ganha ritmo e tensão. Nas salas interligadas por grandes vãos, em um cassino, diversas ações podem ser flagradas pela câmera imóvel; nos campos planos de soja, a chegada do cavaleiro é acompanhada desde que desponta na paisagem.

O posicionamento entre os diversos elementos de cena pré-organiza as ações em um ambiente: o personagem entra pela porta, desvia-se da mesa sobre a qual deixa sua pasta e dirige-se ao corredor; porém, atrás da coluna, está à espreita aquele que tirará sua vida – provavelmente, no roteiro estava escrito que fulano aguardava beltrano na sala da casa, e coube à direção de arte e à cenografia desenhar esse espaço de forma a atender às necessidades daquela ação específica, de maneira condizente com a arquitetura, os personagens e a tensão dramática pretendida. O desenho do espaço sugere soluções que a fotografia e a direção cênica poderão adotar ou transformar, mas que constituem seu ponto de partida.

Cada projeto parte de fundamentos próprios para a definição de seu desenho. O gênero do filme e a abordagem que se pretende dar ao roteiro são determinantes como ponto de partida. Por exemplo, no projeto cenográfico de *Castelo Rá-tim-bum, o filme*, de Cao Hamburger, o estranhamento deveria ser elemento essencial aos cenários de seus interiores. Os personagens atípicos que o habitavam –

uma feiticeira de 6 mil anos, seu sobrinho feiticeiro de 3 mil anos e seu sobrinho-neto, um aprendiz de feiticeiro de trezentos anos – deram o tom do desenho do espaço de cada ambiente da residência. Colocados esses aspectos, surgiu a pergunta: qual seria o repertório formal de cada um desses sujeitos? Como resposta, adotou-se a ideia de que os 6 mil anos de Morgana representariam a idade da civilização humana, e a memória da personagem, portanto, reuniria a vivência da história desde os primeiros traços realizados pelos homens das cavernas até os mais recentes avanços da ciência e das artes. Por outro lado, as características de cada personagem evocavam formas específicas a seus espaços particulares. A veia alquímica da feiticeira matriarca reforçou a ideia do uso de formas orgânicas ligadas à geometria áurea da natureza. Já as origens filosóficas do professor Victor, um feiticeiro cientista moderno, remeteu tanto ao mundo árabe medieval e a sua rica arquitetura, quanto ao humanismo de Copérnico, Galileu, Einstein e Mario Schenberg. Nino, por sua vez, dava os primeiros passos como feiticeiro aprendiz. À matriarca, a cúpula, ponto mais alto do castelo; ao cientista moderno, a biblioteca e o observatório reunidos; ao aprendiz, o dormitório nos porões. Nos desenhos executivos (*ver p. 204)*, observa-se a composição de espaços não convencionais para cada um dos cenários. O *hall* da árvore, ambiente comum a todos os personagens, desenha-se sobre uma base formada por trechos de circunferências deslocadas; a cúpula-quarto de Morgana, reinando sobre o edifício, estrutura-se sobre uma planta baixa, mandálica, de modo a formar quatro "gomos" ligados por uma circunferência perfeita, da qual nascem paredes, cuja estrutura em abóbada é formada por pétalas de dimensões que variam em razão progressiva; a biblioteca-observatório de Victor tem por base um octaedro e um cubo, enquanto o quarto da criança da casa, Nino, situa-se nos alicerces da construção, entrecortados por sólidas colunas de pedra. A escala é intencionalmente monumental, e oferece à câmera, com seus recursos de maquinaria e lentes, a possibilidade de criar ambientes especialmente insólitos ao olhar do espectador.

O desenho do espaço também compreende a definição de entradas e fontes de luz, naturais ou artificiais. Ao projetar um ambiente, a direção de arte e a cenografia imaginam, naturalmente, desenhos de luz interessantes a cada cena/cenário, oferecendo a base para a fotografia trabalhar a iluminação cênica final. O ponto de partida é o consenso inicial estabelecido entre direção de arte, direção de fotografia e direção, quanto ao conceito da luz do filme como um todo e de cada cena/cenário/personagem. As qualidades da luz solar, como temperatura e intensidade, bem como os tipos de fonte artificial que o iluminam – velas, lamparinas, fogueiras, luminárias elétricas ou a gás, pontos de rua, etc. –, fazem parte desse consenso. O desenho da luz das cenas passa, então, por diversas etapas. Dando o chute inicial, a direção de arte, por meio da cenografia, faz o primeiro esboço na definição das entradas de luz dos cenários (seja no projeto de construções originais, seja na escolha e na adaptação das locações), além dos pontos de luz artificial a serem instalados; com a produção de objetos determina os elementos, suas formas e qualidades luminosas; na composição final do *set* de filmagem, dispõe cada peça e joga com os contrastes, brilhos e transparências produzidos pela incidência da luz. No entanto, somente quando a equipe de fotografia se coloca em campo e dispõe os equipamentos sobre o espaço e ilumina a cena é que o quadro surge em sua plenitude.

A continuidade espacial e a transparência do interior para o exterior de um cenário são outros recursos do desenho do espaço cinematográfico a serem estudados a cada projeto. Nessa discussão avaliam-se tanto as possibilidades de profundidade de campo oferecidas pelas lentes a serem usadas quanto o interesse de explorar a sobreposição de planos de ação ou visuais. Por exemplo, mediante um vão que se abre entre a copa e a cozinha da casa, vê-se um empregado doméstico que escuta uma conversa decisiva, ou, mediante o janelão da varanda do apartamento, a praia de Copacabana contextualiza a ascensão social do personagem na cidade do Rio de Janeiro, ao mesmo tempo que o coloca diante de sua solidão. Elementos visuais acrescentam inspirações à pessoa que assiste, de maneira que sua percepção possa percorrer caminhos além do texto ou da representação. Por outro lado, espaços fechados, sem profundidade de campo, podem provocar sensações de um mundo claustrofóbico, urgente, sufocante. É mais uma vertente visual e dramática a ser considerada na arte – em quais momentos do filme interessa a profundidade de campo? Quando a limitação do olhar é mais apropriada?

As possibilidades de composição do quadro dirigem o olhar da direção de arte, seja na prancheta, na pesquisa de locações ou no acompanhamento de cada enquadramento no *set* de filmagem. A cada ponto de vista, um novo desenho é criado pelas linhas de perspectiva e pela relação entre os volumes construídos, resultando em novas tensões espaço-visuais. Sua exploração provoca o movimento do olhar de quem assiste na tela, criando uma dinâmica de leitura particular a cada quadro e produzindo efeitos interessantes na edição sequencial das imagens.

Uma visão de ordem prática deve estar sempre presente quando se projeta para o cinema. Importante questão sobre o desenho do espaço cinematográfico é a dinâmica que oferece à filmagem. Equipamentos de luz e câmera devem ter liberdade de movimentação. A equipe de som e sua parafernália, assim como os monitores que reproduzem a cena gravada em tempo real à equipe de *set*, ocupam áreas próximas à cena que devem ser consideradas pelo projeto da cenografia; a passagem de objetos de cena, que muitas vezes são removidos para ceder lugar a esses equipamentos, também deve ser garantida.

Locações

Para a direção de arte, projetar um cenário original ou escolher uma locação a ser adaptada são ações de mesma natureza. De uma forma ou de outra, ela está desenhando o espaço cênico com base nas mesmas indagações e objetivos sugeridos pelo roteiro ou acordados entre as parcerias. A decisão de filmar em um ambiente especialmente construído ou em um local preexistente é uma questão coletiva que se coloca logo no início dos trabalhos da equipe. Depende das condições de produção, das características intrínsecas ao cenário em foco, das ações a serem desenvolvidas e, muitas vezes, da visão da direção sobre o projeto como um todo. São muitas as variáveis em questão: se por um lado a construção original tem custo elevado, por outro, ela pode agilizar a filmagem e facilitar a logística de produção, tornando-se um fator de economia; se as ações previstas envolvem efeitos especiais ou situações de elaboração complexa, o controle de um estúdio ou terreno destinado exclusivamente à filmagem pode ser essencial. Algumas vezes, a direção de cena coloca a necessidade de filmar em espaços reais, com o intuito de produzir um efeito mais contundente sobre quem atua, como se a construção de um cenário pudesse roubar a autenticidade da cena pretendida. Cada caso é um caso a ser estudado, tendo em vista a viabilização do projeto.

Na maioria dos filmes, locações adaptadas e cenários especialmente construídos misturam-se na construção de seu universo particular. Recurso característico da linguagem cinematográfica, a edição final das imagens captadas é a base da elaboração de um projeto cenográfico. A montagem aproxima espaços filmados em diferentes locais, conformando, na tela, ambientes diretamente complementares em uma geografia própria àquele filme.

Em *Orfeu* (1998), de Cacá Diegues e direção de arte de Clóvis Bueno, a dificuldade de manutenção da segurança da equipe de filmagem em locações reais levou à opção de se construir uma favela cenográfica. Na procura por locações, priorizou-se a geografia montanhosa característica das favelas cariocas, bem como a receptividade do solo às construções cenográficas efêmeras, o silêncio do entorno e o controle de acesso.

A área principal da favela fictícia, que compreendia a entrada da boca de tráfico e a praça do bar, onde se localizam a casa de Orfeu, a de sua mãe e a de Eurípides, foi construída em uma região periférica da capital fluminense. Dessa forma, não havia vistas que ligassem a favela cenográfica à cidade do Rio de Janeiro. Nesse caso, a convivência visual, importante para a contextualização da narrativa, foi obtida por meio da adoção de locações complementares em favelas reais cariocas – como o campo de futebol, localizado no alto do morro do Vidigal, ou o interior da boca do tráfico, adaptado em uma construção abandonada na área da comunidade Tavares Bastos. A junção desses espaços cênicos na montagem insere a favela do filme na cidade. O interior das casas, por sua vez, foi construído em estúdio – novamente a edição nos apresenta, no resultado final da tela, cenários complementares que conformam um espaço único: o espaço e a geografia próprios do filme.

O olhar sobre as locações, na fase de pesquisa, conta com variáveis de diferentes naturezas: subjetivas, estéticas, técnicas e logísticas. Encontrar uma situação que apresente todas as particularidades desejadas é praticamente impossível. Partindo dos significados-chave de cada cenário, procuram-se nas locações elementos eleitos como essenciais para a caracterização dos personagens, sua inserção no contexto geral, a atmosfera das cenas e as particularidades das ações que irão se desenvolver em cada ambiente.

Assim, por exemplo, para a pesquisa de locação do apartamento de Ênio, no filme *Não por acaso,* de Philippe Barcinski, com direção de arte de Vera Hamburger, acordou-se que o cenário de sua residência deveria ser um apartamento, localizado no centro da cidade de São Paulo, e que tivesse uma janela com vista para os prédios e as ruas características desse bairro. Dessa forma, pretendia-se repetir a relação que o personagem mantinha com a cidade e a vida cotidiana em seu trabalho, na sede da companhia de engenharia de trânsito fictícia. Por outro lado, a direção solicitou que a locação oferecesse espaços generosos para a utilização de carrinhos e *travellings* durante as filmagens.

Apesar de haver, originalmente, intenções que orientam o olhar na busca do espaço ideal, o imprevisto pode tomar as rédeas e apresentar soluções jamais imaginadas. A subjetividade se impõe, e acaba-se por escolher uma locação surpreendente, diferente de tudo que se procurava, e com ela encontrar novos caminhos para o filme.

O processo de trabalho sobre um roteiro é repleto de imprevistos. Muitas vezes, na exploração das possibilidades reais do projeto, subverte-se o texto. A direção de arte pode propor locações/cenários alternativos àqueles especificados no roteiro, considerando tanto sua visão pessoal sobre a narrativa em questão quanto aspectos práticos de produção.

As possibilidades de realização de adaptações espaciais ou plásticas de uma locação são aspectos determinantes na sua escolha. Um bom exemplo de interior adaptado é o cenário do escritório da agência de publicidade do filme *Se eu fosse você* (2006), de Daniel Filho e direção de arte de Marcos Flaksman (*ver p. 292*). Uma construção de época foi transformada, cenograficamente, em um moderno escritório publicitário, típico de edifícios comerciais contemporâneos. Aproveitando o espaço de uma escola desativada, localizada em sítio silencioso da cidade do Rio de Janeiro, Flaksman cobriu com painéis cenográficos detalhes característicos da arquitetura existente que não interessavam à nova configuração. Tirou partido das vistas naturais das janelas, do piso de tábua corrida e das paredes lisas, complementando o visual com elementos modernos, como superfícies de vidro, sancas e mobiliário contemporâneo. A direção de arte enxerga possibilidades na adaptação de espaços, e é capaz de adequar a verba disponível e as demais condições de produção às necessidades do filme.

As dimensões de ambientes internos devem ser consideradas, na pesquisa de locações, em função das características da filmagem. Recuos necessários à câmera e à instalação de equipamentos de luz e som complementam o espaço da cena. A altura de forros ou telhados é um fator importante, já que um pé-direito alto garante recursos técnicos muitas vezes essenciais.

Locações, principalmente em exteriores, colocam a produção em geral e a cenografia em particular em meio à vida corrente do lugar. Na transformação do espaço real em espaço cênico são realizadas intervenções de todo tipo nas construções existentes, assim como alterações nas atividades cotidianas desse espaço. Ao adaptar-se, por exemplo, uma cidade original do século XVIII, mas que sofreu transformações ao longo do tempo, a um cenário urbano/rua de comércio do final do século XIX,

são necessários inúmeros artifícios cenográficos: camuflagem de elementos ou signos modernos (postes de iluminação elétrica, placas de trânsito, placas comerciais, etc.), a instalação de elementos cenográficos típicos da época em questão (toldos, anúncios, vitrines e mercadorias expostas em suas fachadas e interiores), pintura e envelhecimento de paredes e esquadrias, assim como a cobertura do asfalto por terra batida. Além das interferências cenográficas, o controle do acesso de veículos contemporâneos e de transeuntes é necessário, assim como a ocupação desses espaços pela figuração, por veículos e animais de cena, e pelos próprios atores e atrizes caracterizados.

Nessas situações, é muito importante que a direção, a direção de arte e a direção de fotografia estabeleçam os limites de campo a serem adotados na locação, balanceando as necessidades das cenas com as possibilidades reais de intervenção. Inúmeras negociações são feitas entre a produção do filme, os moradores ou usuários do local, a prefeitura e demais órgãos de proteção ao patrimônio e de regulamentação do uso das vias públicas. O projeto de intervenção cenográfica, as necessidades da fotografia, do som e as ações dramáticas previstas delimitam o campo de atuação e orientam esses acordos.

Uma locação bem escolhida oferece oportunidades instigantes à coreografia e à estruturação das cenas. Pontos de referência orientam o olhar do público na leitura do espaço do filme. Largos, praças, igrejas, pontes, rios, pontos de perspectiva peculiar, demarcam e qualificam os lugares.

É curioso perceber quantas coincidências ocorrem na escolha de uma locação. A opção por uma região ou cidade para conformar o ambiente geral de um filme é feita com base nas características estéticas imaginadas. Contudo, é muito comum que, ao aproximar-se da área selecionada, se perceba que a identificação entre a realidade e o universo do filme ultrapassa o aspecto visual. A cultura local normalmente se aproxima do mundo fictício nas regiões escolhidas. Ao levantar a mão de obra necessária, não raro encontram-se, por exemplo, técnicas e técnicos que mostram afinidade ímpar com as características esboçadas no projeto. Em São João del-Rei, Minas Gerais, um restaurador de pinturas de igrejas coloniais faz as vezes de pintor de arte figurativa e preenche as paredes de uma sala, enquanto uma cortineira local encarrega-se, com maestria, da modelagem de cortinas e dosséis típicos da virada do século XIX. No Vale do Jequitinhonha, o chamado "MacGyver da cidade" complementa, por seu conhecimento intuitivo e autodidático, a confecção de um moinho surrealista, feito de sucatas industriais, enquanto um carpinteiro local, utilizando tradicionais técnicas construtivas baseadas na madeira de lei, no enxó e no machado, acrescenta detalhes à construção de uma gigantesca torre que a cenotécnica convencional não teria condições de realizar. A troca entre a equipe especializada e profissionais locais é um dos elementos enriquecedores e mais prazerosos da realização de um projeto cinematográfico, e ocorre não apenas nos domínios da direção de arte, mas também, muitas vezes, no elenco, na figuração e no apoio geral à produção.

Quando se trata da construção de cenários em estúdio, a questão muda de figura. O Brasil apresenta uma grande deficiência com relação a estúdios cinematográficos; mesmo em cidades consideradas polos de produção, como Rio de Janeiro e São Paulo, são poucas as opções oferecidas pelo mercado.

Desde os primórdios de nosso cinema até hoje, é comum a adaptação temporária de espaços para a filmagem. Um galpão de área livre e pé-direito que atende às necessidades básicas dos cenários e da fotografia, com condições sonoras aceitáveis pelo técnico de som e de fácil acesso para a produção, é em geral o critério básico que rege a procura do lugar.

A pesquisa de locações é um momento crucial da produção. Além de caracterizar o partido visual adotado para o projeto, ela oferece opções que definirão a estrutura e a logística de toda a produção, como cumprimento do plano de filmagem, possibilidade de captação sonora e a viabilidade do esquema básico da produção, até mesmo aqueles relativos ao elenco e à figuração. Portanto, cada locação sugerida deve ser aprovada por toda a equipe. Em alguns filmes, a direção e a produção tomam a dianteira da pesquisa de campo e apresentam as opções para a equipe. Em outros, a direção de arte acompanha a produção de locação desde as primeiras visitas, oferecendo seu olhar a cada passagem; em outras produções, ainda, a produção de locação, seguindo instruções da direção, da direção de arte e da direção de fotografia, parte sozinha para campo e traz opções fotografadas, a fim de que se faça uma pré-seleção daquelas a serem visitadas por todos. Ligada diretamente à direção de produção, cabe à produção de locação fazer as negociações necessárias com proprietários, instituições e autoridades envolvidas na preparação e na filmagem.

A cor

No cinema, a passagem do preto e branco para a cor trouxe maior complexidade à composição das cenas. Presente desde de seus primórdios na pintura manual de quadro a quadro ou em banhos especiais em laboratório, o emprego da cor criou regras, fugiu delas e, por fim, reinventou sua aplicação em cada escola, gênero e época de produção. Se, por ocasião do surgimento do negativo sensível, Hollywood estabeleceu procedimentos-padrão para o uso da cor, Michelangelo Antonioni, Federico Fellini e Jean-Luc Godard foram alguns dos diretores a aventurar-se em experiências cromáticas particulares a cada filme, explorando tonalidades e contrastes como meio de significação da imagem. No Brasil, pode-se perceber uma pesquisa contínua do uso da cor: os fortes contrastes dos anos 1960-1970; a harmonização policromática nas experiências de tingimento da cor-luz sobre o pigmento dos anos 1980; a dessaturação presente na produção dos anos 1990-2000.

As emoções e impressões de quem vê são sublinhadas pelas cores e seus contrastes. Nas artes, na vestimenta, nos matizes das cidades, cada tempo, lugar e povo parece criar códigos próprios para seu uso, privilegiando tonalidades, modulações e combinações de tons. Importante elemento narrativo, a gama de cores delineia a atmosfera geral do filme, de modo a marcar e caracterizar gêneros e épocas retratadas. Por outro lado, o jogo cromático criado colabora, de forma essencial, na caracterização de movimentos da narrativa, de personagens e cenários. A cor é uma ferramenta poderosa, que opera subliminarmente na emoção do público. Ao conformar o clima geral, o manejo das cores contribui para o estabelecimento da relação de quem assiste com o conteúdo do filme. Ao trabalhar com as cores, a direção de arte elege matizes, estabelece suas qualidades, explora os contrastes, de maneira a construir códigos dramáticos. As cores, em constante transformação no tempo e no espaço, emprestam novos sentidos visuais aos sujeitos, às cenas e às sequências.

Macunaíma, de Joaquim Pedro de Andrade, com cenografia e figurinos de Anísio Medeiros, é um exemplo claro do uso da cor na caracterização do universo do filme como um mundo paralelo à realidade – uma fábula, uma parábola tropicalista. Em *Carandiru, o filme* (2003), de Hector Babenco e direção de arte de Clóvis Bueno, percebe-se a construção de um jogo cromático e de tratamento que, aliado à fotografia de Walter Carvalho, associa a imagem projetada à realidade próxima ao público. O filme *Herói* (2002), de Zhang Yimou e direção de arte de Tingxiao Huo, coloca o público diante de um mundo simbólico, no qual a leitura das diferentes versões sobre um mesmo fato associa-se à predominância de determinadas cores e tonalidades em suas construções visuais. Já *Dick Tracy* (1990), de Warren Beatty e direção de arte de Harold Michelson, leva quem assiste a uma leitura gráfica do espaço, ao utilizar cores brilhantes e contrastadas tendo ao fundo ambientes escuros e sombrios.

Cada personagem inspira um repertório de cores característico, num processo paralelo ao que tinge os ambientes. A composição cromática entre cenários e figurinos cria, a cada momento, contradições ou consonâncias significantes. Um "ponto ativo" vermelho – ou seja, um personagem, um animal ou um veículo em movimento, etc. – sobre um fundo monocromático de tons cinza provoca sensações e confere códigos dramáticos diferentes daqueles evocados pelo corpo de tons creme movendo-se sobre o mesmo fundo. Efeitos de fusão entre a figura e o espaço cênico ou a exploração dos contrastes criados entre eles provocam sensações e significações próprias. Além de significados cognitivos, sensações táteis e psicológicas também são produzidas com base na visualização das cores. Sentimos frio, calor, alívio ou claustrofobia sob o efeito do jogo cromático. O ritmo de leitura do nosso olhar sobre a tela também se dá à medida que os olhos acompanham o movimento e a intensidade dos contrastes entre as cores que em meio a ela atuam.

Inúmeros estudos e teorias sobre a cor foram elaborados por meio de especulações filosóficas e experiências científicas, artísticas e educacionais. Tanto sua percepção quanto seu potencial expressivo são mistérios que instigam a curiosidade e o conhecimento humano. Resultado da combinação de fenômenos físico-químicos, fisiológicos e psíquicos, próprios de cada ser que o vivencia, as cores constroem conceitos articulados por uma poética própria. Da experiência pessoal, uma memória afetiva empresta significados particulares e imprevisíveis a cada tom. Leonardo da Vinci, Leon Battista Alberti, Goethe, bem como os diversos artistas e pesquisadores da Bauhaus, são algumas das principais fontes de reflexão sobre o uso da cor. Apesar de todas as pesquisas, não há como redigir um manual que oriente a criação artística. O jogo criado na aplicação das cores ao espaço produz novas relações a cada composição e percepção.

Significados simbólicos são conferidos a elas nas diferentes culturas, religiões e ciências. Assim, por exemplo, o vermelho liga-se ora ao fogo, ao inferno, ao poder, ora à sexualidade, ao amor, à paixão; o amarelo remete à riqueza e à abundância ou, ao contrário, à doença e à insalubridade; tons de azul sugerem a água, o frio, ou um estado de espírito remoto; o branco dialoga com o estéril, a limpeza, mas também com a espiritualidade e a paz, enquanto o preto carrega o mistério, as sombras da morte ou, unido ao dourado, ao ouro, expressa a riqueza e a luxúria.

Outros dizeres nos levam a considerar que cores "quentes" representam ternura e humanidade, enquanto as "frias" evocam sentimentos austeros. De uma forma ou de outra, ao conferir a cada cor ou tonalidade significados rígidos ou generalizar sua expressividade incorre-se na simplificação de seu valor expressivo e em regras distorcidas para seu uso. A experiência pessoal é sempre a forma mais rica de se aproximar das matérias artísticas e criar intimidade em sua exploração, já que as regras e manuais não conseguem abranger as infinitas possibilidades de significação dos elementos em jogo.

A capacidade expressiva das cores está ligada à extensão de sua superfície, formato, repetição, contraste, combinações e distribuição no espaço e no tempo. As formas são percebidas graças a diferenças de cor, tonalidade, textura e luminosidade que as definem. O tempo de captação de uma imagem pelo olhar humano depende das cores que são expostas por tal imagem no momento dessa captação e daquela visualizada anteriormente. Cores primárias, secundárias ou terciárias; pastel, brilhantes, profundas; saturadas e dessaturadas; frias e quentes; complementares ou análogas são nomenclaturas do estudo do fenômeno da criação e percepção da cor, sempre interessantes ao profissional da direção de arte.

Cor-luz e cor-pigmento complementam-se no cinema, assim como na natureza. Obedecendo às leis da física, a atuação de uma sobre a outra redefine suas qualidades. Do profissional de fotografia, as características finais da luz de cena; da direção de arte, as do pigmento; do entendimento entre eles, o resultado final.

A correção da cor, que até recentemente era feita nos laboratórios químicos, hoje utiliza as novas e revolucionárias tecnologias digitais. Cada vez mais sofisticadas, as plataformas permitem ao realizador jogar com as cores, testar possibilidades e, literalmente, "repintar" a imagem captada. A opção por processos não convencionais de captação e manipulação da imagem provoca, no jogo cromático e de textura, um distanciamento entre o que se vê ao vivo no *set* de filmagem e o material filmado e tratado. Nesse caso, é ideal que sejam realizados testes para verificar os efeitos das técnicas previstas pela fotografia sobre as cores e texturas escolhidas pela direção de arte, até acertar o tom desejado.

Como foi dito anteriormente, o processo de finalização é comumente acompanhado pela direção, pela pessoa que trabalha como colorista e pela direção de fotografia. No entanto, devido ao enorme impacto desse procedimento no universo visual de um filme, a participação da direção de arte na fase final da produção passa a ser, muitas vezes, imprescindível ou, no mínimo, desejável.

A textura

A textura segue a mesma dinâmica do uso da cor no desenho de um filme e é igualmente determinante para a formação de seu universo visual e caracterização de seus personagens e cenários. Sob a incidência da luz, novos contrastes se revelam, oferecendo significados inéditos à matéria. A poética da visão das texturas deve-se, principalmente: ao papel que elas representam na formação das tonalidades de cor; ao desenho das tramas que fabricam, imprimindo ritmo à visão; à transparência, opacidade e brilho que oferecem, além de seus significados simbólicos e subjetivos. Cada um de nós tem a vivência diária do tato configurando uma experiência pessoal que empresta significados e provoca sensações à visão dos diferentes materiais que compõem o universo espaço-visual de um filme, ora dominado pela palha, terra batida, pedra e madeira, ora pelo aço, concreto e a fórmica impermeável, por exemplo.

Inspirada, mais uma vez, pelos conflitos expostos na narrativa e alimentada pela gama de materiais disponíveis e seus contrastes, a direção de arte seleciona e explora os materiais básicos para trabalhar o jogo da textura, relativizando, por meio da sensação do tato, conceitos como densidade, umidade e temperatura; maleabilidade e rigidez; leveza e gravidade; porosidade e assepsia; aconchego e solidão; fragilidade e força.

A ação do tempo empresta a um ambiente circunstâncias próprias também definidas pela textura de suas superfícies. Marcas se sobrepõem em camadas – seja a água que escorreu pela parede ano após ano, provocando o surgimento do musgo, seja o desgaste do tapete marcando o trajeto da personagem, repetido infinitas vezes, entre a sala e a cozinha, seja a podridão da madeira de um barco abandonado à beira do mar. O estado dos objetos oferece dados à compreensão do mundo exposto, de sua história e circunstâncias, sem recorrer às palavras. A imagem tem o poder de narrar por si mesma e oferece a quem assiste uma intimidade com o universo do outro pela simples identificação de suas próprias referências visuais na tela.

A água, a chuva, o vento e a poeira que ele levanta, a neblina do inverno, o fogo da lareira são texturas e cores no ar, produzidas por meio de efeitos especiais, que se somam à ambientação, complementando a atmosfera da cena.

A cenografia pode tirar partido de materiais reais e de suas texturas originais, ou recriá-las artesanalmente. Pedras são talhadas em materiais sintéticos e sua superfície, trabalhada com massas, manchas de cor e brilho, até que se tornem "pedras reais". O ferro ou o mármore podem ser perfeitamente imitados sobre a madeira, de tal forma que sentimos o frio que emanam. Contudo, nem sempre existe uma preocupação realista na representação dos materiais. Em cada projeto, o uso dos diversos elementos que compõem a direção de arte é avaliado e codificado, formando um conceito visual coerente com a abordagem definida para o filme. Não há regras para uma obra plástica, o importante é atingir um universo coeso e crível pelo estabelecimento de códigos visuais consistentes do começo ao fim da fita.

Objetos

A caracterização final do espaço é dada pelos objetos que o ocupam. Eles falam da vida que habita, habitou ou habitará aquele ambiente. Explicitando gostos pessoais ou qualidades circunstanciais, apoiam e contracenam com atrizes e atores em suas ações.

Cada peça que compõe um cenário é cuidadosamente escolhida ou especialmente desenhada e construída. Sua expressividade conta com significados utilitários, formais, simbólicos e, mais uma vez, subjetivos. Sua estrutura construtiva comunica, ainda, pensamentos e interpretações sobre o equilíbrio e o conforto, jogando com o peso e o volume em sua presença no espaço.

A história do desenho do objeto apresenta soluções formais e experiências cromáticas, de textura e materiais que são particulares a cada época e sociedade. Do mobiliário indígena ao barroco mineiro, dos utensílios indianos ao *design* contemporâneo, diferentes signos, técnicas e funções o definem. A leveza e a racionalidade dominam o desenho ocidental dos anos 1930, contrastando com o peso das formas adotadas na década seguinte; o desenho aerodinâmico e os tons pastel dos anos 1950 contrapõem-se às cores e formas puras, características da década de 1960.

Por outro lado, os objetos configuram-se em símbolos, seja por seu uso social, seja por sua vivência particular. A compreensão dessa simbologia é essencial para seu manuseio na caracterização de cenários ou personagens. Um trono posto no extremo de um grande salão vazio caracteriza, por si só, um reino, talvez decadente, talvez de um déspota solitário. Se unirmos a esse ícone uma rica cortina de veludo, bordada em ouro, outros significados e provocações serão sugeridos ao espectador. A combinação entre as qualidades visuais de cada objeto e seu conteúdo histórico e simbólico produz códigos dramáticos que orientam as opções da direção de arte. Sobriedade, racionalidade, leveza e sensualidade são exemplos de significados decodificados na visão e vivência dos objetos no ambiente cênico, num processo de escolha e composição por vezes inconsciente.

A localização da narrativa no tempo e no espaço e o posicionamento do personagem nesse universo são mais alguns efeitos da comunicação estabelecida pela escolha do estilo e pelo tratamento dos objetos. Filmes de época contam com um repertório específico de mobiliário e adereços, porém a atenção deve ser redobrada para que não se caia na armadilha da composição de um *showroom* de determinado período, esquecendo-se das questões dramáticas que envolvem a cenografia e os personagens.

A caracterização dos ambientes e o desenvolvimento das ações implicam diferentes categorias de objetos numa produção. A primeira delas refere-se à composição do espaço como caracterização do universo particular do personagem, sua história e perspectivas de vida, reveladas pelas escolhas estéticas conferidas a ele. O estilo, a quantidade e a qualidade dos objetos do mobiliário de sua casa, por exemplo, estampam nacionalidade, idade e profissão, estado civil e classe social, ao passo que sua forma de organização no espaço e o estado em que se encontram revelam características importantes de sua personalidade e das circunstâncias de sua vida em dado momento. Também na escolha das pesadas cortinas das janelas, do pequeno cartão pendurado no antigo espelho do quarto, ou na disposição dos livros que invadem o banheiro, entram em jogo traços de sua personalidade e circunstâncias do momento: trata-se de alguém ligado ao passado, que convive com pertences de família ou de alguém desprendido, que sobrevive munido apenas de colchão, fogão e cobertor? É uma pessoa austera ou que brinca com o desequilíbrio permanente? No mesmo sentido, o próprio desenho do objeto colabora na caracterização do personagem: a predominância de elementos arredondados, por exemplo, pode sugerir uma personalidade maleável,

materna e amigável, enquanto os ângulos retos podem remeter a uma pessoa mais racional e pragmática.

Ainda na categoria de composição, a escolha dos objetos ilustra o universo em que a história se passa, independentemente da caracterização pessoal dos sujeitos. O caráter dos cenários, conformado pelos objetos que o compõem, além do tipo de arquitetura e espaço, cor e textura dominantes, insere o personagem em um meio específico, posicionando-o no universo circundante, da cidade ao terreno baldio em que é assaltado ou ao escritório em que paga seu aluguel, cada peça adicionada ao espaço cênico conterá informações e provocará sensações a serem exploradas pela direção de arte.

Objetos são também meios de criação de circunstâncias especiais em um cenário: uma simples cortina que recebe o vento da janela sugere, ao conferir um mínimo movimento à cena, certas impressões a quem assiste; a desordem dos objetos na casa de um jovem recém-separado ou em um escritório invadido pela polícia em busca de documentos inaugura uma situação dentro de um ambiente. Cenários são espaços vivos sujeitos às consequências da narrativa. Emprestar uma circunstância dramática ao espaço cênico é algo muitas vezes feito durante as filmagens. A partir da inserção de um simples objeto, pode-se readequar o jogo cromático, as relações entre as texturas e luzes, ou, ainda, inserir novos significados cognitivos à cena. A observação do enquadramento final e a visão da cena nos ensaios inspiram, entre um plano e outro, uma intervenção plástica que pode complementá-la, constituindo uma importante contribuição do diretor de arte no *set* de filmagem.

Denominam-se "objetos de contrarregragem", ou *props*, as peças essenciais ao desenvolvimento da ação e aos objetos pessoais dos personagens e da figuração – bolsa, mala de viagem, caderno de anotações, etc. Sua importância na narrativa transforma-os em elementos ativos, com vida própria no decorrer do filme. Como tornar inesquecível, aos olhos do espectador, esse elemento vital à história? Por exemplo, o revólver que tira a vida da esposa e de seu amante é uma arma de aço reluzente, um 38 enferrujado ou uma ronqueira que o próprio assassino fez em casa? Quem é esse assassino? Um sertanejo do Tocantins, um empresário de São Paulo ou um empresário de São Paulo que veio do sertão do Tocantins? O que acontecerá com essa arma após o crime? Será encontrada? Aparecerá no fundo de um pântano? Será a prova do crime? Elementos de cena que provavelmente receberão especial atenção da luz e da câmera ao construir a ação em parceria com o ator, os *props* são pensados em detalhes, desde as características originais até as transformações decorrentes de sua trajetória no tempo do filme.

A funcionalidade dos objetos de cena é questão importante no cinema. Fazer o espectador acreditar que as coisas realmente se passam como a narrativa conta, mesmo que isso aconteça mediante efeitos especiais, é essencial para que ele "embarque" na história. Cada detalhe determina a sensação de autenticidade do conjunto por parte do público.

A criação e confecção de produtos gráficos, item que envolve artefatos físicos ou virtuais, é parte essencial do trabalho da equipe de arte, seja na composição da cenografia, objeto, figurino ou mesmo maquiagem. A imagem dentro da imagem se faz por objetos palpáveis como o cartaz do espetáculo na porta do teatro pela qual entra a protagonista, a estampa da camiseta do manobrista tatuado que a recebe, as placas de trânsito que aparecem no caminho do estacionamento ou o rótulo do vinho esquecido no banco traseiro do automóvel. Peças gráficas figuram também nas telas de inúmeras categorias de artefatos de cena, como celulares, computadores e tudo o mais que atualmente nos cerca em forma de monitor multiuso. O design gráfico atua inclusive, em muitos casos, na formatação e tratamento do próprio projeto a ser apresentado junto à clientela e parcerias de criação.

Como dissemos antes, os "objetos especiais" como armas, veículos e animais de cena são elementos cuja utilização e manutenção envolvem aspectos legais. Até hoje é comum que a responsabilidade por sua localização, contratação e administração fique por conta do departamento de produção, sob a orientação estética da direção de arte. Junto com a figuração, os veículos e animais são importantes para a qualidade dramática da cena e para a plástica do quadro composto. Além de suas características visuais, imprimem ritmo e circunstâncias especiais às ações, de tal maneira que a direção e as direções de arte e de fotografia precisam unir-se na definição da ocupação do espaço cênico, explorando, por meio da composição e da movimentação desses agentes no quadro, diferentes perspectivas, relações volumétricas, cromáticas e de texturas, a fim de acentuar as intenções dramáticas pretendidas.

Adereços especiais, ou seja, aqueles objetos dotados de algum tipo de peculiaridade – como uma bicicleta que voa, um livro que fala – ou um tal artefato, absolutamente necessário que não foi encontrado nos acervos existentes ou trata-se de peça exclusiva de museu, exigem a colaboração de profissionais especializados nas mais variadas artimanhas de dar forma e funcionamento a um ser, em princípio, inanimado. Tais profissionais podem integrar-se à equipe fixa de arte ou, como é mais comum, prestar serviço como empresa terceirizada. Cada vez mais especializado, o fazer audiovisual traz à cena profissões as mais diversas quando o assunto é direção de arte. A terceirização de serviços inclui, por exemplo, floristas, culinaristas, paisagistas e jardineiros que passam a ocupar-se, atualmente, quase que exclusivamente dos *jobs* na área, tanto na produção publicitária quanto no mercado de entretenimento e conteúdo.

O figurino

Quantos figurinos cinematográficos estão marcados em nossa memória? Os elegantes vestidos de noite usados por Rita Hayworth na pele de Gilda, desenhados por Jean Louis para a produção homônima de 1946, dirigida por Charles Vidor, ou o esvoaçante vestido branco de Marilyn Monroe em *O pecado mora ao lado* (1955), de Billy Wilder, com figurinos assinados por Travilla, são exemplos, em escala internacional, de vestimentas e maquiagem que ajudaram a transformar muitas atrizes em ícones mundiais. Super-heróis caracterizam-se, principalmente, por suas roupas especiais. A troca de atores nos papéis de Batman, da Mulher-Gato ou do Homem-Aranha não compromete sua leitura, ao passo que mudanças em seus adereços ou vestimentas provocam reações do público.

No Brasil, quem não se lembra da memorável caracterização do caipira Jeca Tatu, incorporado por Amácio Mazzaropi, ou do Zé do Caixão, criação de José Mojica Marins, ou ainda, do Antônio das Mortes, figurado por Maurício do Valle em *O dragão da maldade contra o santo guerreiro*, de Glauber Rocha?

O que é um figurino para a direção de arte? A caracterização de um personagem sobre a figura de um ator ou atriz, o ponto ativo do quadro, o corpo que transpassa o espaço e o tempo e que a cada composição constrói novas sensações a partir dos contrastes e gestuais criados entre os pares, o fundo e a forma.

O personagem é o objeto principal da narrativa, o ponto nervoso da história, a ser seguido do início ao fim do filme. Sobre a figura do ator ou atriz, o figurino e a maquiagem são a manifestação plástica direta do personagem, desenhando e marcando, visualmente, sua presença diante do público. Preferências de modelagem, cor, materiais e acessórios da vestimenta sugerem aspectos psicológicos e emocionais de cada personagem e o posicionam dramaticamente no enredo, de maneira a indicar não apenas sua situação social, econômica e política, mas também as circunstâncias particulares ao momento em que vive. Seu estilo pessoal marca-o visualmente, permitindo que seja rapidamente reconhecido a cada aparição ou compreendido em suas transformações. O uso de cores e texturas também colabora na definição de seu papel na estrutura dramática e no jogo estabelecido com os demais personagens.

Se, por um lado, a indumentária apresenta grande diversidade formal, funcional e simbólica nas diferentes épocas e culturas, por outro, a vivência cotidiana das roupas e de seus acessórios conforma significados próprios a cada pessoa ou grupo. O domínio dessas experiências faz da pessoa figurinista um elemento fundamental na concepção artística de um filme, ao lado da direção de arte, já que a identificação do público com a figura dos personagens é filtrada por suas opções estéticas. Cada tipo de peça do vestuário é lida, mesmo que inconscientemente, como um signo pertencente a códigos sociais ou até como fetiches pessoais – da roupa íntima à gola fechada até o pescoço, dos acessórios indígenas ao vestido de noite.

Assim como a cenografia tem sua arquitetura, a vestimenta tem seu corte e modelagem. Em linhas retas ou formas arredondadas, rente ao corpo ou esvoaçante, o desenho estrutural e estilístico imprime qualidades visuais e oferece diferentes facetas do personagem ao espectador. Da mesma forma, cada sujeito, de acordo com as situações e a relação que se pretende estabelecer com os cenários em que é inserido, inspira uma gama de cores, estampas e texturas características. Sensações ligadas a temperatura, peso e volumetria são estimuladas à visão das formas, cores e texturas presentes na vestimenta. Um homem que veste uma sobreposição incomum de peças cinzentas, em seu andar solitário por uma paisagem de neve, provoca aflição e compadecimento. No entanto, se houver algum detalhe em vermelho em sua composição, outros sentimentos podem ser ativados em que assiste.

As transformações pelas quais passa o personagem no desenrolar da narrativa provocam alterações formais ou de tratamento em sua vestimenta. A montagem de seu guarda-roupa segue a construção de uma trajetória dramática. Uma figura pode tornar-se mais escura, mais "lavada" ou mais "desmontada", ou o inverso, pode ganhar luminosidade e brilho à medida que a vida de seu personagem vai sendo marcada por ocorrências características, transformando-lhe o destino.

A vestimenta é também um importante elemento na percepção da passagem do tempo do filme e em sua continuidade cronológica. A cada troca de roupa, presente, passado e futuro são reconhecidos. Quantas horas, dias, meses se passaram entre uma cena e outra? O que aconteceu ao personagem nesse período em que esteve longe dos olhos do público? A localização geográfica da história e a época em que se passa também são dados sugeridos pelo figurino. Porém, um filme de ficção não tem o compromisso com a reprodução exata de referências estilísticas originais. O jogo que se pode criar na composição de elementos provenientes de diferentes épocas e estilos é, muitas vezes, mais interessante ao universo da dramaturgia do que a busca de uma veracidade histórica plena.

Cada peça sobre um corpo sofre as consequências da vivência das situações a que seu sujeito é exposto. Por exemplo, o tecido puído, com pequenos rasgos, manchas de óleo e graxa, além de marcas da fuligem cotidiana e deformações provocadas pelas ferramentas, pode caracterizar a vestimenta de um mecânico de carros. Um processo de maquiagem sobre a peça do vestuário fabrica a composição de manchas e alterações de textura. Um novo profissional especializado torna-se comum às produções, atuando sob a orientação direta do figurino na criação de diferentes circunstâncias da vestimenta. Durante as filmagens, intervenções nesse sentido são provocadas pelo desenrolar das cenas. Nesse momento, a presença da pessoa do figurino no *set*, ao lado da direção de arte, é fundamental, mesmo que a conciliação entre a filmagem e a preparação do dia seguinte exija do profissional uma verdadeira ginástica. Afinal, esse é o momento em que cenários, figurinos, maquiagem, luz, câmera e ação finalmente se encontram, o instante em que o quadro é definitivamente definido e fotografado.

Ao eleger as características visuais predominantes na figuração e nos protagonistas, o figurino colabora, de maneira essencial, para a criação da atmosfera geral do filme, determinando a qualidade dos contrastes existentes entre o anônimo e os corpos centrais da narrativa.

Do desenho inicial à roupa, um longo processo se desenrola. Por meio de experimentações sobre o corpo do ator ou atriz, figurinistas reconhecem particularidades e potencialidades das formas, reparam estruturas e gestos, propõem outros desenhos e movimentos; buscando tonalidades e texturas, sugerem caimentos. Em equipe, garimpam peças prontas que possam ser adaptadas, confeccionam guarda-roupas inteiros. Tingem, bordam, imprimem estampas especiais, costuram e aplicam acessórios estruturais – botões, colarinhos ou trançados de palha. Complementam o conjunto com a produção de adereços, dando o tratamento final a cada peça realizada.

A maquiagem

É frequente a confusão entre figurino e moda. Apesar de lidar com as mesmas matérias, são atividades bastante distintas. Enquanto o primeiro realiza uma "coleção" cujo intuito é a formação de um jogo narrativo ficcional, a segunda propõe "novas tendências" em tempo de realidade. Porém, o entrecruzamento entre um universo e outro é constante, pois ambos se referenciam reciprocamente na criação de nosso imaginário e vivência diária junto à vestimenta.

Algumas vezes, estilistas de renome são convidados a desenhar figurinos de filmes de ficção de longa-metragem. No Brasil, Denner cria os vestidos usados por Maria Della Costa no filme *Moral em concordata* (1959), de Fernando de Barros, enquanto Ocimar Versolato assina as peças que vestiram Sonia Braga em *Tieta do Agreste* (1996), de Cacá Diegues, como também o faz o *transformer* Patrício Bisso, que se responsabiliza pelas figuras da mesma atriz no filme *O beijo da mulher aranha* de Hector Babenco, como veremos mais à frente. No exterior, foi o caso de Jean-Paul Gaultier assinando os créditos de *O ladrão de sonhos* (1995), sob direção de Jean-Pierre Jeunet e Marc Caro; ou de Hubert de Givenchy criando o mais famoso vestidinho preto, aquele que Audrey Hepburn usou em *Bonequinha de luxo* (1961), impulsionando o *glamour* minimalista – sóbrio e *sexy*.

Ao trabalhar diretamente sobre a pele do ator ou atriz, a maquiagem tem um papel determinante na relação que se estabelece entre o mundo da tela e o público em sua identificação com os personagens. Auxiliando na composição da ficção, a maquiagem fornece pistas da realidade de cada figura envolvida na trama, ao mesmo tempo que suas qualidades visuais provocam sensações particulares no público.

É capaz de criar os mais variados efeitos plásticos: acentuar ou eliminar marcas de expressão; falsear idades e proporcionar efeitos de embelezamento; alterar formatos faciais ou corporais; forjar marcas de cicatrizes ou ferimentos; realizar implantes falsos; alongar, pintar e formatar cabelos, barbas e bigodes, além de encardir a pele, unhas e dentes de acordo com a vida do personagem.

Numa visão naturalista, a maquiagem produz heróis perfeitos, baseada em parâmetros humanos e padrões de beleza correntes. Por outro lado, elementos de caracterização formal podem transformar a figura do ator ou atriz, por exemplo, ao construir um detetive acrescentando-lhe uma "barriga de cerveja" falsa sob as peças vulgares de sua vestimenta, cabelos desgrenhados e esbranquiçados, além de olheiras estampadas em um rosto mal-dormido.

O filme tem na maquiagem mais um elemento para a localização da história no tempo e no espaço. Diferentes épocas e culturas são retratadas, de acordo com uma interpretação que alia referências históricas a intenções dramáticas. Ao lado do figurino e da cenografia, ela colabora para o entendimento da cronologia da narrativa, marcando as variações de humor e as situações de vida pelas quais o personagem passa.

A maquiagem explora a pintura e os apliques na composição da figura. Massas de cor e linhas desenham sobre o rosto e o corpo, ora reforçando traços originais, ora contradizendo suas formas naturais. Numa perspectiva fantástica, a maquiagem também pode produzir criaturas irreais por meio de técnicas de efeitos especiais, dando vida a personagens como o *ET*, no filme homônimo de Steven Spielberg, de 1982, ou *O labirinto do Fauno*, de Guillermo del Toro, de 2006.

Na história do cinema foram experimentadas diversas composições baseadas em diferentes técnicas e escolas de maquiagem. Por exemplo, o personagem Coringa, inimigo de Batman, nascido nas histórias em quadrinhos, ganhou diferentes versões a cada filme realizado. Se no *Batman,* de Tim Burton, o Coringa compõe uma figura de palhaço poderoso e atemporal, convivendo com civis realistas, no trabalho dirigido por Christopher Nolan, em 2008, com direção de arte de Nathan Crowley, essa imagem é desconstruída por meio de uma maquiagem que se desfaz.

Em *Castelo Rá-tim-bum, o filme*, de Cao Hamburger, pode-se perceber o uso da maquiagem não apenas marcando os personagens, mas também conformando um código sobre um importante dado da narrativa: a modelagem dos cabelos de Morgana está ligada à posse de poderes mágicos, e, assim, no momento em que sua prima Lozângela lhe rouba o domínio sobrenatural, furta também esse ícone – enquanto os cabelos de Morgana caem sobre os ombros, os de Losângela se eriçam, como um coroamento de sua usurpação.

Já o cinema expressionista alemão ficou marcado também pela maquiagem característica, na qual o sombreamento de partes do rosto, sob a ação da luz e de enquadramentos especialmente elaborados, desenha a figura humana em uma visão especial, angular, perspectivada e surpreendente.

São inúmeros os artifícios e as técnicas de maquiagem empregados no cinema. De uma forma ou de outra, sua realização é regida pela busca de uma aparência que autentifique na figura do personagem o universo visual criado.

Além da preparação do dia a dia, a presença da maquiagem no *set*, apesar de geralmente imprescindível, é delicada. Não raro, o cuidado com seu trabalho obriga esse profissional a colocar-se entre o ator ou atriz, a direção e a cena, em momentos de emoção cruciais. Cabe a ele encontrar o equilíbrio do jogo e os momentos de acesso.

A maquiagem se desenvolve numa coreografia criativa de múltiplos atores, em diálogo cotidiano junto ao elenco, além da interação com as demais áreas envolvidas na construção de tal figura e da cena à qual pertence. Além do tripé de criação – direção geral, de arte e fotografia –, o figurino é colaborador fundamental no processo, desde a concepção à montagem.

Efeitos especiais

Efeitos especiais mecânicos, óticos e digitais se alternam e se complementam na realização cinematográfica. Cada roteiro solicita efeitos especiais distintos e deve ser estudado pela equipe até que as soluções se apresentem. De toda maneira, as diversas possibilidades apresentam uma gama de exigências específicas a cada departamento. O sucesso na utilização desses recursos, seja qual for sua natureza, depende da integração entre as diferentes áreas de trabalho do filme – direção geral, direção de arte, direção de fotografia e produção.

Sendo ele mesmo um efeito especial, desde as experiências pioneiras, o cinema se diverte com as ilusões criadas em forma de imagens em movimento. Uma fada dentro de uma garrafa, um foguete que entra nos olhos da Lua ou uma guerra interestelar são alguns eventos que podem acontecer com facilidade nas telas. Cada efeito especial apresenta uma linguagem característica. Nas mãos do mestre francês, a teatralidade lúdica marcava as cenas, não havendo uma preocupação com o naturalismo na estética apresentada. Atualmente, os efeitos especiais são em grande parte produzidos em função de códigos realistas/naturalistas. As técnicas ilusionistas se aprimoraram de tal maneira que nada impede que se acredite que os guerreiros de *O clã das adagas voadoras*, de Zhang Yimou e direção de arte de Huo Tingxiao, são seres humanos realmente dotados do poder de voar. No entanto, cada projeto é único. A direção artística de um projeto inclui a invenção de padrões de realidade e comportamento especiais que correspondam plástica e funcionalmente aos demais elementos do mundo criado. Tal construção é realizada por meio da interação entre os diversos departamentos e especialistas os mais variados, na transposição do descrito em roteiro à realidade do projeto.

Efeitos especiais mecânicos são aqueles que utilizam elementos físicos e químicos na fabricação de fenômenos durante as filmagens: ventanias, chuvas e enchentes; fogo e toda pirotecnia, incluindo fumaça, tiros e explosões; objetos especialmente construídos para se quebrarem; vidros que se estilhaçam sem ferir quem está atuando ou o(a) dublê; facas que atingem personagens e provocam fluxos de sangue de mel, etc. Produzidos em maquetes de cenários especialmente construídas, ou em escala natural, são recursos desenvolvidos por profissionais especializados, sob a orientação da direção, da direção de fotografia e da direção de arte.

Alguns efeitos estão diretamente relacionados com o *performer* em cena, seja artista ou dublê. É o caso de um ator ou atriz que "voa" sendo sustentado por cabos atirantados, ou quando usa próteses de partes do corpo humano que sofrerão algum tipo de acidente na história, etc. Nesses casos, o figurino e a maquiagem atuam lado a lado com "efeitistas". Outros efeitos envolvem a confecção de bonecos e objetos animados, que muitas vezes dividem a cena com os protagonistas. Com frequência, sua concepção parte de desenhos da direção de arte estudados por incontáveis "bonequeiros(a)" e aderecistas especialistas na modelagem e em suas técnicas de manipulação.

No Brasil, os baixos orçamentos das produções dificultam o desenvolvimento nessas áreas, que envolvem altos custos, além de muito tempo e experimentação. Mesmo assim, formam-se, a cada ano, equipes especializadas de alto nível técnico.

Os efeitos especiais óticos foram muito usados ao longo da história do cinema. Hoje, com o desenvolvimento e as facilidades oferecidas pelos recursos digitais, estão sendo paulatinamente substituídos, assim como alguns daqueles antes produzidos mecanicamente.

Afinal, o que é a direção de arte?

É vasto o mundo da ilusão ótica, podendo-se recorrer a vários truques na composição de cenários cujas dimensões ultrapassam o espaço disponível no estúdio ou que apresentam grande complexidade ou custo de produção. Maquetes, telões ou vidros pintados, *back projections* e uma infinidade de técnicas – muitas vezes acopladas a jogos de espelhos especiais, estrategicamente colocados adiante da câmera – podem ser utilizados em filmagens para complementar cenários ou possibilitar aparições de elementos inusitados, como espectros ou raios luminosos. Técnicas como essas possibilitaram a construção de imagens de importantes produções do final dos anos 1970 e da década de 1980, como a trilogia de *Guerra nas estrelas*, ou *Star Wars*, de George Lucas, e *Blade Runner*, de Ridley Scott.

A tecnologia digital oferece recursos inovadores. Misturando modelagem virtual a imagens captadas de forma convencional, ela é capaz não só de construir inteiramente, ou de modo complementar, cenários, como também introduzir objetos ou mesmo seres vivos e colocá-los em ação em realística convivência com atrizes ou atores e espaços concretos. Usando diferentes ferramentas, distorce rostos, corpos e espaços; altera cores, brilhos e texturas, ou apaga, do material filmado, elementos indesejados com extrema precisão.

O cinema 3D surge como mais uma opção comercialmente viável. Com plataformas técnicas renovadas, é capaz de fabricar universos digitais visualmente poderosos em três dimensões. Possivelmente, diante desse novo quadro tecnológico, em breve assistiremos a transformações fundamentais na estrutura e nas relações de trabalho das equipes de cinema. As bases de criação também mudam a depender do sistema de produção adotado. Atualmente, passamos por um período de rearranjo diante do advento do *streaming*, que cria novas formas de sociabilidade criativa apostando, infelizmente, na continuidade e acirramento das relações hierárquicas no fazer cinematográfico.

Para Pierino Massenzi, a pessoa que se dedica à direção de arte deve ser uma enciclopedista, assim como todo profissional de cinema; segundo Régis Monteiro, citado por seu assistente e colega Clóvis Bueno, trata-se de alguém "especialista em generalidades", enquanto para o próprio Clóvis, este é papel de artista nos moldes renascentistas, com interesses e habilidades diversas.

Linguagem multidisciplinar, a direção de arte lida com corpos, materiais, objetos, arquiteturas e a natureza. Joga com as cores, a textura e o movimento, delineando relações espaço-visuais a cada momento de um filme. Dessa forma, constrói a cada projeto, junto às parcerias da vez, uma narrativa, mas sobretudo um percurso sensorial instigante, com a intenção de proporcionar ao espectador desconhecido uma experiência estética inesquecível. A direção de arte pesquisa os elementos que compõem a cena, atentando-se a cada detalhe da construção da imagem, tanto no que diz respeito à sua dinâmica interna quanto à visualização de sua edição em sequência.

A cada obra, a direção de arte é desafiada, junto com a sua equipe, a decifrar ou inventar novos mundos. Num dia, está no sertão pernambucano, onde "Deus" dança com uma sertaneja; no outro, depara-se com as inúmeras celas e histórias pessoais dos encarcerados de um presídio em São Paulo; um conto de Eça de Queirós a transporta ao século XIX, no cerne de uma história de amor e traição; diante do inventor de uma máquina do moto-perpétuo, mergulha numa viagem pelo campo paradoxal da mecânica, da física e da metafísica.

Em sua atuação, a criação artística exige habilidades outras: conduzir uma equipe, desvendar um orçamento, além da capacidade de definir uma estratégia de ação que ao fim viabilize a realização do projeto, geralmente mais ambicioso do que os meios e condições oferecidos pela produção.

Muitos diretores e diretoras de arte brasileiros possuem formação acadêmica, principalmente nos campos da arquitetura, design e artes plásticas, aprendendo na prática as particularidades da linguagem cinematográfica; outros são inteiramente autodidatas; mais raros, porém, são aqueles oriundos de faculdades de cinema. Seu repertório exige familiaridade com diferentes áreas do conhecimento, dispersas nos currículos de cursos de nível superior no país, obrigando o futuro profissional a procurar, por si, caminhos que complementem seus estudos.

Oficialmente, o Ministério do Trabalho apresenta algumas exigências para o registro profissional, todavia nem todas as responsabilidades e direitos da direção de arte são contemplados pelas leis. É ainda uma profissão em reconhecimento; provoca discussões sobre seu papel e significado, possui uma legislação frouxa e encontra, muitas vezes, situações intrincadas no dia a dia de trabalho, em confronto com a equipe ou com as empresas produtoras.

A experiência da elaboração audiovisual é complexa. O que conduz naturalmente quem assiste a diferentes sensações ou emoções é objeto de rigorosa construção, fruto de trabalho coletivo, em que a direção de arte tem papel fundamental, ao conferir identidade visual à obra, contribuir com a formação de atmosferas distintas em cada cena ou passagem, imprimir características plásticas marcantes a cada personagem e cenário.

Interferindo no dia a dia das cidades, movimentando-se pelo país e fora dele, as produções cinematográficas acabam por provocar intenso diálogo, não isento de conflito, entre diferentes culturas e costumes. Um(a) diretor(a) retorna à sua terra natal e imprime na tela o mobiliário de sua infância, conservado por seus familiares; um profissional de bordado do interior traz ao *set* seu recamo particular com o qual borda a cortina de cena, enquanto outro da carpintaria local, com seu tradicional equipamento, composto de enxó e machado, surpreende a cenotécnica com a perícia com que fabrica estruturas e artefatos de madeira.

A todo momento, novos repertórios e técnicas apresentam-se diante da equipe em produção. Situações inusitadas ou soluções originais colocam em xeque certezas de prancheta. A abertura à experiência e ao conhecimento alheio faz parte do exercício de realização, no qual desapego e obsessão caminham lado a lado. Seja direção ou contrarregra, todos os membros da equipe deixam sua contribuição na obra final. Isso sem falar do acaso, sempre um grande colaborador.

A direção de arte no Brasil
quatro trajetórias

Pierino Massenzi

O que mais me impressionou foram aqueles filmes épicos que os Estados Unidos faziam – Quo vadis, Os últimos dias de Pompeia. *O cenário me entusiasmava, e aos 15 anos resolvi: "Eu vou ser cenógrafo".*
Pierino Massenzi, 2004

Pierino Massenzi, representante de uma geração que viveu o apogeu das produções nacionais em estúdio, nasceu em Roma em 1925. Aos 23 anos, no final da Segunda Guerra Mundial, emigrou para o Brasil trazendo na bagagem seus diplomas em "Architettura – Pittura – Decorazione – Scenografia", da Reale Accademia di Belli Arti, de Roma, e em "Decorazione pittórica", concedido pelo Museo Artistico Industriale, também de Roma.

Artista multifacetado, uniu a atividade de cenógrafo cinematográfico à pintura, ao desenho e à gravura, com mais de vinte exposições no Brasil e na Itália. Dedicou-se, ainda, a projetos arquitetônicos e decorativos para residências e estabelecimentos comerciais e industriais.

Cenógrafo de pelo menos 47 filmes, entre nacionais e estrangeiros produzidos no Brasil, Massenzi foi um dos mais experientes profissionais do país, tendo criado e construído ambientes em projetos marcantes de nossa cinematografia, como: *Tico-tico no fubá*, de Adolfo Celi (produção para a qual projetou e orientou a construção da primeira cidade cenográfica da América Latina); *O cangaceiro*, de Lima Barreto; *Ângela* (1951), de Abílio Pereira de Almeida e Tom Payne; *O assalto ao trem pagador* (1962), de Roberto Farias; *Noite vazia* (1964), *Estranho encontro* (1958); e *Corpo ardente* (1966), de Walter Hugo Khouri.

Na Companhia Cinematográfica Vera Cruz, ao lado de profissionais como os cenógrafos Aldo Calvo e João Maria dos Santos, Pierino define, no início dos anos 1950, novos parâmetros para a cenografia fílmica do país. Em São Bernardo do Campo, cidade do ABC paulista onde residiu até sua morte, em setembro de 2009, participou ativamente da formação da rara infraestrutura cinematográfica montada na Vera Cruz. Acompanhou também o encerramento de suas atividades e o desmonte de seu acervo técnico e documental.

Um dos mais importantes profissionais do período anterior à direção de arte, Pierino atravessou diferentes momentos e escolas do cinema brasileiro entre as décadas de 1950 e 1960. Influenciou com seu trabalho gerações de cineastas pelo primor técnico embasado no sólido conceito de uma cenografia intrinsecamente ligada à dramaturgia.

Muitas vezes orientando a criação do figurino, outras assumindo unicamente a criação e realização do espaço cênico, teve a oportunidade de trabalhar ao lado de artistas como Caribé, Aldo Bonadei, Denner e Clodovil. Como parceiros constantes, contou com os fotógrafos Henry "Chick" Fowle, Nigel C. Huke, Rudolf Icsey, Konstantin Tkaczenko e Mário Pagés, conquistando, como cenógrafo, 26 prêmios nacionais.

Os desenhos deste capítulo são os primeiros esboços dos cenários produzidos e guardados por Pierino. Os projetos executivos ou desenhos em perspectivas aquareladas perderam-se, em sua maioria, nas produtoras.

Pierino Massenzi faleceu no dia 13 de setembro de 2009, em São Bernardo do Campo, São Paulo.

Pierino Massenzi em seu ateliê. São Bernardo do Campo, SP, 2004.

Vista aérea dos estúdios e do terreno da Cia. Cinematográfica Vera Cruz, em São Bernardo do Campo, São Paulo, década de 1950.

Diploma de Pierino Massenzi no curso de Arquitetura, Pintura, Decoração e Cenografia da Real Academia de Belas Artes de Roma, 1945.

9
Aldo Calvo, nascido em San Remo (Itália) em 1906, foi arquiteto, cenógrafo e figurinista. Diretor técnico do Teatro Brasileiro de Comédia (TBC), fez projetos de cenografia e figurino de 1947 a 1953. Como arquiteto, participou da reforma e construção de algumas das melhores salas de teatro do país, como o próprio TBC, o Teatro Guaíra, de Curitiba, e o Teatro Castro Alves, de Salvador. Em 1952, assume a chefia do departamento artístico da Cia. Cinematográfica Vera Cruz, tendo um papel-chave em sua estruturação e conceituação. Morreu em São Paulo, em 1991.

Cheguei ao Brasil em 1947. Já tinha minha formação teórica. Sou sincero: não vim de Rossellini. Tinha só papel e teoria na minha cabeça quando cheguei aqui como imigrante agricultor. Vindo da escola de belas-artes, na Itália, foi no Brasil que tive a oportunidade de colocar meu conhecimento em prática.

Por intermédio de um engenheiro que conheci no navio, consegui trabalho na Light como projetista. Então, apareceu a oportunidade de pintar uma igreja em Minas Gerais. Eu sou artista, não sou desenhista projetista para a usina de Cubatão – aceitei o trabalho.

Quando voltei, desempregado, encontrei por acaso o Aldo Calvo[9] na praça da Bandeira, em São Paulo. Já o conhecia da Itália. Na época, ele era cenógrafo do Teatro Brasileiro de Comédia (TBC) e estava começando os trabalhos de *Caiçara,* na Vera Cruz – o primeiro filme da casa. Entrei na Vera Cruz como pintor de parede.

O Caiçara já tinha começado. A equipe já estava em Ilhabela. Recebi os desenhos do Aldo, que era o titular do filme pelos cenários, e fui. Realizei o trabalho conforme o meu gosto de acabamento: toda a parte arquitetônica estava projetada, mas as soluções de construção e os efeitos de pintura e envelhecimento foram feitos por mim. Acontece que Aldo Calvo era um arquiteto muito bom, decorador fabuloso, porém não dedicava o tempo total à produção, e Cavalcanti [Alberto Cavalcanti], o diretor, queria o cenógrafo minuto a minuto a seu lado.

Na Vera Cruz, eu recebia o roteiro, e a primeira coisa que eu fazia era penetrar na história para imaginar o ambiente. Esquecia tudo o que estava fora da brochura, me entregava por completo ao roteiro: era uma comédia ou um drama? Eu vivia a época, vivia o local em que se desenvolvia a história – meu estudo principal era esse, depois eu criava os ambientes.

Eu me preocupava em criar um cenário completo, com todos os movimentos, onde a direção ficasse livre para construir melhor a cena, e atrizes e atores se sentissem à vontade e pudessem, inconscientemente, interpretar o seu papel num ambiente adequado à história. Uma coisa natural, psicológica.

É o planejamento do cenário que dá condições para os profissionais de atuação, câmera, iluminação e direção executarem seu trabalho.

Eu criava um ambiente com condições de filmar todos os lados e detalhes, não duas ou três paredes. Se a direção queria a câmera ali, não tinha problema – as paredes eram painéis móveis. Estava tudo estudado e preparado para a filmagem.

Entregava uma planta para a produção fazer o orçamento e providenciar os materiais necessários; outra, para a direção fazer o estudo da posição de câmera, das angulações, dos movimentos – caso se tratasse de um *travelling*, *long shot*, etc. Acontece que as paredes que eu desenhava mostravam-se, realmente, quando construídas e acabadas. Então, a fotografia e a direção exploravam os cenários, libertando-se das marcações anteriores, descritas no roteiro. Elas enriqueciam o meu trabalho, e eu, o delas.

Quando entravam no meu cenário, diziam: "Meu Deus! Vamos filmar aqui, vamos filmar ali". A direção e a iluminação tinham condições de descobrir qual a melhor forma de explorar a cena dentro do ambiente criado.

Uma grande preocupação que me acompanhava em todo projeto era a continuidade entre os espaços. Dar condições de ligar um elemento do exterior, que filmamos numa locação, com o interior, em estúdio. Como cenógrafo, você tem de apresentar uma solução completa para a direção. As locações eram escolhidas por mim, pela direção de produção, pela iluminação, por quem operava a câmera e pela direção.

Eu desenhava, construía e, muitas vezes, saía às ruas atrás dos objetos e materiais – na Casa Teatral, na rua 25 de Março –, emprestava coisas de minha própria casa e completava o trabalho. Eu era o contrarregra e o aderecista: fazia feijão, frango, carne, tudo de gesso. Pegava, literalmente, na massa. Havia momentos em que participava da produção de quatro ou cinco filmes ao mesmo tempo, aí não dava para acompanhar as filmagens.

Quem mais aproveitou a mata que existia ao lado da Vera Cruz, onde hoje é a Cidade da Criança, fui eu. Lá construí muitos cenários de exteriores, como os de *Ravina*, *Na garganta do diabo*, *Fronteiras do inferno* e *Mistério na ilha de Vênus* [ou *Macumba Love*].

A equipe de fotografia não interferia no processo. Quando chegavam, o meu trabalho estava pronto, e estudavam a iluminação de acordo com o ambiente – no local, no cenário pronto e acabado.

Rudolf Icsey e Henry "Chick" Fowle (fotógrafo) gostavam de trabalhar comigo porque eles entravam no ambiente com a certeza de fazer um bom trabalho de iluminação. Eu não fazia a parede lisa. Você pode reparar que as minhas paredes têm textura, recorte, rebaixamento, arco. Tenho muita preocupação com a perspectiva e a profundidade, estou sempre à procura de um efeito de luz.

Na comédia impera a simplicidade, é menos empetecado. No musical *Uma certa Lucrécia*, você sente a liberdade que a comédia dá. No salão dos Bórgia, por exemplo, não entrei no detalhe arquitetônico característico da época e de Veneza, onde se passava a história. Dei apenas a impressão do ambiente majestoso pelas proporções, pois se entrasse no detalhe estaria perdido: teria de imitar o mármore de Carrara, as grandes gravuras, os afrescos perfeitos; trabalhar as colunas, suas bases e capitéis,

Caiçara
Adolfo Celi, 1950.
Cenários da "casa de Marina": o exterior construído em Ilha Bela e o ambiente interno em estúdio da Vera Cruz.

com requinte. No entanto, fizemos tudo simples, eu não tinha condições de fazer aquela enormidade de cenário todo detalhado, e também não era o caso.

Já quando se trata de um drama, o ambiente tem de estar completo em todas as coisas: na cor, na textura, na profundidade, na perspectiva e na técnica de montagem e recursos para a filmagem, que é mais complexa, com carrinhos, *travellings* e tudo o mais.

Tenho obsessão pelo detalhe. Você vê na natureza, e é só observar e repetir. Por exemplo, a umidade acontece de cima para baixo, e também de baixo para cima. Para chegar a essa umidade, eu usava óleo – era um tal de passar, riscar, raspar e passar de novo. A minúcia do detalhe é o segredo.

A pessoa de cenografia tem de ser enciclopédica, assim como a direção. Se você pensa cada filme, por exemplo, *Luz apagada* e *O cangaceiro*, são histórias e universos totalmente diferentes para ser trabalhados. A diversidade não fica só no gênero.

A pesquisa é a observação, uma fita métrica e a máquina fotográfica. Eu saía passeando e fotografando, tirando medidas – daí desenvolvi a noção das proporções e da escala humana de cada estilo. E tudo vai ficando na nossa cabeça.

Eu cuidava da cenografia; com móveis e objetos não tinha muita paciência. Determinava a distribuição do mobiliário na planta e o estilo. Depois deixava com os outros. Fazia vários projetos ao mesmo tempo e não podia cuidar de tudo. O que me preocupava, realmente, era criar o ambiente, o clima e a estrutura da cena.

Foram raros os filmes em que eu tenha me interessado pelos figurinos. Posso dizer que foram feitos sob minha orientação apenas *Absolutamente certo*, *Casinha pequenina*, *Uma certa Lucrécia*, *Dona Violante Miranda*, *Fronteiras do inferno*, *Ravina*, *O sobrado* e *Na garganta do diabo*.

Trabalhei muito com os filmes em preto e branco. De acordo com a história, eu escolhia certa tonalidade e contraste. Para chegar aos tons, usava o cinza, o verde, o ocre – jamais o branco. Walter Hugo Khouri explora bastante o branco, mas não era o branco, era o cinza.

O comportamento das cores no preto e branco depende da iluminação e do fundo. Você pode fazer o vermelho-claro render com o fundo mais escuro. Com um fundo claro, o vermelho fica preto. Se você deixa o fundo escuro e coloca mais luz no vermelho, ele sobressai.

Quando surgiram os filmes em cores, em 1955-1956, fiz uma tabela sobre folhas de compensado. Pintei uma escala em *dégradé* de cada cor e pedi para filmarem com os diversos tipos de negativo da época. Assim, pude perceber como cada um deles lia a cor filmada. O maior cuidado que se deve ter com os filmes em cores é não criar fusões com a maquiagem.

Não posso dizer que eu tenha feito chanchadas. As do Rio de Janeiro são boas, têm cenários realmente muito bonitos. Sempre admirei o trabalho de José Cajado Filho. Eu via que eles tinham a mesma dificuldade que a minha com os materiais, que eram poucos no mercado, mas o espaço deles era muito acanhado, enquanto eu tinha condições de fazer coisas grandiosas. Mesmo assim, fizeram muita coisa boa, não como história, pois eram chanchadas, mas como cenografia.

Naquela época, tínhamos muita dificuldade com os materiais. Não havia a quantidade e variedade que existe hoje no mercado, e mesmo assim conseguíamos construir cenários majestosos, inventando soluções.

Havia três facções na Vera Cruz, e eu não fazia parte de nenhuma delas: *la piccola* Italia (Franco Zampari, Adolfo Celi, Carlo Zampari e outros); os nacionalistas (Alberto Cavalcanti, Abílio Pereira de Almeida, Carlos Thiré, Lima Barreto, etc.) e os estrangeiros ("Chick" Fowle, Rudolf Icsey e outros técnicos). Cada grupo queria se sobrepor ao outro, numa briga política constante. O que um fazia o outro desmanchava. Mas, para trabalhar, não havia diferença entre eles.

Para mim, a importância da Vera Cruz na cenografia do cinema brasileiro foi dar a oportunidade de produzir trabalhos com seriedade, com a preocupação de fazer um bom cinema a partir de um bom cenário. Este foi o programa da Vera Cruz: fazer um cinema à altura dos filmes internacionais.

Lá, fiz oito filmes, colaborei em mais quatro ou cinco, assinados por outros cenógrafos. Depois da falência, os estúdios passaram para a Brasil Filmes e continuei realizando as cenografias de suas produções. Vieram, então, os filmes americanos, franceses e alemães, que chegavam com meu nome já indicado para fazer parte da equipe. Com esses filmes, pude inventar e construir cenários mais elaborados. Os americanos eram muito objetivos – diferente do cinema brasileiro –, e resolvíamos e produzíamos um projeto em muito menos tempo.

Na Vera Cruz eu tinha um salário fixo e seguro de vida; já na Brasil Filmes os honorários eram por filme. Você assinava um contrato e estipulava um preço pelo número de cenários que estavam no *script*, mas se aumentasse não havia compensação.

Para mim, os trabalhos mais importantes que fiz, como cenografista, foram: *Absolutamente certo* – aquela rua com as casas geminadas, usei para três ou quatro produções, e quase não mudei o exterior, mesmo que os interiores fossem totalmente diferentes em cada um deles, construídos nos estúdios; *Caiçara*; *Tico-tico no fubá*; *O cangaceiro* – pelo sacrifício e o trabalho de ter transformado a paisagem do interior de São Paulo no sertão nordestino; *Uma certa Lucrécia*; *Ravina*; e *O assalto ao trem pagador*. Esse último, dirigido pelo Roberto Farias, foi feito no Rio de Janeiro. Alexandre Horvath, cenógrafo das chanchadas, iniciou o trabalho, mas não sei por que – se pela pouca experiência em criar ambientes para um drama – não deu certo. Roberto Farias me chamou e fui para o Rio. A favela foi filmada em locação, e construímos vários cenários. O interior e exterior do esconderijo foi inteiramente construído ao ar livre; o armazém abandonado era no estúdio da Atlântida – usei as quatro paredes do próprio estúdio. Roberto Farias é um grande diretor. Eu já tinha feito com ele *Cidade ameaçada*.

Chegou uma hora que parei de trabalhar no cinema porque ninguém mais me procurou. No cinema brasileiro, quando você alcança um patamar, passa a ser considerado caro. Eu teria trabalhado de graça. O que me salvou é que minha profissão me permitiu atuar em outras áreas – abri uma empresa de decoração e arquitetura.

Mesmo porque veio aquela história de "uma câmera na mão e uma ideia na cabeça". A cenografia é uma coisa cara.

Meu trabalho era nos bastidores. Eu era apaixonado, era uma cachaça, um vício pra mim.

Hoje, minha cabeça está cheia de cenários.

Tico-tico no fubá

Direção
Adolfo Celi
Produção
Cia. Cinematográfica Vera Cruz
Lançamento
1952

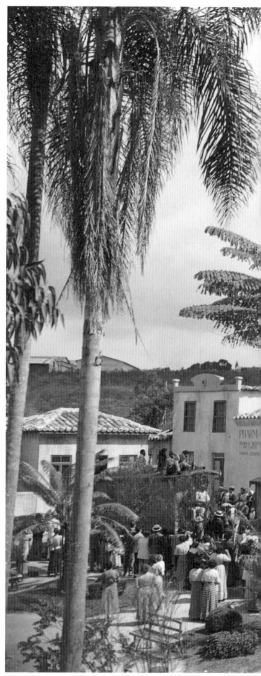

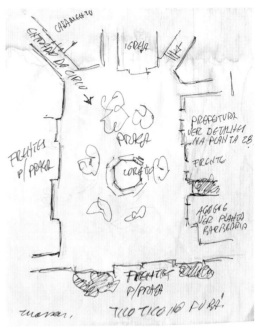

No esboço da cidade cenográfica a ser construída, a cenografia propõe uma geografia das ruas e dos cenários envolvidos na trama, contemplando as ações de cada cena e o modo em que se pretende filmar. Santa Rita do Passa Quatro, cidade natal de Zequinha de Abreu, ganha novo formato nesse filme indicado ao Grande Prêmio do Festival de Cannes de 1952.

Nas fotografias ao lado, a chegada do circo.

As ruas da cidade cenográfica, construídas no terreno do estúdio, ligam-se aos ambientes internos, montados nos galpões da Vera Cruz, garantindo a continuidade das ações. Nestas cenas, a personagem de Marisa Prado procura Zequinha de Abreu (Anselmo Duarte) pelas ruas e na casa de seu pai.

No filme *Tico-tico no fubá*, de Adolfo Celi, construí a primeira cidade cenográfica da América do Sul. Aldo Calvo era novamente o titular do projeto, mas não pôde ficar, e então assumi e desenvolvi os cenários desde os primeiros esboços. Começava minha vida na Vera Cruz.

As paredes das construções da cidade cenográfica eram feitas de areia e cimento. Era cimento prensado em formas de madeira. Inventamos uma máquina que fabricava fiapos de madeira, colocávamos essas lascas na forma, espalhávamos bem e misturávamos com cimento e areia, deixávamos secar e pronto: tínhamos um painel. Depois prendíamos esses painéis um a um, formando uma parede, e jogávamos a massa em cima, para o acabamento. Era serviço de construção primitivo. Nessa época, já existia o compensado, mas era caro e não resistiria a uma construção ao ar livre.

O interior da prefeitura foi construído nos estúdios em continuidade ao exterior, que ficava na praça central da cidade cenográfica. As vistas de suas janelas, por onde vemos a igreja e outros edifícios, foram construídas em maquete de gesso em perspectiva. Era uma maquete pouco detalhada, pois seria vista apenas fora de foco e ao longe.

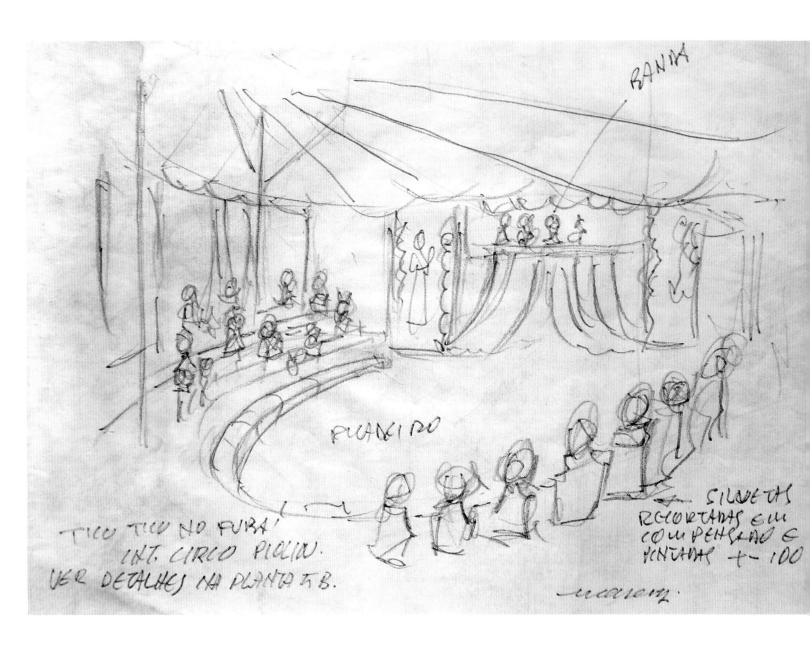

O circo: picadeiro, balcão da banda e plateia, do desenho ao enquadramento final.

Mais uma vez, tivemos muitos problemas com o dinheiro. Chegou a ponto de o circo que alugamos para filmar ir-se embora, pois o dono não recebeu. Só ficou a lona, e tive de construir tudo: arquibancada, picadeiro, palco para banda, os bastidores e nada mais nada menos que cem silhuetas de pessoas para pôr no meio da figuração, pois não havia mais dinheiro para pagar os figurantes. Fiz silhuetas de recortes de madeira e caixas de papelão e pintei. O filme demorou doze meses para ficar pronto. Um plano da Tônia Carrero, um *close*, foi repetido quarenta vezes.

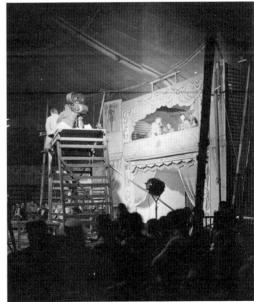

O acampamento do circo é montado no terreno lateral ao estúdio para as cenas diurnas e no interior do galpão para cenas noturnas. Tônia Carrero e Anselmo Duarte contracenam com o fabuloso palhaço Piolim. O ambiente interno da carroça, camarim da personagem de Tônia Carrero, foi construído separadamente no pequeno estúdio da empresa.

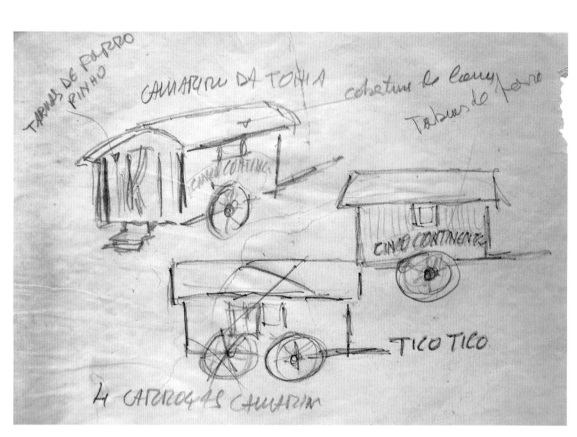

A cidade de *Tico-tico no fubá* foi aproveitada em vários outros filmes, inclusive por outros cenógrafos. Para o *Paixão de gaúcho*, de Walter George Durst, adaptei os cenários para outra época, outra história, outra arquitetura, outro tratamento. Se em *Tico-tico no fubá* ela era toda arrumadinha, limpinha, típica do interior de São Paulo de 1914, contando a história de famílias da classe média, em *Paixão de gaúcho* representava uma vila do sul do país em 1860, em meio a guerras e batalhas. Tratava-se da Revolução Farroupilha. Acompanhei o estilo do Rio Grande do Sul recriando os prédios, ruas e praças, e tornando-os rústicos e sujos.

De um filme ao outro, mudou o comportamento da cidade: em *Tico-tico no fubá*, a entrada da cidade tinha casarões do início do século XIX; em *Paixão de gaúcho*, cortei as paredes para que elas ficassem mais baixas – casinhas de beira de estrada do interior. Refiz fachadas e telhados; cobri de terra as ruas de pedra e retirei os jardins. Aproveitei a geografia, a rua e o calçamento; mudei até a igreja; o coreto sumiu, a casa da prefeitura mudou para outra casa. Virou mesmo outra cidade.

A cidade cenográfica de *Tico-tico no fubá* é reformada e reaproveitada para o filme *Paixão de gaúcho*, de 1957. A adaptação envolveu o traçado das ruas, a proporção, a forma e o tratamento da arquitetura.

Ângela

Direção
Tom Payne e Abílio Pereira de Almeida
Produção
Cia. Cinematográfica Vera Cruz
Lançamento
1951

A fazenda da baronesa, locação original da mansão de Gervásio, teve seus ambientes interiores reproduzidos em estúdio.

Ângela foi filmado em Pelotas (RS) e nos estúdios da Vera Cruz. A locação principal era a casa da baronesa, onde tínhamos sala, sala de jantar, quartos e corredores. O cenário já estava pronto, e a equipe, instalada em Pelotas para as filmagens, mas o diretor, Alberto Cavalcanti, saiu do projeto e demitiu-se da Vera Cruz em meio ao processo. Quem tomou as rédeas do filme foi Tom Payne.

Filmamos uma parte na locação de Pelotas, mas tive de reconstruir os interiores da casa da baronesa nos estúdios. Parece que não havia dinheiro para pagar a estadia da equipe, e resolveram que terminaríamos as filmagens dos interiores da casa de *Ângela* nos estúdios de São Bernardo.

Para manter a continuidade com o que já havia sido filmado, refizemos todos os cenários da casa ao lado daqueles que já estavam previstos e projetados para ser construídos. Tivemos de confeccionar, inclusive, réplicas dos móveis da baronesa de Pelotas que não podíamos levar conosco – peças sofisticadas e trabalhadas em estilo.

Sala de jantar da locação original: do levantamento esquemático ao trabalho final em estúdio.

Orientados pela cenografia, artífices trabalham na reprodução da pintura decorativa da sala de jantar.

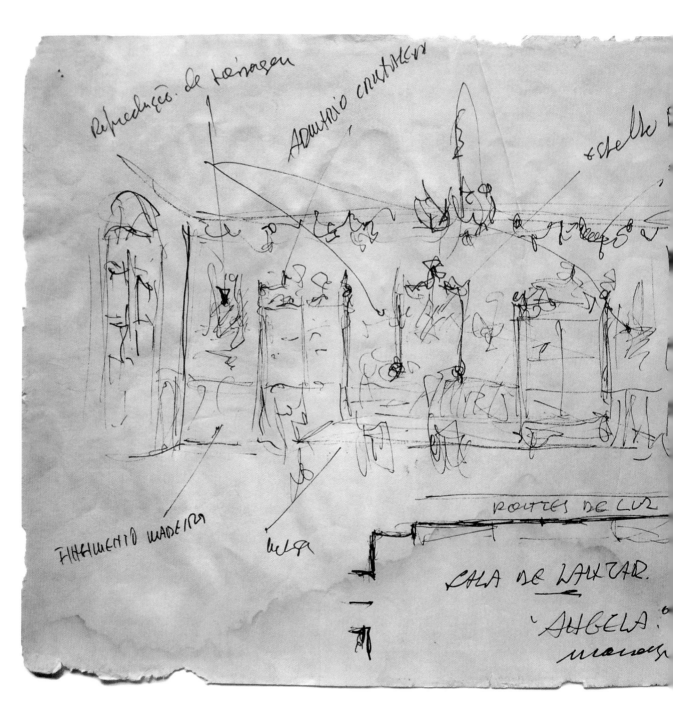

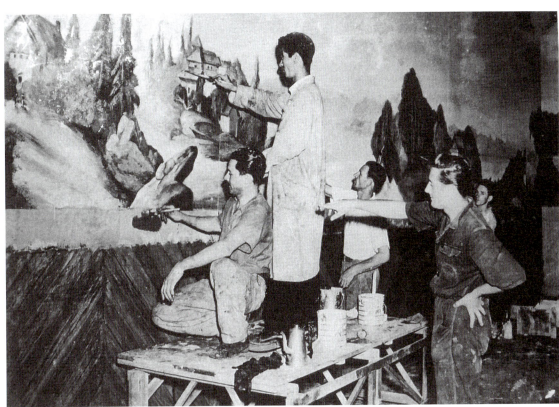

Para as paredes com acabamento liso ou que receberiam pintura de imitação de mármore, eram feitos painéis de madeira; sobre eles, eu colava tecido de aniagem, deixava secar bem e depois entrava com o cimento queimado, lixado e pintado.

Casa de Gervásio: sala de jantar. A sala e seu mobiliário construído cenograficamente com base no original filmado na fazenda de Pelotas. Pelo espelho vemos a paisagem exterior pintada em telão.

Casa de Gervásio: ambientes da locação original misturam-se aos cenários construídos em estúdio.

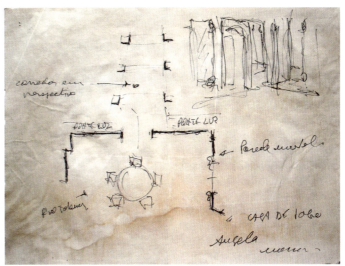

Casa de jogo: um cenário realista que se presta à alucinação do personagem.

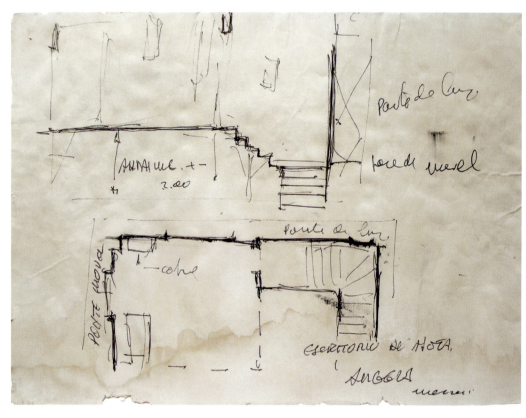

Escritório de Gennarino: esboço do cenário que foi transformado em desenho de projeto, o qual servirá para o estudo de decupagem das cenas.

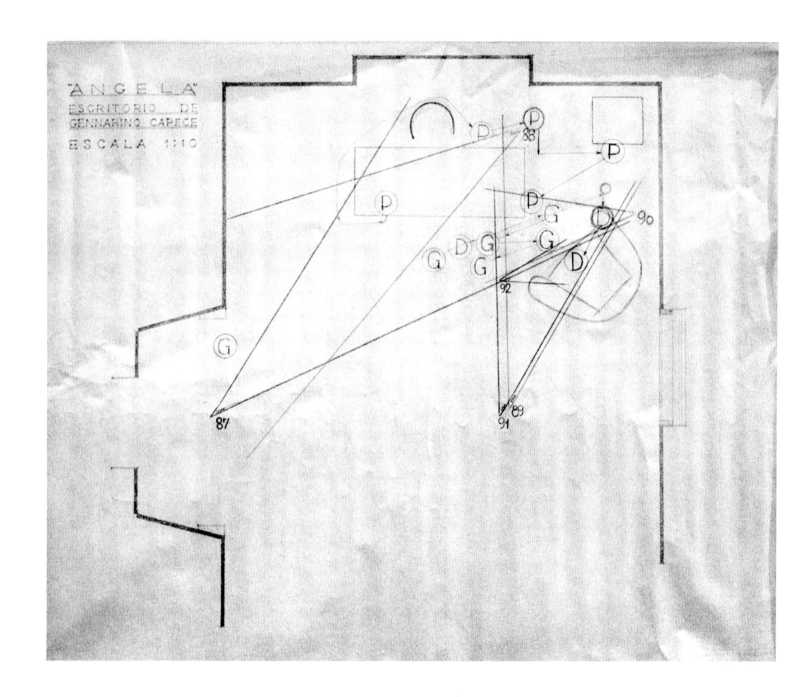

Casa de Vanju, a amante cantora: esboço de cenário, planta de decupagem e fotografia de cena com Inezita Barroso e Ruth de Souza.

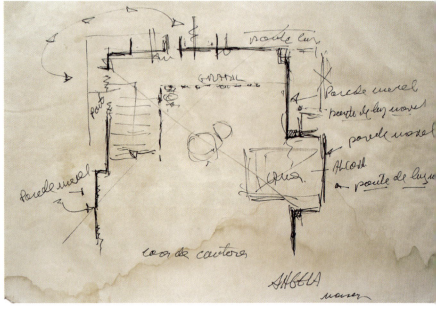

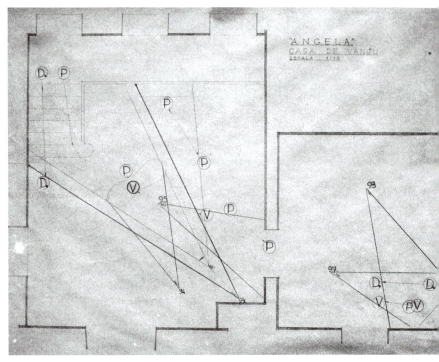

Teste de maquiagem e cabelo: atrizes e atores reproduzem alguns movimentos previstos para as cenas.

Nadando em dinheiro

Direção
Abílio Pereira de Alme
Carlos Thiré
Produção
Cia. Cinematográfica Vera Cruz
Lançamento
1952

Em *Nadando em dinheiro*, de Abílio Pereira de Almeida e Carlos Thiré, com Mazzaropi, fizemos um painel fotográfico da cidade de São Paulo de 1952, para a vista da janela. Foi feito no Brasil em tamanho gigantesco, mas não me lembro qual foi a firma que fez as ampliações.

A aquarela feita por Pierino Massenzi como forma de apresentação do projeto de cenografia.

O cangaceiro

Direção
Lima Barreto
Produção
Cia. Cinematográfica Vera Cruz
Lançamento
1953

O cangaceiro, de Lima Barreto, foi filmado em Vargem Grande do Sul, (SP). A história se passava na caatinga do Sertão nordestino, onde viveram os cangaceiros. Então, desfolhei as árvores paulistas, pintei os caules e galhos de preto e limpei o mato. Para completar, fiz os cactos de gesso. Quando os tiros atingiam os cactos, eles se partiam e aparecia o branco do gesso. Imagine!

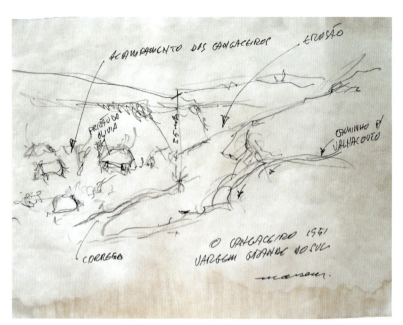

Para o cenário do acampamento dos cangaceiros, escolhemos um terreno em erosão que tinha a terra limpa, com menos mato. Na visita estavam Lima Barreto, "Chick" Fowle, o diretor de produção, meu assistente, José Honda, e eu. Ficamos hospedados na beira do rio Jaguaribe, em barracas militares, a 15 quilômetros da locação.

Desenhei os cenários para esse terreno; abrimos os caminhos e fizemos um pátio ao redor do qual estavam as barracas – a prisão de Olívia, cabanas como que improvisadas pelo bando como moradia, cozinha, etc.

Com esses desenhos, eu conversava com o Lima Barreto e a equipe. Eles me largavam e eu desenvolvia a parte construtiva, pegava o material que tinha na mão e construía os ambientes – madeira roliça, tábuas, palha, folha de palmeira, folha de bananeira, barro e telhas usadas.

Desenho de ocupação do terreno, acampamento dos cangaceiros e fotografias de cena.

Carybé fez os figurinos antes de começar as filmagens. São uma obra-prima. Os desenhos de produção, que vemos nos livros e nos créditos iniciais do filme, foram feitos olhando através do visor. Ele observava o enquadramento feito sobre os cenários e desenhava a cena montada pela direção. Não existiram desenhos de produção anteriores aos meus para os cenários.

Acampamento dos cangaceiros: exterior e interior da prisão de Olívia. Novamente, temos a combinação do cenário exterior montado em locação e os interiores construídos em estúdio. Esboço de cenário e fotografias de cena.

Esse filme demorou nove meses para ser filmado. Lima Barreto comprou os mapas da meteorologia de janeiro e fevereiro, segundo os quais não estava prevista chuva, mas choveu sem parar.

Teve um dia em que fiquei louco. Eu tinha de levar o pessoal para montar o cenário a 15 quilômetros da base de hospedagem da equipe. Eram já 6 horas da tarde, e a gente estava trabalhando sem comida nem água e o material de trabalho também não chegava. Voltamos a pé para o acampamento, chego lá e vejo os caras se esbaldando num jantar à base de pato. Fui até a barraca onde guardavam o armamento, carreguei uma metralhadora, fui para a barraca-restaurante e apontei. Sorte que o tenente pulou nas minhas costas e os tiros saíram para o ar. Fiquei doido.

A Vera Cruz tinha dessas coisas. Uma era o que se via nos bastidores, outra é o que a história conta.

Entrada da cidade:
locação existente
complementada por
construções cenográficas.

A escola da professora foi construída para ser filmada interior/exterior em outro ponto da região. A cidadezinha onde a velha fica tomando café não tinha casas ao redor. Então fiz painéis pintados ao redor da igreja que já existia.

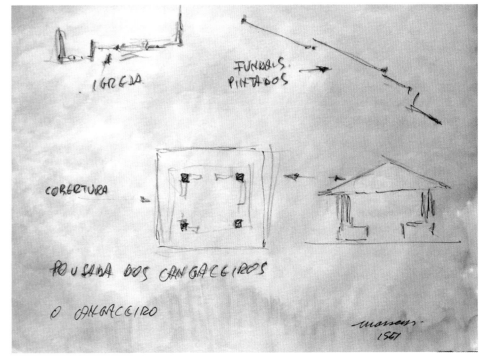

Luz apagada

Direção
Carlos Thiré
Produção
Cia. Cinematográfica Vera Cruz
Lançamento
1953

A ilha do farol. Aproveitando os efeitos da perspectiva, o farol cenográfico é construído em uma ilha de Angra dos Reis em dimensões menores que o modelo real.

Luz apagada, de Carlos Thiré, foi todo feito em Angra dos Reis. Interiores e exteriores. Improvisamos um estúdio num galpão de depósito de sal, onde é hoje a usina atômica. Construí os interiores do farol – a escada e o corredor com as salas. O exterior foi feito sobre uma pedra, na beira de um precipício. O lado que foi filmado era perfeito: uma pedra que dava no mar. No outro lado era um precipício.

Os painéis do farol foram construídos em São Bernardo e levados para a ilha, de barco. Fiz a estrutura em cambotas concêntricas, que diminuíam de diâmetro seguindo o desenho típico de um farol, uma armação vertical com encaixe. Sobre esse esqueleto vinham os compensados, e o acabamento em reboque acompanhava a forma arredondada. O cimento e as massas de acabamento foram feitos com areia da praia.

A luz do farol era um refletor de 5 mil *watts*; fiz um tambor com um buraco, o acabamento imitava o ferro, o tambor rodava e o facho de luz girava – não tinha a luz contrária, era um facho só. Imagine que a luz do meu farol cenográfico fez dois navios que iam para o porto ser desviados!

A maior dificuldade foi levar esse material para a ilha. Não existia ancoradouro e, para descarregar, tivemos de construir um de madeira.

Cenários complementares: fachada e ambientes internos do farol e da casa do faroleiro.

Cenários de interiores construídos em galpões improvisados em Angra dos Reis e depois remontados nos estúdios da Vera Cruz.

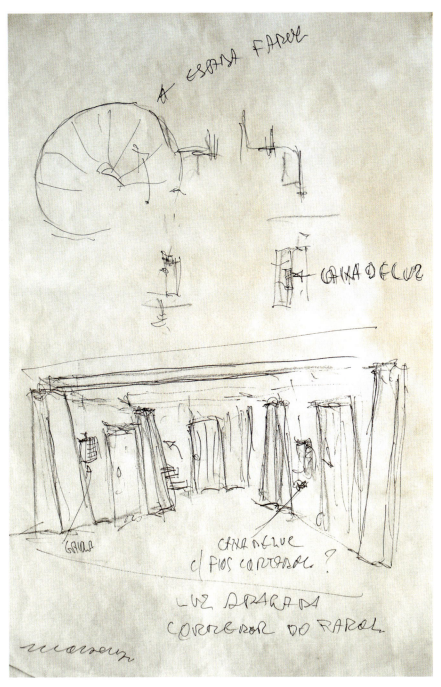

Minha satisfação foi ver o resultado prático que consegui: o acabamento do farol, tanto no interior quanto no exterior.

No fim das contas, para filmarmos cenas complementares, tive de reconstruir os interiores que tinha feito em Angra dos Reis em continuidade direta nos estúdios da Vera Cruz. Quando o filme ficou pronto, houve muita discussão, e os italianos acabaram vencendo: diziam que estava muito curto, mas acho que queriam mudar o final. Aí foi o improviso, pois várias partes do cenário ficaram em Angra ou não existiam mais: as portas, as paredes, os objetos, os detalhes. Eu tinha as fotografias de continuidade e foi a partir delas e de minha memória que reconstruí. Graças a Deus, ninguém percebeu.

Interior da casa do farol: o desenho do espaço explora a perspectiva e a profundidade; a construção oferece recursos cenográficos para a filmagem.

Estúdio principal da Cia. Cinematográfica Vera Cruz. Dimensões e recursos técnicos até então inéditos no país. Na foto abaixo, ao fundo, vê-se a escada interna do farol de *Luz apagada* que aparece em detalhe na fotografia de cena ao lado.

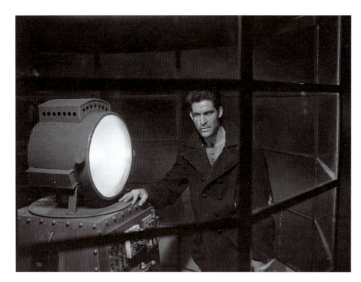
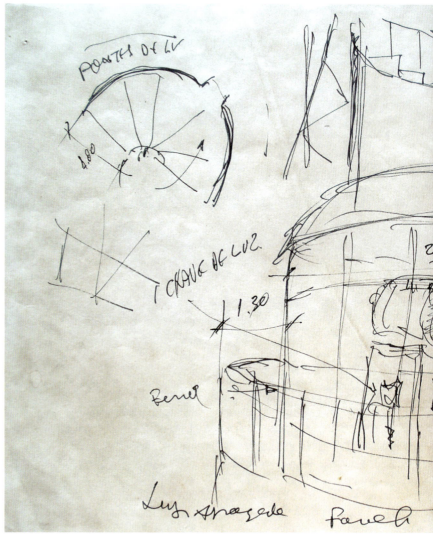

Cabine do farol, construída em estúdio contra o céu, em telão pintado, conta com um refletor produzindo o facho sinalizador.

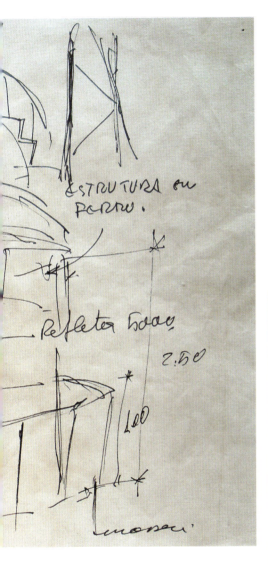

O barco: cenário de estúdio e maquete para realização de efeitos especiais.

Uma certa Lucrécia

Direção
Fernando de Barros
Produção
Cinedistri/Serrador
Lançamento
1957

O *atelier*/casa da costureira: o início da história em moldes realistas.

114

Uma certa Lucrécia é uma fábula. Deixei a imaginação da costureira (a personagem de Dercy Gonçalves) comandar os cenários; tirei de cena o ponto de vista do arquiteto que estudou história da arte e arquitetura na Itália.

Nesse projeto, não fiz os desenhos de vista [elevação] das paredes, talvez um ou outro. Construí com base em esboços e plantas, e resolvia na hora, direto com as equipes de marcenaria e construção civil. Foi bastante improvisado, dentro dos recursos que a gente tinha. Havia muito improviso no estúdio da Vera Cruz nessa época (1956), após a falência da Companhia.

A cena inicial – a festa de Carnaval – foi feita nas ruas de São Bernardo. Foi uma euforia: o povo da cidade saudava o cinema nacional, adorando ver os artistas para lá e para cá. Era um desfile de Carnaval de época numa cidade do interior. O figurino e os adereços eram de uma turma que fazia festas folclóricas.

Palácio dos Bórgia – salão. Esboços do cenário e fotografia de cena de número musical.

Na página oposta, Palácio dos Bórgia – sala de banhos.

No cenário do salão dos Bórgia, procurei oferecer vários ângulos para a filmagem, que foram realmente explorados: de cima da escada, da varanda, da janela. O piso foi feito com chapas de Eucatex e fita isolante matando as juntas e formando linhas brilhantes quando a luz bate.

Poderia ter criado uma arquitetura de época realista: capitéis, colunas e bases trabalhados em seus detalhes. Mas, em primeiro lugar, tratava-se de uma comédia, e a personagem, cujos sonhos iríamos ver, era uma costureira brasileira de subúrbio. Sua visão deveria basear-se na simplicidade. Talvez nos costumes [figurinos] pudesse haver mais detalhes, já que esse era seu repertório, mas, mesmo assim, não deveriam ser sofisticados.

Foi feito com economia e deu resultado, fez muito sucesso.

Construí um dos *sets* de tal forma que pudemos montar vários cenários a partir do rearranjo de elementos, mantendo o piso e as paredes imóveis: para formar a sala de banhos, coloquei a banheira e recompus com a estátua e as colunas; para o quarto da Lucrécia, troquei as janelas, tirei as colunas e pronto; para o quarto de Zaqueu, mudei uma coisa ou outra.

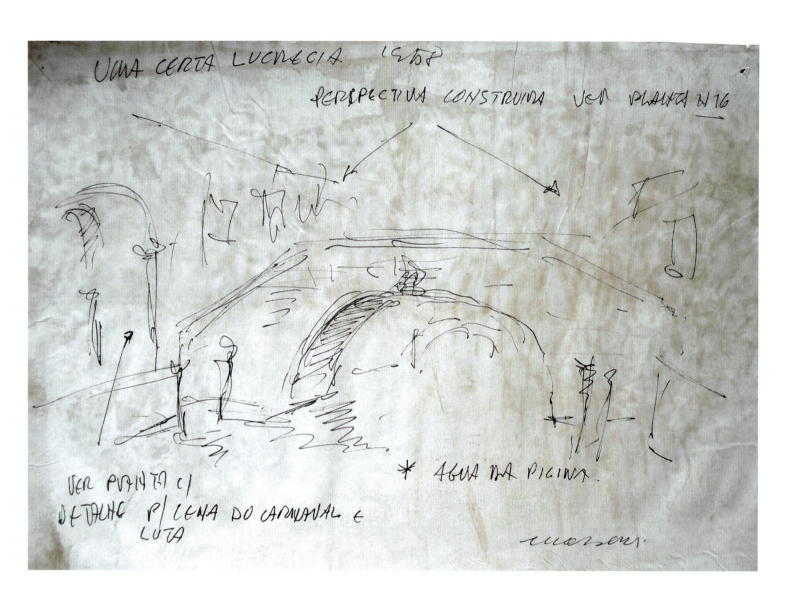

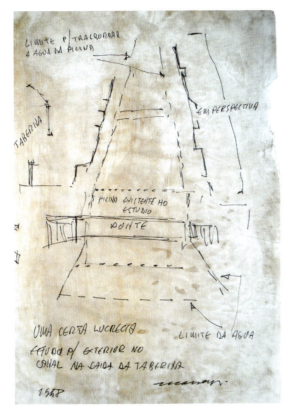

O canal de Veneza com a perspectiva forçada, um cenário grandioso que fez uso de aparatos técnicos exclusivos do estúdio da Vera Cruz, como o fosso e a piscina.

Para *Uma certa Lucrécia,* de Fernando de Barros, fiz o canal de Veneza aproveitando a piscina que tinha construído nos estúdios da Vera Cruz para uma produção americana. A gôndola pôde navegar nas águas do mar, que era infinito – não se percebia onde terminava. Desenhei esse mar em perspectiva forçada e no final deixei a água transbordar. Construí Veneza em perspectiva, inclusive as pontes sobre a piscina/canal e as gôndolas – as que ficam no fundo são menores que as do primeiro plano.

É uma cidade cenográfica construída dentro do estúdio, aproveitando quase toda sua área e formando um conjunto: os interiores fazem parte do cenário do exterior da cidade, proporcionando condições de filmagem de cenas em continuidade de ação – como a luta que começa dentro da taverna e termina à beira do canal.

O interior da taverna desenhada em diversos planos oferece diferentes possibilidades para as coreografias sensuais ou as cenas de luta.

O cenário construído no estúdio proporciona a continuidade da ação iniciada no interior da taverna e finalizada nas margens do canal de Veneza.

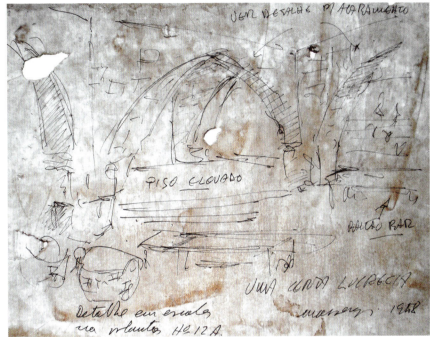

A taverna era de pedra, e o acabamento foi feito com sistema de cola de coqueiro e massa de cimento. Minha preocupação foi criar um espaço interessante a partir do desenho criado pelos arcos, com profundidade de campo e perspectiva; os diferentes níveis do piso ajudavam a cena, podendo ser criadas ações simultâneas e dinamizando as lutas. Ela tem a majestade do espaço na simplicidade do filme.

Quando a direção e a fotografia entraram nos cenários, ficaram tão encantadas que a decupagem prevista no *script* não existia mais – ficaram livres para escolher os melhores ângulos, enquadramentos e movimentos de câmera.

Nesse filme, eu tinha o conceito do figurino, mas dava muita liberdade para a equipe de costura. Era baseado em roupas de época que mostrei a ela em livros. Grande parte foi confeccionada e alguma coisa alugada e retrabalhada.

A cozinha: ambiente fantasioso para um número musical.

Ravina

Direção
Rubem Biáfora
Produção
Brasil Filmes, realizado nos estúdios da Vera Cruz
Lançamento
1958

Exterior da casa. Cenário construído no bosque ao lado dos estúdios, no terreno pertencente à Vera Cruz.

Para o *Ravina,* de Rubem Biáfora, tratava-se de um único cenário: a casa – seus interiores e o exterior. Projetei e construí os interiores em estúdio, em um cenário só, completo: o andar de cima, o andar de baixo, com movimento livre para a câmera e os atores e atrizes; desde o quarto e o corredor, no segundo andar, a escada, até as salas e a cozinha, no térreo. Sempre tínhamos profundidade de campo, pois os espaços eram interligados.

O exterior da casa, construí na mata onde hoje é a Cidade da Criança e que fazia parte da Vera Cruz. Fiz o jardim e o muro. Para ligar o exterior ao interior, construí a entrada novamente no estúdio. Como havia três degraus de escada na entrada, levantei todo o piso. A porta foi feita na carpintaria, com desenho meu, e usada nos dois cenários, assim como as janelas. Mesma medida, mesma distribuição.

O cenário de interior da casa oferece ambientes interligados em sequência, profundidade de campo e continuidade de ação tanto para atrizes e atores quanto para a câmera.

O grande desafio foi essa escada. Biáfora, que era um poeta, me pediu que ela fosse em forma de vulva, pois ele queria falar da disputa dos sexos que havia na história do filme.

Para imitar papel de parede, tinha de usar tecido da rua 25 de Março, em São Paulo. Era proibido usar papel de parede na época, porque a cola orgânica dava bicho. Pregávamos o tecido com moldurinha, sem colar, para não ficar marcado. O piso da sala era de Duratex pintado com máscara e pistola de compressão. No andar de cima, carpete e tapetes.

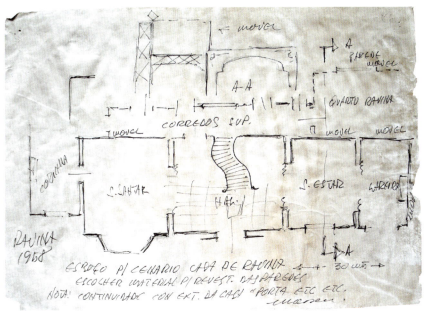

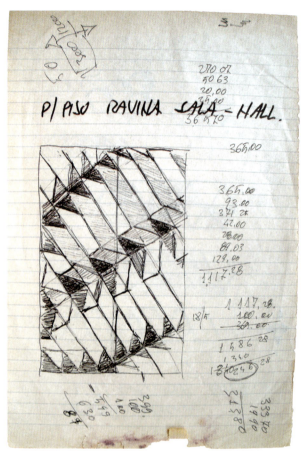

Interior da casa – andar térreo. A arquitetura e decoração do cenário de estúdio desenhadas detalhadamente, como mostra o planejamento da pintura do piso.

128

Para esse filme foram feitos todos os detalhes – molduras, pinturas, cortinas. Tudo eu fazia ou coordenava. Dá a impressão que é uma coisa faraônica, e não foi. Foi feito na base da economia, da falência.

As cores que usei foram creme, verde-claro, cinza-claro. O tecido das paredes era bem claro, mas imprime escuro. De acordo com a tomada, fica mais claro ou mais escuro.

O filme começa com as ruínas, a família está decadente depois do que aconteceu naquela casa. Primeiro filmou-se todas as cenas em que a casa estava inteira e depois fiz as ruínas – o jardim e a casa destruídos.

Em estúdio, os jardins da casa aparecem pela janela, reforçando a ideia da convivência entre os ambientes interiores e o exterior.

Noite vazia

Direção
Walter Hugo Khouri
Produção
Kamera Filmes/Cia. Cinematográfica Vera Cruz
Lançamento
1964

Quarto de apartamento/*garçonière* construído em estúdio. O trabalho de Pierino Massenzi adota estética moderna em trabalhos realizados com Walter Hugo Khoury e Roberto Farias, entre os quais *O assalto ao trem pagador*.

Walter Hugo Khouri deixava liberdade de criação, então eu me esbaldei com ele. Não era "quero isso assim, tem de ser assim, tem de ser assado". Ele me dava uma linha a seguir em cada filme e, a partir dela, eu criava os ambientes.

Pierino Massenzi
Filmografia

Caiçara
1950
Direção
Adolfo Celi
Produção
Cia. Cinematográfica Vera Cruz
Fotografia
Henry "Chick" Fowle
Guarda-roupa
Suzana Petersen
Cenografia
Aldo Calvo
Participação de P. Massenzi:
Construção, pintura e tratamento de cenário

Terra é sempre terra
1951
Direção
Tom Payne
Produção
Cia. Cinematográfica Vera Cruz
Fotografia
Henry "Chick" Fowle
Cenografia
Eros Martim Gonçalves
Participação de P. Massenzi:
Assistência de cenografia

Ângela
1951
Direção
Tom Payne
Abílio Pereira de Almeida
Produção
Cia. Cinematográfica Vera Cruz
Fotografia
Henry "Chick" Fowle
Participação de P. Massenzi:
Cenografia

Tico-tico no fubá
1952
Direção
Adolfo Celi
Produção
Cia. Cinematográfica Vera Cruz
Fotografia
Henry "Chick" Fowle
José Maria Beltran
Figurino
Aldo Calvo e Antonio Soares de Oliveira
Participação de P. Massenzi:
Cenografia (em parceria com Aldo Calvo)

Sai da frente
1952
Direção
Tom Payne
Abílio Pereira de Almeida
Produção
Cia. Cinematográfica Vera Cruz
Fotografia
Nigel C. Huke
Participação de P. Massenzi:
Cenografia

Nadando em dinheiro
1952
Direção
Abílio Pereira de Almeida
Carlos Thiré
Produção
Cia. Cinematográfica Vera Cruz
Fotografia
Nigel C. Huke
Decoração
João Maria dos Santos
Participação de P. Massenzi:
Cenografia

O cangaceiro
1953
Direção
Lima Barreto
Produção
Cia. Cinematográfica Vera Cruz
Fotografia
Henry "Chick" Fowle
Figurinos
Carybé
Participação de P. Massenzi:
Cenografia

Luz apagada
1953
Direção
Carlos Thiré
Produção
Cia. Cinematográfica Vera Cruz
Fotografia
Nigel C. Huke
Participação de P. Massenzi:
Cenografia

Curuçu, o terror do Amazonas
(Curucu, Beast of the Amazon)
1956
Direção
Curt Siodmak
Produção
Internacional Filmes/Universal Filmes – EUA
Fotografia
Rudolf Icsey
Participação de P. Massenzi:
Cenografia

O sobrado
1956
Direção
Walter George Durst e
Cassiano Gabus Mendes
Produção
Cinematográfica Brasil Filmes
Fotografia
Henry "Chick" Fowle
Participação de P. Massenzi:
Cenografia (em parceria com Mauro Francini)

O gato de madame
1956
Direção
Agostinho Martins Pereira
Produção
Cinematográfica Brasil Filmes
Fotografia
Henry "Chick" Fowle
Figurino
Sílvio Ramirez
Participação de P. Massenzi:
Cenografia

A doutora é muito viva
1957
Direção
Ferenc Fekete
Produção
Cinebrás Produtora Cinematográfica
Fotografia
Rudolf Icsey
Figurino
Eliana Maria Hamza Lehel e
Paulette Karnos
Participação de P. Massenzi:
Cenografia

Escravos do amor das amazonas
(Love Slaves of the Amazons)
1957
Direção
Curt Siodmak
Produção
Universal Pictures – EUA
Fotografia
Mário Pagés
Participação de P. Massenzi:
Cenografia (*art direction*)

Um marido barra-limpa
1957-1967
Direção
Luís Sérgio Person e Renato Grechi
Produção
Produtora Nacional de Filmes
Fotografia
Eteócles Laurindo
Participação de P. Massenzi:
Cenografia

Uma certa Lucrécia
1957
Direção
Fernando de Barros
Produção
Cinedistri/Serrador
Fotografia
Mário Pagés
Participação de P. Massenzi:
Cenografia

Absolutamente certo
1957
Direção
Anselmo Duarte
Produção
Cinedistri
Fotografia
Henry "Chick" Fowle
Figurino
S. Tonin
Participação de P. Massenzi:
Cenografia

Paixão de gaúcho
1957
Direção
Walter George Durst
Produção
Brasil Filmes
Fotografia
Henry "Chick" Fowle
Participação de P. Massenzi:
Cenografia e figurino

O cantor e o milionário
1958
Direção
José Carlos Burle
Produção
Cinematográfica Guarujá
Fotografia
Ruy Santos
Figurino
Neide Vargas de Oliveira e
Zago Santos
Participação de P. Massenzi:
Cenografia

Estranho encontro
1958
Direção
Walter Hugo Khouri
Produção
Cinematográfica Brasil Filmes
Fotografia
Rudolf Icsey
Figurino
Dagmar Khouri
Participação de P. Massenzi:
Cenografia

Fronteiras do inferno
1958
Direção
Walter Hugo Khouri
Produção
Sino Filmes
Fotografia
Konstantin Tkaczenko
Figurino
Aldo Bonadei
Participação de P. Massenzi:
Cenografia

Macumba na alta
1958
Direção
Maria Basaglia
Produção
Paulistania Filmes
Fotografia
Giulio de Lucca
Participação de P. Massenzi:
Cenografia

Ravina
1958
Direção
Rubem Biáfora
Produção
Brasil Filmes
Fotografia
Henry "Chick" Fowle
Figurino
Sílvio Ramirez
Participação de P. Massenzi:
Cenografia

Moral em concordata
1959
Direção
Fernando de Barros
Produção
Produções Abílio Pereira de Almeida
Fotografia
Rudolf Icsey
Figurino
Denne
Participação de P. Massenzi:
Cenografia

Mistério na ilha de Vênus
(Macumba Love)
1959
Direção
Douglas Fowley
Produção
Brinter Filmes/Allied Artists –
Brasil/EUA
Fotografia
Rudolf Icsey e Sam Burket
Participação de P. Massenzi:
Cenografia (*art direction*)

Cidade ameaçada
1959
Direção
Roberto Farias
Produção
Unida Filmes e Cinematográfica
Inconfidência Ltda
Fotografia
Tony Rabatoni
Participação de P. Massenzi:
Cenografia

Na garganta do diabo
1960
Direção
Walter Hugo Khouri
Produção
Cinebrás Produtora Cinematográfica
Fotografia
Rudolf Icsey
Figurino
Aldo Bonadei
Participação de P. Massenzi:
Cenografia

Dona Violante Miranda
1960
Direção
Fernando de Barros
Produção
Cinedistri
Fotografia
Ugo Lombardi
Participação de P. Massenzi:
Cenografia

Zé do Periquito
1961
Direção
Amácio Mazzaropi e Porto Ismar
Produção
PAM Filmes
Produções
Amácio Mazzaropi
Fotografia
Rudolf Icsey
Participação de P. Massenzi:
Cenografia

Nudismo não é pecado
1961
Direção
Konstantin Tkaczenko
Produção
Sino Filmes
Fotografia
Konstantin Tkaczenko
Participação de P. Massenzi:
Cenografia

A moça do quarto 13
(Leave me alone ou
Girl in Room 13)
1961
Direção
Ricardo Cunha
Produção
Cinedistri Ltda. / Layton Film
Productions
Fotografia
Konstantin Tkaczenko
Participação de P. Massenzi:
Cenografia (em parceria
com José Vedovato)

Copacabana Palace
1962
Direção
Steno
Produção
Consórcio Paulista de Coprodução/
Ital-Victoria Films/France Cinéma
Productions
Fotografia
Massimo Dellamano
Cenografia
Franco Fontana
Figurino
José Nunes
Participação de P. Massenzi:
Assistente de cenografia

O assalto ao trem pagador
1962
Direção
Roberto Farias
Produção
Produções Cinematográficas
Herbert Richers S.A.
Fotografia
Amleto Daissé
Participação de P. Massenzi:
Cenografia (em parceria
com Alexandre Horvath)

O rei Pelé
1963
Direção
Carlos Hugo Christensen
Produção
Denison Propaganda S.A.
Fotografia
Mário Pagés
Participação de P. Massenzi:
Cenografia

Noites quentes de Copacabana
(Mord in Rio)
1963
Direção
Horst Hächler
Produção
Paris Filmes Produção e Distribuição
Cinematográfica Ltda./Theumer
Film – Alemanha
Fotografia
Kurt Hasse
Participação de P. Massenzi:
Direção de arte (*art direction*)

Casinha pequenina
1963
Direção
Glauco Mirko Laurelli
Produção
PAM Filmes
Fotografia
Rudolf Icsey
Participação de P. Massenzi:
Cenografia

A ilha
1963
Direção
Walter Hugo Khouri
Produção
Cinedistri/Kamera Filmes
Fotografia
Rudolf Icsey
George Pffister
Participação de P. Massenzi:
Cenografia

O lamparina
1963
Direção
Glauco Mirko Laurelli
Produção
PAM Filmes
Fotografia
Rudolf Icsey
Participação de P. Massenzi:
Cenografia

Mulher satânica
(Der Satan mit den roten Haaren)
1964
Direção
Alfons Stummer
Produção
Theumer Film/Cia. Cinematográfica
Vera Cruz/Saturn Films – Alemanha/
Brasil
Fotografia
Hans Schneeberger
Participação de P. Massenzi:
Cenografia

Noite vazia
1964
Direção
Walter Hugo Khouri
Produção
Kamera Filmes/Cia. Cinematográfica
Vera Cruz
Fotografia
Rudolf Icsey
Decoração
Silvio de Campos
Participação de P. Massenzi:
Cenografia

Luta nos pampas
1964
Direção
Alberto Severi
Produção
Guarapary Filmes
Fotografia
Giorgio Attili
Participação de P. Massenzi:
Cenografia

O samba
1965
Direção
Rafael Gil
Produção
Condor Filmes/Suevia Films –
Brasil/Espanha
Fotografia
Christian Matras e Gábor Pogány
Cenografia
Enrique Alarcón
Participação de P. Massenzi:
Cenografia (em parceria com
Enrique Alarcón)

O corpo ardente
1966
Direção
Walter Hugo Khouri
Produção
Kamera Filmes/Cia. Cinematográfica
Vera Cruz/Columbia Pictures
Fotografia
Rudolf Icsey
Figurino
Clodovil
Participação de P. Massenzi:
Cenografia

O jeca e a freira
1967
Direção
Amácio Mazzaropi
Produção
PAM Filmes
Fotografia
Rudolf Icsey
Participação de P. Massenzi:
Cenografia

Clóvis Bueno

Sempre aprendi a fazer as coisas fazendo, nunca me preparei para ser diretor, ator ou cenógrafo.
Clóvis Bueno, 2004

10
Nascido em Càslav, antiga Tchecoslováquia, em 1920, e falecido em Praga em 2002, Josef Svoboda é considerado um dos mais importantes cenógrafos do teatro do século XX.

Clóvis Bueno nasceu em 1940, na cidade de Santos (SP). Durante a infância, acompanhou sua mãe na produção das quermesses e festividades da comunidade católica santista; atuou nos teatros de bairro que ela organizava e tocou piano em programas de rádio, como menino-prodígio.

O ingresso na Escola Politécnica da Universidade de São Paulo (Poli-USP), em meio à agitação estudantil dos anos 1960, levou-o não só aos comícios e à militância política, mas também ao nascente teatro de vanguarda paulista. Na universidade, conheceu Fauzi Arap, a quem tem como mestre, Francisco Ramalho Jr., João Batista de Andrade e Luís Américo Viana, colegas e parceiros em atividades cineclubistas e na realização de documentários financiados pela União Nacional dos Estudantes (UNE).

Por ocasião do golpe militar de 1964, interrompe definitivamente a vida estudantil e passa a viver de teatro. Participou, como ator, da "jamanta teatral" de Ruth Escobar e, mais tarde, do Grupo Decisão, ao lado de Antonio Abujamra. Frequentador assíduo do Teatro de Arena e do Teatro Oficina, acompanhou de perto a renovação da linguagem do teatro paulista. Em entrevista à autora em 2004, Clóvis Bueno avalia esse momento de efervescência

criativa, particularmente em relação à cenografia: "As peças a que eu assistia na infância eram aquele teatro de telões, uma decoração pintada. Na época que comecei a ter contato direto com o teatro, a cenografia estava se transformando. Começavam-se a valorizar os volumes, o espaço, o desenho de um modo mais abstrato. Svoboda[10] em Praga e Flávio Império no Brasil".

De ator a cenógrafo e figurinista – em peças como *Navalha na carne*, de Plínio Marcos, sob direção de Jairo Arco e Flecha e produção do Grupo União; de cenógrafo e figurinista a diretor do grande sucesso *Fala baixo senão eu grito*, de Leilah Assumpção – peça em que faz também o cenário, o figurino, a luz e a trilha sonora –, Clóvis afirma sua veia autodidata.

Colabora com diretores como Antonio Abujamra, Ziembinski e Amir Haddad em montagens marcantes. Como diretor teatral, monta ainda *Eles não usam black-tie*, de Gianfrancesco Guarnieri, *Jorginho, o machão*, de Leilah Assumpção, e *A última peça*, de José Vicente.

Sua primeira experiência no cinema profissional deu-se no início da década de 1970, após ter vivido a famosa trinca "sexo, drogas e *rock 'n' roll*" em solos europeu e norte-americano. A partir de então, dedica-se à direção de arte e à cenografia cinematográficas, sendo considerado um dos melhores profissionais em atividade no Brasil. Em 2003, dirige seu primeiro longa-metragem, *Cafundó*, em parceria com Paulo Betti.

Clóvis Bueno no *set* de *A dona da história*, de Daniel Filho, 2004.

O que é um filme? Desde que o homem vivia nas cavernas, existe o hábito de se contar uma história. Um hábito milenar. Quando a gente está fazendo um filme, na verdade está contando uma história. Um bom filme é aquele que conta bem uma história; uma história bem contada é aquela que faz as pessoas ficarem atraídas por ela. O cinema é uma evolução do contar histórias.

Em 1974, quando comecei, a *nouvelle vague* já tinha passado e também o Cinema Novo. Estava emergindo o cinema comercial, que chamavam de pornochanchadas. Na verdade, eram filmes comerciais com apelo erótico, geralmente comédias, que faziam muito sucesso e dinheiro.

Quando eu era criança, os cinemas populares exibiam três ou quatro filmes por dia. Passava de tudo: documentários brasileiros, cinejornais, filmes em episódios e seriados – geralmente americanos (o cinema europeu começou a entrar mesmo apenas nos anos 1960).

Adorava o cinema brasileiro: as chanchadas do Oscarito, Grande Otelo, depois Ankito, Otelo Zeloni, Dercy Gonçalves, Violeta Ferraz – enfim, a Atlântida, a Herbert Richers, a Cinédia. Os filmes de aventura me irritavam um pouco: tentavam imitar os americanos, mas não eram tão espetaculares nas corridas, fugas e tiroteios. Já a comédia era ousada e realmente engraçada. Também me fascinavam os apimentados filmes mexicanos, com Maria Antonieta Pons.

Já como estudante da Politécnica da USP, assistia aos filmes japoneses no bairro da Liberdade: Ishikawa, Mizoguchi, Kurosawa – não só os de arte, mas também os de aventura e artes marciais. Nessa época, a Sociedade Amigos da Cinemateca

Pixote, a lei do mais fraco, de Hector Babenco, 1980.

apresentou filmes alemães de antes da Segunda Guerra – até então, ninguém conhecia Murnau e o expressionismo. Outra coisa importantíssima para o cinema brasileiro dessa geração foi a Bienal Internacional de Artes de São Paulo, que trouxe o cinema polonês e o Svoboda. Talvez o filme brasileiro mais impressionante para mim tenha sido *Vidas secas*, de Nelson Pereira dos Santos.

Meu primeiro trabalho em cinema – *Luz, cama, ação!*, de Cláudio MacDowell – era uma comédia erótica, feita totalmente em estúdio. Eu vinha do teatro e não olhei o cinema como outra linguagem: fiz três cenários em três "palcos", apenas três paredes formando o espaço de cada um. Na época, não pensei em fazer a quarta parede.

O pai do povo, de Jô Soares, meu segundo filme, era uma espécie de fábula do poder. Eu vinha de um teatro político – Piscator, Berliner Ensemble, Planchon, Brecht –, em que a ideia era tornar a forma didática, denunciar por meio do desenho. Esta foi a ideia desse filme: a alegoria.

Era uma grande gincana: eu mesmo fazia a produção de objetos, ia até a casa das pessoas que a produção me indicava. Para o figurino, fazia uma visita à casa do ator ou atriz e escolhia peças de seu armário, comprava ou mandava fazer algumas coisas para completar. Mas não acredito que o Anísio Medeiros trabalhasse dessa maneira na mesma época.

Acho que foi no *Pixote, a lei do mais fraco* que enxerguei a minha função no cinema. O filme contou com um processo de preparação que não tinha vivido antes: desde a discussão do roteiro com o Hector [Hector Babenco, o diretor] e o fotógrafo [Rodolfo Sanches] até os laboratórios do pessoal de atuação dos quais eu participava. Neste trabalho, criou-se, coletivamente, um conceito para o filme.

O Bukowiski [Charles Bukowski, escritor norte-
-americano] fala do processo de criação dele: enche
a cara, fica sentado numa poltrona e espera um
monstro entrar pela porta. Quando o monstro entra,
ele cai numa máquina e começa a escrever. A gente
está meio à espera do monstro, desenhando, vendo
imagens, procurando. E, de repente, o monstro
entra e mostra como é aquilo.

Antes de começar a imaginar o cenário, discuto
muito o roteiro, do ponto de vista dramático, com
a direção. Ou ela me convence ou eu a convenço.
A direção tem a visão dramática de um filme, a
direção de arte a materializa, e a fotografia participa
nos dois lados: na parte material, quando ilumina
um cenário, e na parte dramática, quando, num
movimento de câmera, sublinha ou constrói uma
emoção.

Combino coisas com a fotografia: como é o mundo
desse personagem? É transparente? É iluminado?
Qual a cor? Qual a forma? Enfim, discutimos a alma
da coisa. Mas, na hora de concretizar essas ideias,
esse profissional já não está presente, e acabo
tomando decisões que muitas vezes transgridem
o combinado. Durante o projeto, a direção de arte
toma a dianteira, mas na hora da filmagem é a
fotografia que está com a câmera, é ela que põe
o refletor, então aquela fonte de luz que eu havia
definido passa a não ser a principal.

A direção de arte cria o potencial de fazer as coisas;
a fotografia tem equipamentos disponíveis para
realmente realizar a cena. O enquadramento também é assunto de uma velha disputa entre profissionais de direção de fotografia e de arte. Eu sinto falta
de uma reflexão maior com essas equipes durante
a produção.

Mais do que uma criação coletiva, na verdade o
cinema talvez seja um processo de transformações,
de transgressões, de traições. Alguém escreve um

livro, um(a) roteirista pega aquela história, coloca
suas ideias e muda. Quando leio esse roteiro, ele já
vira outra coisa, eu o transformo em minha cabeça.
A fotografia fotografa o que construí com a sua
visão particular: o que imaginei luminoso, a pessoa
faz escuro, transgride. O ator ou a atriz e a direção
também transgridem quando montam a cena.
Quando o material chega à montagem, valorizam
aquilo que eu nunca havia pensado, e desprezam
o que eu acreditava ser importante. Aí vem a finalização. O próprio público, quando assiste, vê uma
história totalmente diferente. Então é realmente um
processo de transgressões.

Geralmente, os filmes contam momentos de ex-
ceção na vida, momentos dramáticos, de crise – o
personagem colocado em xeque. Sempre tento
imaginar uma circunstância para os cenários que
provoque um desequilíbrio, uma dinâmica no espaço, que provoque a ideia de movimento. Cinema
também é isto: a expectativa de que alguma coisa
vai acontecer, e essa sensação deve estar também
no cenário.

Quando a gente pensa um cenário, lida com inúmeras variáveis. Na verdade, existe uma parte lúdica
que é a alma, a personalidade desse universo;
outra parte é a transformação desse universo num
espaço restrito da ação. Ao desenharmos o espaço,
acabamos propondo uma decupagem: nós sabemos que naquela sala vai haver um assassinato,
pensamos onde ele acontece, onde os assassinos
se escondem, para onde fogem, onde a câmera
pode estar – sempre procurando valorizar a cena.
Estamos concebendo um espaço para determinada
cena. Claro que a direção e a fotografia terão leituras que podem ser diferentes das suas; você tem
sempre de se precaver. O espaço cenográfico está
a serviço da ação e da emoção que se pretende.

O cenário é mais que geometria, ele é pintura. Sempre que vou desenvolver um cenário, antes de começar a vista, eu desenho a planta. É uma forma de pensar no filme: o que eu preciso? Tenho um espaço em que o bandido entra, mas por onde ele entra? Preciso de uma porta. Então, ele entra por aqui e sai por ali; aqui existe uma mesa, e assim organizo o espaço. Depois, desenho as vistas, o que é esse lugar.

O fato de ser uma locação ou um cenário construído não faz diferença – sempre é um cenário. Se você estiver filmando na rua, é como se tivesse construído aquele cenário: vai ambientar aquele espaço, vai lhe dar vida a partir de uma circunstância.

Existem infinitas maneiras de expressar a mesma emoção. Se você pensa: "esse é um momento de solidão do personagem", você pode expressar isso, seja colocando o cara no meio de um estádio vazio, seja no meio de uma multidão. O Antonioni, por exemplo, mostra o sujeito sozinho naquela Europa de espaços imensos; já o Scorsese o coloca no meio de uma multidão caótica. As duas coisas são boas, exprimem jeitos diferentes de ver o mesmo sentimento.

Acho que o meu lado mais forte é o intuitivo: como é o interior desse personagem, como ele constrói esse universo, como se organiza, como anda, bebe e come. Não é um processo científico.

O universo que a gente inventa se transforma em universo real. Trata-se de fazer esse mundo ser convincente, não é o realismo contra o fantasioso, é um universo criado para determinada história. Precisamos ser fiéis aos códigos que estabelecemos. Se a gente faz um filme realista e o personagem se atira pela janela do trigésimo andar e não morre, rompemos um código da realidade, e o público acaba não acreditando mais no filme. Esse código não diz respeito exclusivamente à direção de arte, diz respeito ao comportamento do filme como um todo dentro daquele universo.

Direção de arte, no fundo, é artes plásticas. A pessoa está pintando aquele quadro que vai ser filmado. O figurino e o cenário, assim como a atriz ou o ator, fazem parte dessa pintura. A escolha do elenco é uma coisa que interfere no quadro que você está pintando. Não é função da direção de arte, mas provavelmente ela tem o que dizer a respeito disso. Nem sempre a gente participa dessa fase, depende muito do grau de intimidade com a direção e a produção. Agora, o que ele veste certamente faz parte do cenário. Para mim, é impossível imaginar uma coisa sem a outra. Não é só a combinação das cores, é o espírito da coisa mesmo. Faz parte de um só pensamento.

Em cinema, a proporção cenário *versus* figurino é diferente do teatro. O figurino quase sempre ocupa o primeiro plano, mas quem conta a história é a pintura como um todo. A proporção entre eles é quase imprevisível. Não se trata de combinar a roupa com o cenário – um está dentro do outro, mas têm funções diferentes.

Quando falamos em personagens, estamos falando em personalidades. O dono daquela poltrona é também o dono daquela roupa, então é claro que elas têm alguma coisa em comum; mas, se o personagem é um marginal que está roubando um banco, a roupa dele talvez não tenha nada a ver com o banco. Figurinos e cenários são leituras diferentes, e até antagônicas, do mesmo universo.

O figurino é um acessório do corpo, da personalidade de alguém. O personagem final na tela é uma soma do personagem do roteiro, da direção e do ator ou atriz que o está construindo. Muitas vezes, é só durante a filmagem que descobrimos como o profissional de atuação faz seu personagem – daí, o figurino tem de ter agilidade, porque você descobre coisas na filmagem.

A maquiagem, mais que o figurino, mexe diretamente com quem está atuando. Com o seu rosto, com o seu ego. E esse é o seu motor. Nem sempre o profissional tem vontade de compartilhar o seu personagem, e a pessoa da maquiagem, que vai conviver com ele diariamente, não pode se indispor ou contrariá-lo. É uma negociação difícil. Equilibrar a vaidade e, às vezes, as oportunidades dramáticas de transformação. Cabe à direção de arte esse diálogo.

A cor é uma coisa cheia de mistério. Quando estamos fazendo um filme, as definições de cores somam-se à época em que vivemos, à época em que se passa o filme e à circunstância da história naquele momento. A cor, na verdade, é função da emoção, do que se quer dizer.

O cinema é quase tátil. A textura, assim como a cor, cria emoções diferentes. O universo pictórico lida com certa melodia em que os materiais contêm emoções. O tecido de algodão lhe dá o quentinho do seu lençol, da sua cama; o cetim, de repente, lhe dá o *glamour* hollywoodiano.

O movimento da figuração faz parte do quadro, da pintura que você está fazendo. Normalmente, a pessoa assistente de direção é quem organiza o movimento do pessoal em cena, ficando para a arte resolver o que estão carregando, além do figurino e da maquiagem. Mas eu trabalho muito junto da direção: posso imaginar uma rua que tem uma fila de pessoas paradas, ou uma rua com gente correndo – isso muda a composição do quadro e, portanto, a circunstância dramática da cena; logo, me diz respeito como diretor de arte.

As condições de produção dizem que tipo de festa você pode oferecer. Elas não são só restritivas – a produção não é um ser contra a criação. Ela nos dá os parâmetros do que é possível fazer. Não é a produção que vai dizer o que devemos fazer com aquele dinheiro, somos nós que vamos estabelecer prioridades e decidir como gastar dentro daquele

universo que imaginamos, discutimos e combinamos. De repente, não podemos pintar a rua de vermelho por alguma questão de logística; isso não quer dizer que precisamos desistir daquela ideia, mas sim descobrir como podemos contá-la numa outra ótica – não posso ter a rua inteira coberta de sangue, mas posso ter uma escada coberta de sangue, ou essa ideia se transforma em um copo que quebra em cima de uma mesa, e o sangue escorre sobre o tampo. Você pode propor isso à direção.

Em todos os filmes que eu tenho feito, mesmo nos maiores e mais ricos, a gente nunca tem dinheiro para fazer tudo o que foi imaginado. Este é um papel importantíssimo da direção de arte: ela não é só uma criadora, é uma realizadora. A função, o resultado final, é a materialização da emoção que se quis de cada cena.

O *storyboard*, na verdade, é um instrumento. Eu mesmo muitas vezes proponho para a direção uma solução de cenário por meio de um *storyboard*. É uma forma de comunicação. Para a direção, pode ser um exercício de imaginar a sequência. Agora, só num cinema altamente produzido é que se pode transformar o *storyboard* numa lei. Acredito que alguns filmes são necessariamente assim. Nesse caso, o *storyboard* tem de trabalhar em cima do cenário todo projetado e do figurino desenhado, para ser mais próximo do real.

O universo da direção de arte é muito amplo e, de repente, pode se deslocar para qualquer assunto. O universo do cinema é muito diversificado, e teríamos de ser muito sábios para poder armazenar todo esse conhecimento – das técnicas, dos materiais, toda a história da arte, da arquitetura, do *design*. Na verdade, devemos ter a capacidade de desenvolver uma sensibilidade para enxergar, em cada projeto, seu universo; a humildade de assimilar as coisas e uma curiosidade aberta para encontrar soluções onde menos se esperam.

11
Tratam-se, respectivamente, de Francisco (Chico) Giacchieri, Arquimedes Ribeiro, Jarbas Lotto, José Antônio Gomes Pupe e Quindó de Oliveira.

Fazer cinema é uma brincadeira: tanto faz se você está falando a verdade ou mentindo – você precisa é ser convincente. Se for mentir, tem de convencer, se quiser falar que o seringueiro tira a borracha com um espanador de pó e conseguir convencer, está bom.

A equipe é montada de acordo com as necessidades do filme. Se for um filme de baixo orçamento, às vezes é melhor não ter nem cenografista nem figurinista, mas sempre é desejável ter uma pessoa que pense no cenário, outra no figurino, outra na maquiagem e, se for o caso, uma pessoa que pense nos efeitos especiais.

Nunca consegui trabalhar com o figurino ou com a cenografia como profissionais independentes. Não vejo essas funções separadamente, e sim como parcerias. Trocamos ideias até chegar ao ideal. Depois, a cenografia e o figurino ficam responsáveis por seus departamentos e pela execução do projeto.

A função de decorar o cenário normalmente é da equipe de cenografia junto com a de produção de objetos. Mas isso depende muito das pessoas envolvidas. Eu trabalho assim.

A pessoa de produção de objetos também é uma criadora. Ela garimpa, seleciona coisas pelas lojas ou nas casas das pessoas, ferros-velhos, fábricas – onde for possível encontrar o objeto que procura. A diversidade de material com que trabalhamos é infinita.

No tempo em que comecei com isso, tínhamos grandes mestres da cenotécnica, por exemplo, o Giacchieri do Teatro Municipal, o Arquimedes do TBC, o Jarbas, que era do Teatro Aliança Francesa, e agora temos o Pupe, o Quindó.[11] A pessoa da cenotécnica é a nossa engenheira e é mais uma parceria que se forma. O cinema é feito assim, de

parcerias. Depois da cenotécnica, vêm a equipe de pintura, pintura de arte, técnica em envelhecimento, adereço, costura, vidraçaria e serralheria. Em cada área, você descobre pessoas insuperáveis, que acrescentam coisas valiosíssimas ao seu trabalho. Estamos falando, na verdade, do aumento de especialistas na área do cinema. Antes não era assim. Era eu e alguém na cenotécnica, e bola para a frente. Muito mais sofrido e de menor qualidade.

A finalização digital possibilita corrigir e alterar imagens, aumentar ou diminuir partes do cenário. Trata de questões que não fogem do trabalho convencional de arte, é apenas um instrumento a mais, por isso é desejável que a direção de arte tenha acesso à finalização digital dos filmes, para dar a última pincelada. Essa é uma reivindicação que as direções de arte fazem, e é muito sensata. No fundo, o motor básico da criação dentro disso tudo, não importa a tecnologia que você empregue, é o que sempre foi, desde a Idade da Pedra. Quando se desenha, seja no computador ou a lápis, o que vale é contar uma história.

Talvez o cinema seja a arte coletiva de maior influência em nosso mundo. Por mais que se diga que o cinema vai mudar, que salas de cinema vão fechar, etc., o que a gente vê é o contrário. Os filmes têm cada vez mais entrada: passam na televisão, no vídeo de casa, no ônibus em que você está viajando. São filmes que um grupo de pessoas fez. É a expressão de alguma coisa: etnia, países diferentes, de níveis sociais diferentes. Isso é apaixonante.

O verdadeiro motor é uma fé insensata, uma coisa que não tem teoria. A arte é feita sobre o desequilíbrio, sobre a instabilidade, a crise. Vivemos em uma corda bamba. Quando estou fazendo um filme, sou eu colocando a minha marca somada a um conjunto de pessoas que querem falar alguma coisa. Essa é a riqueza maior do cinema contemporâneo.

Pixote, a lei do mais fraco

Direção
Hector Babenco
Produção
HB Filmes/Embrafilme
Lançamento
1981

12
Antiga Fundação Estadual do Bem-Estar do Menor, hoje Fundação Casa.

Fotografia de cena. Reformatório de menores: um quartel desativado da rua Conselheiro Brotero fez as vezes de estúdio. Foi usado tanto como local de ensaios quanto como diversos cenários da instituição – dormitório, pátio, refeitório, enfermaria, entre outros.

144

Pixote foi uma produção feita com mais carinho e cuidado que os filmes anteriores em que eu havia participado. Eu fazia cenários e figurinos. Tive tempo de pensar em cada detalhe do filme – em cada personagem, cada cena. Pude conversar com o Rodolfo [Rodolfo Sanches, fotógrafo], com o Hector [Hector Babenco, diretor] e com o próprio elenco. Ao mesmo tempo que eu preparava o cenário da Febem –[12] a locação principal, que era num quartel abandonado –, convivia com as crianças que iriam atuar, pois os ensaios eram feitos lá. Quando fui montar o figurino, peguei cada uma delas e ficamos experimentando as roupas e brincando, numa espécie de laboratório. Nesse filme, cada coisa era consequência de alguma outra, não um gesto isolado.

O Hector, apesar de ser um cara autoritário na maneira de se comunicar, necessita e valoriza a influência de uma equipe. Ele me ensinou muito sobre o trabalho em grupo: como montar uma equipe, o que delegar a cada um, como completar as minhas ignorâncias e aceitar a colaboração de outros. O *Pixote* teve uma organização do trabalho de criação segundo uma proposta de se ter pessoas em todas as funções.

O filme tem duas tonalidades: a Febem e o mundo de fora. Rodolfo Sanches foi um grande parceiro, tivemos um entendimento muito bom nesse trabalho. Na avenida São João, por exemplo, primeiro escolhi a área que achava mais interessante, depois fomos juntos, durante a noite, para escolher qual esquina era boa, qual o bar. É um filme em que a cor das coisas e a cor da luz se somam o tempo todo no quadro – na harmonia ou no contraste.

Casa de Sueli: locação adaptada em residência do bairro da Bela Vista (Bixiga), São Paulo.

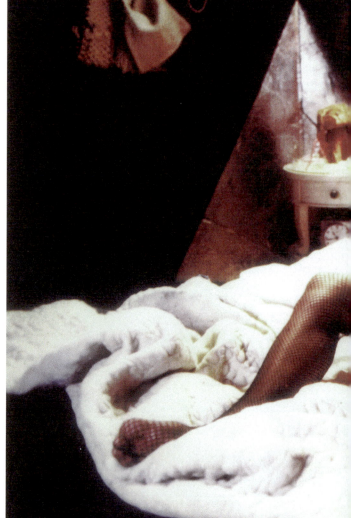

13
Outro nome pelo qual é conhecido o bairro paulistano na região da Bela Vista.

Imaginei que o personagem da Marília Pêra era *pop*: uma piranha moderna e marginal ao mesmo tempo. Pensei que ela morava numa casa abandonada. Não pretendíamos construir cenários, então encontrei uma casa realmente abandonada na Bela Vista, em São Paulo, um refúgio de mendigos. Aí, o Hector falou: "Imagina filmar numa casa dessas, cheira mal!" Mas, na minha emoção, aquela era a casa dela, e lá montamos o cenário.

Mesmo sendo uma produção mais organizada, não deixei de me levar pelo instinto. Naquela época, eu procurava as locações; hoje esse processo é mais profissionalizado. Não tínhamos nem carro da produção, eu pegava um táxi e ia pesquisar os lugares que intuía, conversava com o dono da casa se podia ou não filmar e passava para a produção.

O cenário da Febem foi personalizado de cabo a rabo. Cada cama tinha suas coisinhas, cada personagem tinha seu universo, assim como a enfermaria e o pátio em que eles brincavam.

O meu jeito de fazer a coisa era fazendo, não idealizava o cenário: depois que encontrei a locação, fui ao Hospital do Câncer (que tinha um bazar de objetos e móveis usados), peguei um monte de peças, completei com materiais de outras lojas, e voltei para a casa do Bixiga,[13] para ver o que faria com tudo aquilo na locação, na intuição e na prática. Nos cenários principais – como o refeitório e o dormitório –, onde aconteceriam as filmagens mais complexas, cheguei a fazer um desenho em planta, para discutir como seriam as cenas, mas a cor, a textura, o tratamento jamais foram discutidos com a direção, fazia parte do conceito geral.

Fotografia de cena:
Reformatório de meninos –
pátio e refeitório.

Avenida São João.
A cor, presente na luz
e nos materiais, tinge o
ambiente da cidade, fora
do reformatório.

Índia, a filha do Sol

Direção
Fábio Barreto
Produção
LC Barreto Produções Cinematográficas/Embrafilme
Lançamento
1982

Alguns dos raros desenhos de figurino de Clóvis Bueno.

Índia foi o outro filme que tinha um encantamento especial: era o primeiro filme do Fábio [Fábio Barreto, diretor] e do Pedro Farkas [fotógrafo]. Eu já tinha participado de umas dez produções, pelo menos – era o mais experiente da equipe. Havia uma galera que estava começando e que ainda está por aí. Foi feito com muito amor, muito sonho.

A gente foi filmar no rio Javaés, no Araguaia, o que era uma aventura. Foi a minha primeira experiência em um filme de locação distante, fora do eixo Rio de Janeiro-São Paulo, o que é totalmente diferente.

O filme todo se passava numa zona de garimpo dos anos 1970. Os personagens circulavam pelo Sertão, havia a birosca e a casa do garimpeiro. A equipe de cenografia e figurino era formada por mim e um assistente. A gente tinha de, literalmente, fazer tudo. Para o figurino, levei muita coisa do Rio de Janeiro e, às vezes, trocava peças com pessoas de lá.

A paisagem do lugar é dominada pela cor da terra – começa verde na parte dos índios e cai no cerrado. O figurino acompanhava esse movimento – eu não queria destacar os personagens do lugar –, a caracterização tinha que ver com a personalidade de cada um. Os índios eram os próprios javaés, com suas vestimentas e pinturas corporais.

Casa do inspetor e casa do
cabo, fachadas e interiores
construídos ao ar livre,
com recursos cenográficos
de filmagem.

Construímos dois ambientes com mão de obra
local. Não pudemos nem pensar em levar a equipe
cenotécnica do Rio de Janeiro. Eram cenários de
interior e exterior construídos a céu aberto, mas as
paredes, mesmo as de pau a pique, eram totalmente móveis, como se estivéssemos em estúdio.

O beijo da mulher aranha

Direção
Hector Babenco
Produção
HB Filmes
Lançamento
1985

Sonia Braga como a mulher aranha.

O beijo da mulher aranha, baseado no livro homônimo de Manuel Puig, foi o primeiro filme em que assinei a direção de arte. Aceitei uma proposta do Babenco. Havia, no filme, dois universos concomitantes: o mundo real e as histórias que o Molina [papel de William Hurt] contava para o personagem do Raul Julia. O Hector achou que era muita coisa para uma pessoa só, e quis chamar o Felippe Crescenti para a cenografia e o Patrício Bisso para os figurinos das histórias narradas. Na verdade, os cenários e figurinos da parte contemporânea, "real", do filme, fiz sozinho, como sempre havia feito. Escolhi as locações das duas partes e trabalhei com o Patrício e o Felippe na ficção do Molina. Foi a primeira vez que tive relação com um cenógrafo e um figurinista, como diretor de arte.

Foi um filme brasileiro bem produzido. Os interiores foram construídos nos estúdios da antiga Vera Cruz e os exteriores, no Presídio do Hipódromo, que estava desativado. Mais de 70% do filme se passava dentro de uma cela com apenas dois personagens encarcerados. O Hector ficou angustiado, com medo de ficar engessado entre as quatro paredes. Acabei criando um cenário todo suspenso por uma estrutura de metal que, construída sobre um fosso existente no estúdio, possibilitava a retirada de partes do piso para que se pudesse filmar de baixo para cima, com liberdade. Seguindo o mesmo pensamento, inventamos um sistema de contrapeso com o qual éramos capazes de eliminar as paredes durante o plano, com a câmera em ação, levantando-as e permitindo a passagem livre. Mantivemos o equipamento de luz sobre um *grid* independente do cenário. Foi uma bela obra de cenotécnica que o cenotécnico Quindó desenvolveu comigo.

Fachada, pátio, corredores e outros cenários de interiores da casa de detenção foram adaptados em diversos ambientes do presídio desativado.

A cela do Molina construída em estúdio com recursos especiais, como a suspensão das paredes simultânea ao movimento da câmera.

Tratava-se de uma história de amor entre aqueles dois homens. Optamos por não carregar no aspecto sombrio da cadeia, apesar de ser cinzento. O personagem de William Hurt era um homossexual extremamente delicado, portanto não cabia nada visualmente agressivo naquela cela.

Para o figurino, encontrei um robe japonês, na Liberdade. O Hector ficou em dúvida, mas quando o William Hurt chegou e começou sua busca pelo personagem, num processo interior, longe do estereótipo – que mulher sairia de dentro de si –, viu o robe na prova de figurino e nunca mais o largou. Foi muito bom ver os dois atores trabalhando com muito respeito, profissionalismo e concentração.

A cela de Molina. Fotografias de cena com Raul Julia e William Hurt e fotografia de filmagem com Hector Babenco, Rodolfo Sanches, Walter Rogério, entre outros.

Brincando nos campos do Senhor

Direção
Hector Babenco
Produção
HB Filmes/Saul Zaentz Co.
Lançamento
1991

Fotografia de cena – índio reage à aproximação do avião.

Existem filmes em que o personagem manda na história; o universo é pobre, mas os personagens são riquíssimos. Em outros, como *Brincando nos campos do Senhor*, o ambiente acaba sendo mais fascinante que os personagens.

Tínhamos, nesse filme, três universos principais: a cidade ribeirinha do Amazonas [Madre de Deus], a aldeia indígena com sua cultura original e a base missionária. Fizemos muitas viagens em busca de locações. Havia uma logística bastante complexa. Primeiro, pensamos em filmar tanto a aldeia quanto a cidade em locações reais, utilizando suas populações originais, mas vimos que seria impossível, pois o roteiro e a maneira com que o Hector pretendia filmar exigiam uma participação muito grande das comunidades. Optamos, então, por construir todos os cenários e formar esses povos com atrizes, atores e figurantes profissionais.

A cidade de Madre de Deus foi inspirada nas inúmeras cidades ribeirinhas da bacia amazônica que visitamos. Inteiramente construída na beira de um igarapé próximo a Belém do Pará, nossa cidade oferecia o exterior e os interiores dos cenários para a filmagem. Eram três ambientes principais: o hotel, a casa de Gusmão e a igreja. Neles, as paredes saíam e tínhamos recursos de estúdio. A construção da cidade era extremamente complexa, pois o terreno das margens dos rios amazônicos é alagadiço. Montamos uma equipe mista: tínhamos uma turma de uns quarenta profissionais da cenotécnica, vindos de São Paulo, comandados pelo Pupe (talvez o mais experiente cenotécnico de cinema contemporâneo), e o pessoal local, que era quem sabia lidar com as mudanças da maré, com as palafitas – enfim, com a Amazônia.

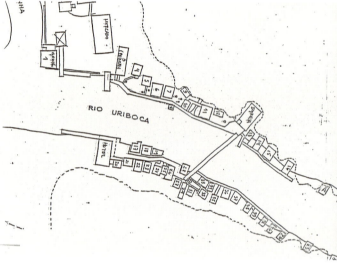

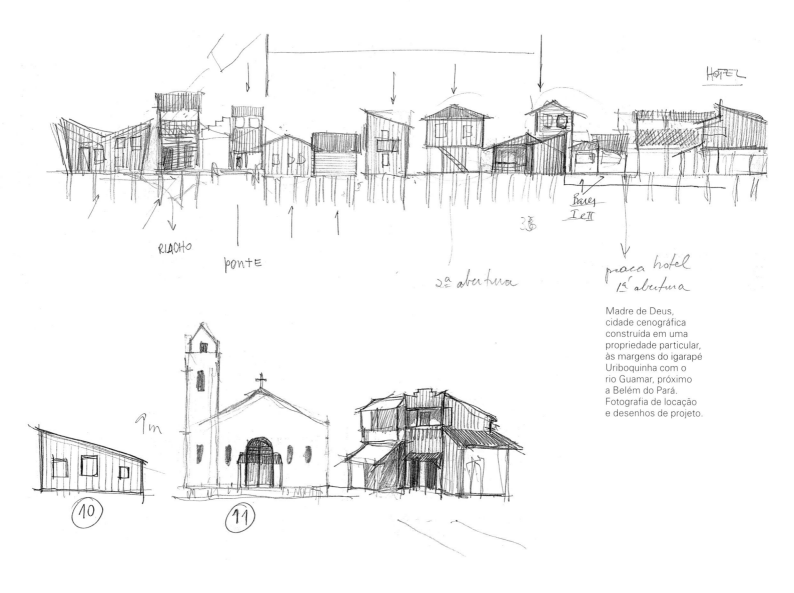

Madre de Deus, cidade cenográfica construída em uma propriedade particular, às margens do igarapé Uriboquinha com o rio Guamar, próximo a Belém do Pará. Fotografia de locação e desenhos de projeto.

Na construção, uma equipe mista de construtores: cenotécnica de São Paulo, especialista nas técnicas e linguagem da cenografia cinematográfica, reunida à carpintaria local, perita nas técnicas e materiais da construção ribeirinha e acostumada às variações da maré e do clima.

Cidade cenográfica: casa 9 – planta, fachada e vistas laterais. As casas chamadas de casa/figuração, como esta, compõem as vistas gerais e as caminhadas dos personagens pelas passarelas em palafitas da vila.

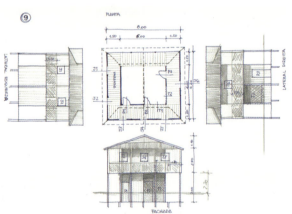

Produtos de segunda mão, garimpados em Belém do Pará, misturam-se ao material novo comprado em lojas especializadas para a construção de cada casa. A equipe de pintura responsabilizou-se pelo tratamento final de "envelhecimento".

Cada casa um personagem: casa da costureira, do barbeiro, do barqueiro, da família de muitos filhos, e assim por diante. Cenários para serem vistos da rua: constituíam-se de fachada e ambientes de interior minimamente caracterizados.

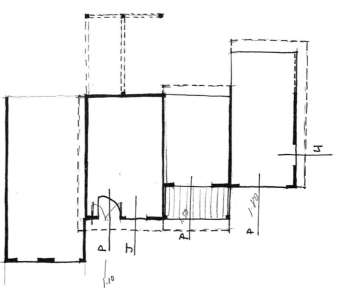

A igreja, o hotel Anaconda e a casa de Gusmão: os cenários principais da cidade Madre de Deus eram completos, possuíam fachada e ambientes de interior.

Nestas páginas, projeto e construção da igreja.

Fotografias de *making of*: das fundações ao acabamento da igreja, e a cidade cenográfica recebe os objetos, animais e barcos de todo tipo em uma caracterização realista.

172

O hotel, como a igreja, é construído para ser filmado em 360°, interior e exterior. Uma construção de dois pavimentos que exigiu estrutura reforçada para suportar a equipe e o equipamento. No térreo, o salão, a cozinha e o bar; no pavimento superior, os 3 quartos (para os dois casais de missionários e a dupla de mercenários), escada e corredores, além de espaços logísticos para a equipe, como camarins e quarto de câmera.

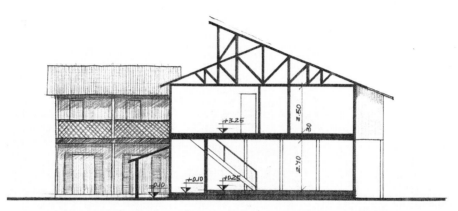

HOTEL. SECÇÃO TRANSVERSAL.
ESC: 1/100.

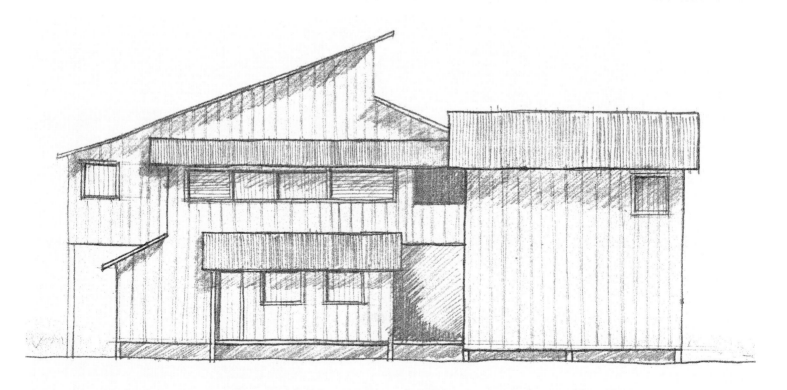

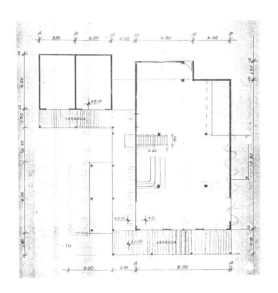
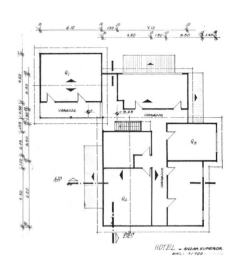

HOTEL - ANDAR SUPERIOR

No Hotel Anaconda, assim como na igreja e na casa do Gusmão, a construção dos ambientes internos no mesmo cenário da fachada possibilitou vistas naturais das janelas e portas e também ações contínuas.

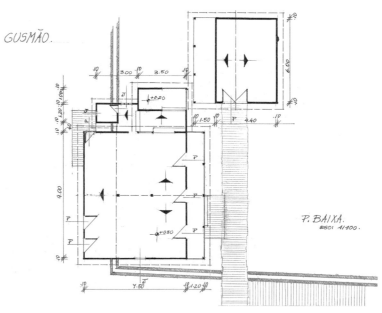
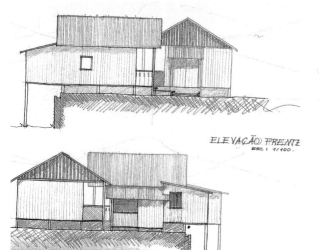
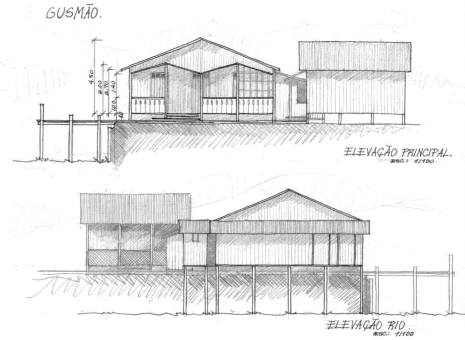

Casa de Gusmão, chefe da polícia local. Exterior e interiores construídos na praça do Mercado de Madre de Deus, a cidade cenográfica.

A pista de pouso cenográfica deveria suportar as chegadas e partidas do avião de cena e mesmo do avião de produção. Uma obra de engenharia feita em parceria com a direção de arte.

A aldeia indígena do filme foi baseada na cultura ianomâmi. Porém, as técnicas de construção, os materiais e mesmo sua forma final foram adaptados à realidade da produção cinematográfica. De um lado, questões de enquadramento, de outro, a restrição ao uso exclusivo de materiais autorizados pelo Ibama (diferentes daqueles utilizados originalmente pelos índios), e em terceiro lugar, a necessidade de recursos cenográficos para a filmagem determinaram inúmeras adaptações ao modelo original, segundo a cenógrafa Marlise Storchi.

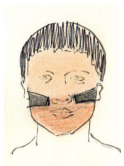

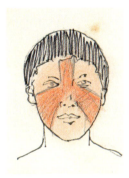

Queríamos ser fiéis ao índio brasileiro. Esse era o assunto do filme. Tínhamos, no filme, duas nações de índios: o grupo da aldeia que construímos e a tribo inimiga. Visitamos várias tribos: os caiapós, no Mato Grosso; os ianomâmis, em Roraima, e outras no Xingu. A base de nossa tribo terminou sendo os ianomâmis, porque a oca deles nos pareceu mais favorável à filmagem. A tribo vive junto em uma única construção onde se faz tudo – a farinha, a esteira, as festas –, onde se dorme, cozinha, tinge; enfim, o universo indígena seria sempre o nosso pano de fundo em toda sua riqueza. Ao mesmo tempo, a amplidão do espaço nos dava absoluta liberdade para montar as cenas e movimentar a câmera – poderíamos usar grandes gruas, *travellings*, etc. Era bastante enriquecedor.

Foi na comunidade ianomâmi que encontramos a cultura mais preservada, e isso nos interessava. Demos uma pitada de Xingu, pois os índios dessa reserva têm uma arte plumária belíssima, em tons de amarelo e vermelho. Para a tribo inimiga, tomamos como modelo os caiapós, que são mais agressivos, usam pinturas radicais, à base de preto e vermelho, e cortam os cabelos de uma maneira particular – parecem samurais –, o que lhes dá uma feição ameaçadora e invasora. Os ianomâmis quase não usam pintura, têm uma aparência mais doce. Fiquei duas semanas morando com eles na aldeia Demini, em Roraima, e pude apreender muito do seu modo de vida e visão de mundo.

Para o filme, foram construídas duas ocas iguais: uma para as filmagens de interior e a destruição final; outra para o exterior, no meio da floresta. Todos os artefatos e elementos do figurino indígena foram confeccionados por uma equipe de aderecistas em um ateliê especialmente montado com pessoal local, sob a coordenação de José Carlos, um grande aderecista carioca.

A aldeia caracterizava-se por ser uma comunidade isolada pela mata. A solução foi construir duas malocas cenográficas, uma para as tomadas aéreas, em meio à floresta, com acesso via barco, e outra, mais próxima, para as cenas de interiores e a destruição final. O desenho original ianomâmi foi modificado em função dos enquadramentos desejados. A oca feita para tomadas aéreas teve o pátio aumentado para garantir a sombra do avião em seu centro, enquanto a maloca de interior foi comprimida favorecendo o fundo de quadro, segundo a cenógrafa Marlise Storchi.

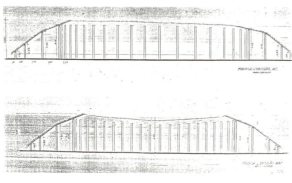

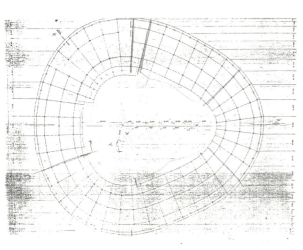

A figurinista do filme, Rita Murtinho, conta que sua compreensão sobre a linguagem da vestimenta indígena clareou-se a partir do momento que passou a desenhar os diversos elementos. Por meio do desenho, entendeu a estrutura, os materiais, as proporções de cada peça e pôde compreender melhor seus significados.

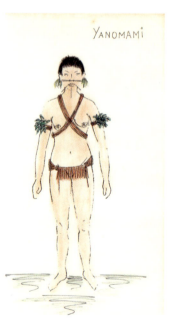

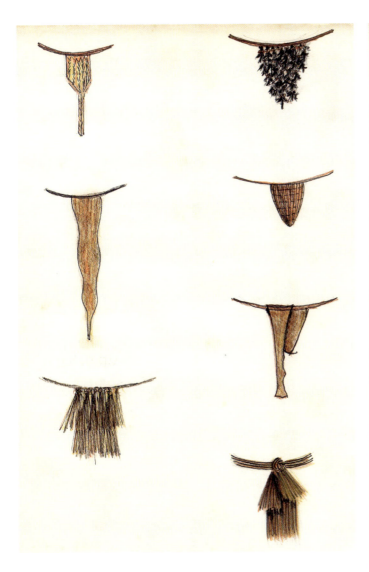

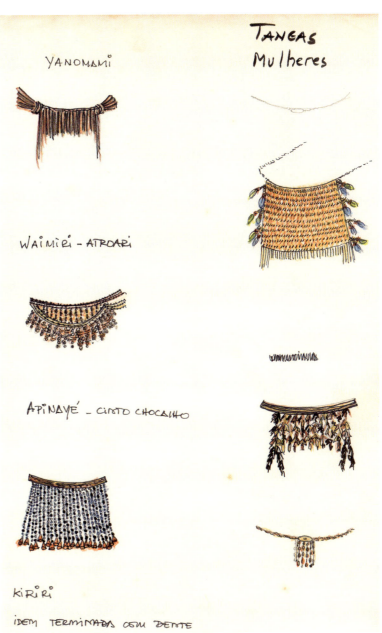

YANOMAMI

WAIMIRI - ATROARI

APINAYÉ - CINTO CHOCALHO

KIRIRI

IDEM TERMINADA COM DENTE

TANGAS
Mulheres

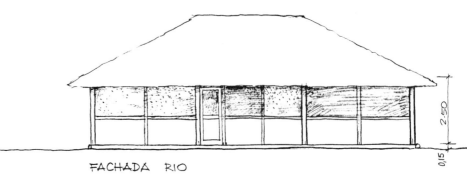

FACHADA RIO

O cenário da missão ficava tão distante de Belém que as equipes de construção e filmagem tinham de dormir lá mesmo. Construímos a casa dos missionários, a igreja, a escola e a oca dos índios aculturados. Na história, ela era construída por um padre da igreja católica, que a passou para as mãos dos missionários evangélicos americanos. A casa também oferecia todos os recursos cenográficos para a filmagem: construída em módulos, tanto as paredes quanto o telhado de palha eram móveis. Além da facilidade para a filmagem, a modulação dos elementos possibilitou que tivéssemos a casa abandonada – que os missionários encontram quando chegam – e depois reconstruída "por eles" usando a mesma estrutura e agilizando a reforma cenográfica: em apenas dois dias passamos de uma fase a outra.

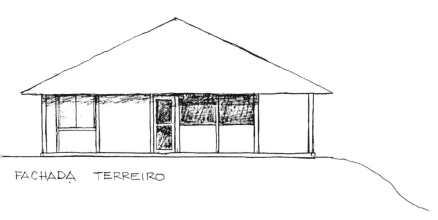

FACHADA TERREIRO

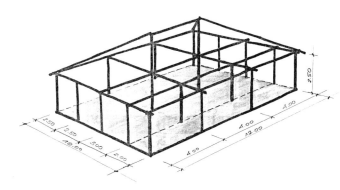

A missão é formada pela casa, a escola e a capela em frente ao igarapé, onde foi cravado um grande cruzeiro. Exterior e interiores preparados na mesma construção.

Kenoma

Direção
Eliane Caffé
Produção
AF Cinema e Vídeo
Lançamento
1998

Este texto foi redigido pela autora, que assina a cenografia de *Kenoma*.

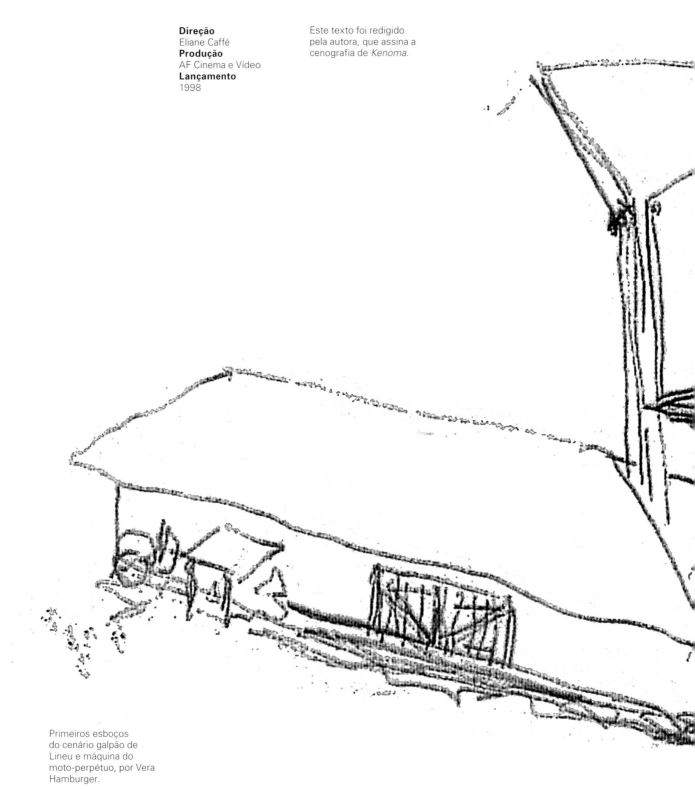

Primeiros esboços do cenário galpão de Lineu e máquina do moto-perpétuo, por Vera Hamburger.

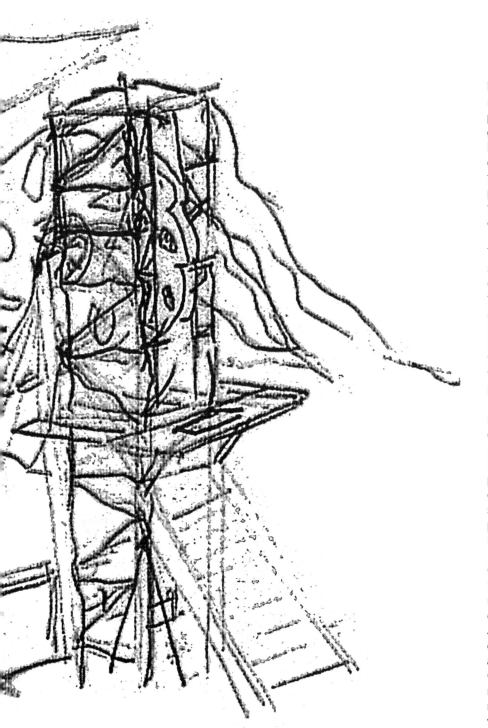

Neste projeto, assim como no *Castelo Rá-tim-bum, o filme,* tivemos a oportunidade de realizar um anteprojeto um ano antes da data marcada para as filmagens. Discutimos o roteiro, escolhemos as principais locações e desenvolvemos o anteprojeto, com o qual foi possível dimensionar não só os custos, mas também a logística e a equipe necessária para sua produção. Foi uma experiência que se mostrou bastante proveitosa, e seria muito bom se fosse adotada com mais frequência pelas produções brasileiras.

Tratava-se de uma história fantástica, na qual um sertanejo brasileiro resolve construir uma máquina de moto-perpétuo para sanar a falta de água, a falta de opções, a falta de perspectiva do povo de sua cidade – um homem obcecado por uma ideia. Depois de uma semana de discussão sobre o roteiro, chegamos à conclusão de que a narrativa, que tinha tudo para ser uma fábula, não deveria ser uma fábula, mas sim algo passível de ocorrer. Essa era a poesia que buscávamos.

O cenário principal era um dos personagens: sua construção em cena pontuava os tempos e momentos dramáticos da história. Numa tentativa de ligar o dado imponderável do roteiro à realidade do personagem, optamos por utilizar, na construção do invento, materiais disponíveis em seu mundo: sucatas industriais que ele poderia recolher – como polias e engrenagens, rodas de bicicleta, relógios mecânicos, borracha reaproveitada, etc.

O Vale do Jequitinhonha, a região mais seca do Brasil, constituiu-se em nosso universo, e Itira, uma pequena comunidade estancada no tempo, em nossa cidade cenográfica. As águas do rio Jequitinhonha transformaram-se na ligação entre o mundo contemporâneo, desenvolvimentista, e a estranha Kenoma. Araçuaí, no norte de Minas Gerais, foi a base de nossa produção. Escolhemos, nessa região, uma fazenda de gado para construir o moinho de Lineu e a casa de Tari. A terra seca e a vegetação queimada formavam a paisagem sépia, monótona e continuada.

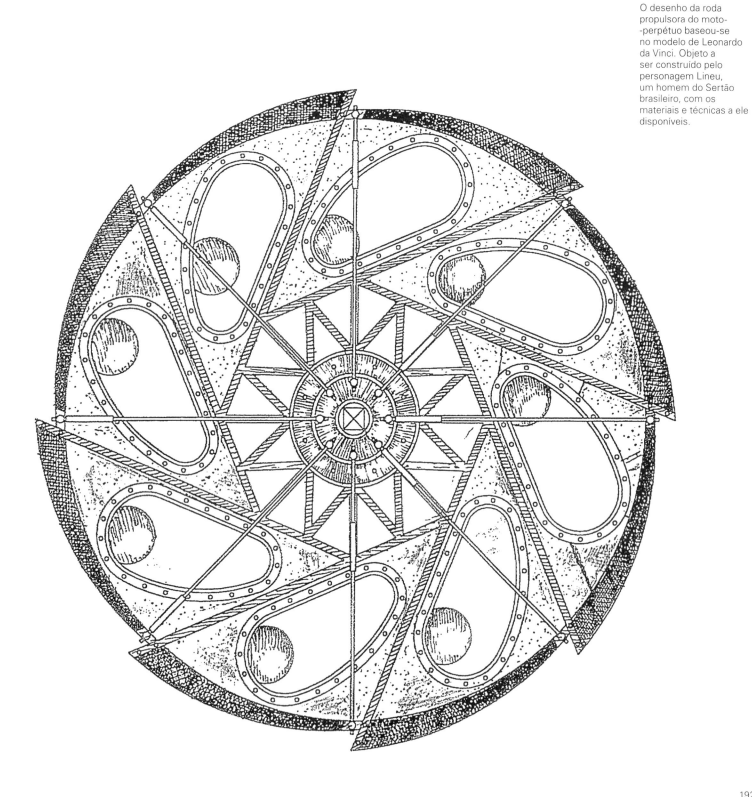

O desenho da roda propulsora do moto-perpétuo baseou-se no modelo de Leonardo da Vinci. Objeto a ser construído pelo personagem Lineu, um homem do Sertão brasileiro, com os materiais e técnicas a ele disponíveis.

Das entrelinhas do roteiro, descobrimos a origem das referências ao moto-pérpetuo que teriam sido encontradas pelo personagem Lineu numa enciclopédia abandonada no celeiro, ilustrada com imagens e estudos de Da Vinci, Arquimedes e tantos outros que tentaram entender a máquina ideal.

Os primeiros esboços surgiram. A grande máquina seria propulsora de um moinho de farinha; o galpão de Lineu – o antigo rancho das vacas da fazenda que nos serviu de locação – misturaria sua invenção à oficina, ao escritório, ao quarto de dormir. Todo o universo do personagem estaria contido num único espaço.

De volta a São Paulo, desenhamos cada detalhe dessa gigantesca traquitana. Enchemos um caminhão de ferro-velho – engrenagens e polias de vários tamanhos, rodas de bicicleta, rodas de carro, boia de caixa-d'água, tonéis, ferragens em geral. Enquanto isso, no Vale do Jequitinhonha começávamos a reforma do antigo curral: parte do telhado foi aberta, formando uma passagem da luz natural; paredes de pau a pique substituíram o cercado de madeira, fechando o ambiente; o mezanino e a passarela no telhado criavam diversos planos de ação, dentro e fora do galpão. A grande torre de madeira foi levantada a toque de machado e enxó. Garimpamos pelas casas e fazendas da região os móveis e objetos de Lineu e Tari. A grande roda propulsora era confeccionada em módulos pela equipe cenotécnica em São Paulo – novamente José Gomes Pupe e Lázaro Batista Ferreira –, ao mesmo tempo que o serralheiro Geílson – o chamado MacGyver da cidade – juntava *in loco* as peças de ferro-velho e trazia à realidade a engrenagem do moinho de farinha.

Fotografias de
levantamento da locação
da fazenda.

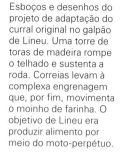

Esboços e desenhos do projeto de adaptação do curral original no galpão de Lineu. Uma torre de toras de madeira rompe o telhado e sustenta a roda. Correias levam à complexa engrenagem que, por fim, movimenta o moinho de farinha. O objetivo de Lineu era produzir alimento por meio do moto-perpétuo.

O projeto prevê também o fechamento do galpão com paredes de pau a pique, determina quais serão as paredes móveis, instala a engrenagem, desenha a canaleta e a roda d'água, determina as alturas e as relações entre os diversos elementos do cenário.

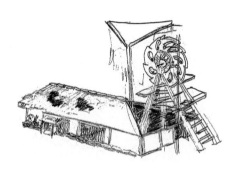
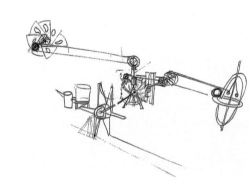

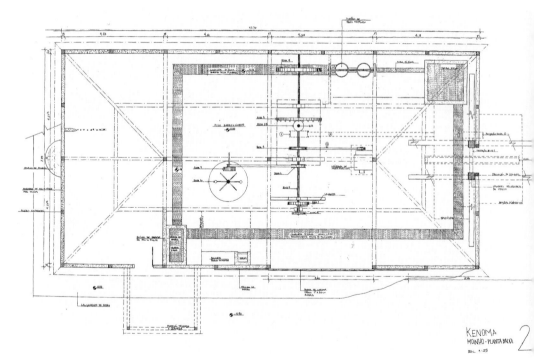

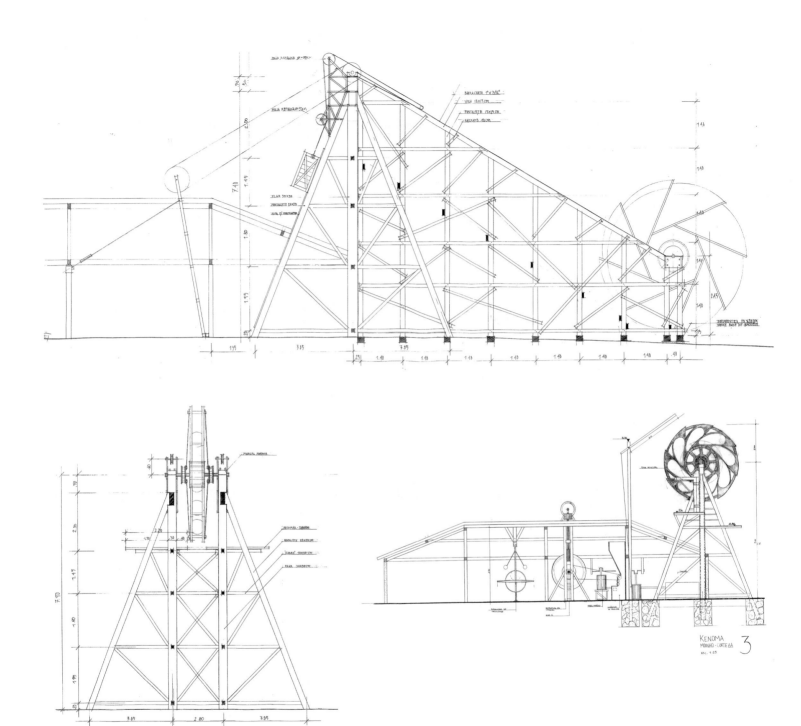

A construção do galpão e do moinho contou com uma equipe cenotécnica de São Paulo e profissionais locais da carpintaria, serralheria, confecção do pau a pique, pintura e roçado. Um intercâmbio técnico e cultural impresso no filme.

O encontro com pessoas da região, profissionais diversos, que nunca haviam feito cinema e que embarcaram em nossa história, foi um grande prazer e um aprendizado. Fuem, o carpinteiro, mestre das tradicionais técnicas de construção brasileiras, cujo corte do machado era mais perfeito que qualquer serra elétrica; Geílson, que enfrentava as polias, rolamentos e roldanas, conseguindo construir a partir de nossos desenhos uma máquina que realmente funcionava; Tozinho e Manuel desenhando o quintal com a foice, sem falar do pessoal da pintura, que aprendia conosco como provocar um fictício envelhecimento da madeira, dando-lhe aparência de queimado do Sol. De mão de obra da cenografia à atuação como figurantes do filme, o trabalho desses homens foi para a tela.

A roda do moto-perpétuo. De madeira, metal e peças garimpadas em depósitos de ferro-velho, a roda foi construída cenograficamente em módulos, permitindo o transporte e a montagem.

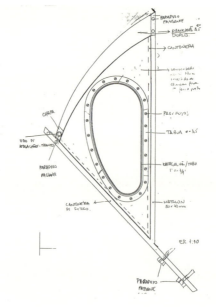
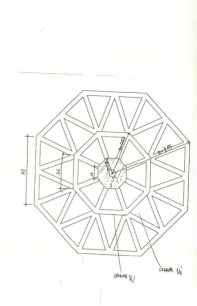

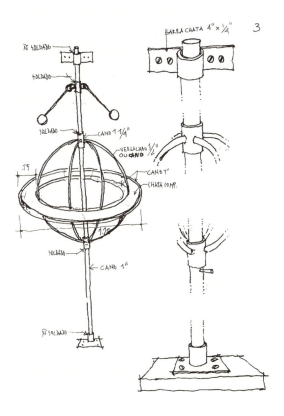

Uma surpresa: na procura por objetos, acabamos por bater na porta de seu Turíbio, um senhor que nos anos 1950, naquela mesma região, dedicou-se por sete anos à construção real de uma máquina de moto-perpétuo. Perto da conclusão de seu invento, escreveu ao então presidente da República, Getúlio Vargas, pedindo verbas para findar sua pesquisa. Muita desilusão sofreu ao receber a resposta negativa – era o tempo da campanha "O petróleo é nosso". Coincidências como essa acontecem quando fazemos filmes. Afinal, as locações não se resumem à paisagem; abrangem também a cultura local, que comumente se aproxima do universo enfocado pelo filme.

Hoje, a roda propulsora de nosso cenário compõe a paisagem da praça central de Araçuaí.

As engrenagens que levam a força propulsora da roda até o moinho de farinha são compostas por "traquitanas", como um giroscópio construído com peças improvisadas – rodas de bicicleta e boias de caixa-d'água; a hélice de uma ventoinha se movimenta sobre um trilho.

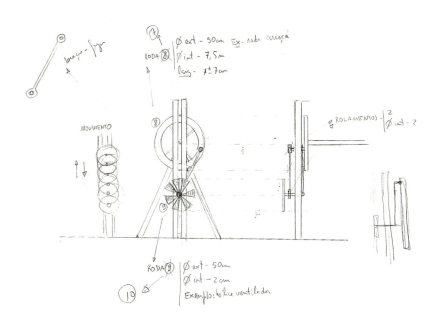

Galpão de Lineu e moinho: as sucatas industriais, os rolamentos e as correias, alugados em ferros-velhos paulistas e transportados até Araçuaí, tomam forma e produzem o movimento do motor.

O efeito especial do acidente que atinge Lineu foi planejado com base nos elementos da cenografia e proposto à direção por um *storyboard* desenhado pelo diretor de arte. No desenho de corte longitudinal, pode-se ver a indicação do "contrapeso" – artefato ligado à roda que torna possível seu içamento durante as filmagens –, peça cenográfica que provocará o ferimento no protagonista.

202

Castelo Rá-tim-bum, o filme

Direção
Cao Hamburger
Produção
AF Cinema e Vídeo
Lançamento
2000

Este texto foi redigido pela autora, que assinou, em parceria com Clóvis Bueno, a direção de arte de *Castelo Rá-tim-bum, o filme.*

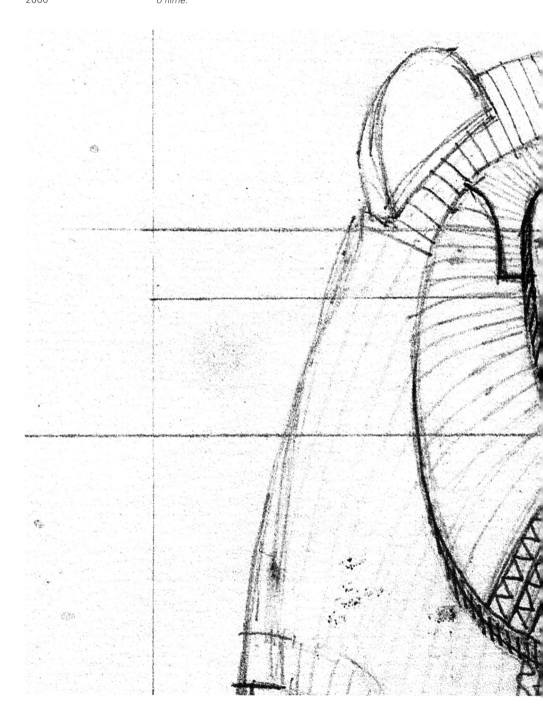

O projeto de longa-metragem *Castelo Rá-tim-bum, o filme* nasceu de um programa infantil de sucesso na televisão brasileira, realizado pelo mesmo diretor – Cao Hamburger. A primeira questão que colocou à equipe do filme foi como transpor aquele universo para a tela grande. Considerando as diferenças entre a linguagem televisiva e a do cinema, chegamos à conclusão, com o diretor, de que o filme nos ofereceria a possibilidade de entrar no que seria o verdadeiro Castelo Rá-tim-bum, como se o castelo que víamos na tevê fosse uma ilustração desse, construído para o filme. Partimos então para a elaboração de um castelo fantástico e realista ao mesmo tempo. Um desenho de dimensões e proporções de um palácio real, constituído por materiais (ou imitação de materiais) reconhecíveis: a pedra, o ferro, a alvenaria, o tecido, etc.

Esse realismo fantástico nasce nos personagens que o habitam: Morgana, uma feiticeira de 6 mil anos; seu sobrinho, Dr. Victor, um cientista de 3 mil anos, e seu sobrinho-neto, Nino, um aprendiz de feiticeiro de trezentos anos de idade. Uma pequena família que, ao conviver e se deslocar pelos espaços do castelo, nos faz passear por toda a história da arquitetura e da arte vivida pela humanidade – essa foi a premissa básica que adotamos para pensar o projeto. Convencionamos que os 6 mil anos de Morgana compreenderiam o tempo de existência da civilização humana sobre a Terra e suas manifestações artísticas. Alimentamo-nos de imagens que iam desde os pictogramas das cavernas, passavam pelos egípcios, pelos gregos e chegavam ao *art nouveau*, a Gustav Klimt, à arquitetura árabe, à Europa medieval, aos castelos franceses, etc. Completando o quadro, os signos e símbolos da magia, da alquimia e da ciência.

Com a decisão de não construir o exterior, um palacete construído no início do século XX, no bairro do Ipiranga em São Paulo, é escolhido como locação e recebe, em desenhos de projeto, intervenções cenográficas para tornar-se o Castelo Rá-tim-bum do cinema.

Fachada do castelo: elementos cenográficos são sobrepostos à porta de entrada do palacete: janelas e portas são substituídas, uma cobertura em estrutura de ferro e acrílico é aplicada e os leões porteiros marcam a entrada do castelo, projetados para serem "vestidos" por atores.

Do repertório construído pelo programa televisivo, escolhemos, junto com o diretor, os elementos que seriam mantidos no filme. A árvore, símbolo do crescimento e da permanência da vida, continuaria a reinar no centro do *hall*. A passagem secreta seria mantida como a entrada do quarto de Nino, instalado nos porões do castelo. O quarto de Morgana ocuparia novamente a cúpula mais alta. Porteiros permaneceriam protegendo a entrada da residência dos bruxos. Os altivos cabelos de Morgana seriam mantidos, ganhando agora um significado: sua ereção correspondia ao poder mágico da bruxa. Por fim teríamos, mais uma vez, a cidade de São Paulo como pano de fundo desse universo. Embora mantidos, todos esses elementos seriam caracterizados de maneira realista, na perspectiva da construção de um castelo real.

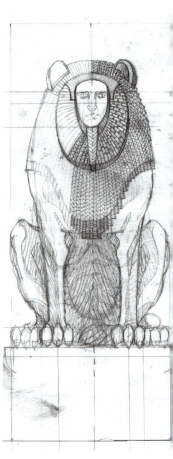

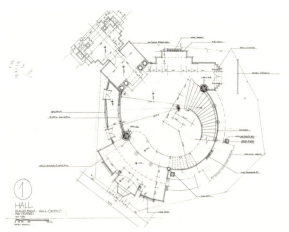

O primeiro esboço do *hall* do castelo estabeleceu os elementos principais de sua composição e foi o ponto de partida para o desenvolvimento do projeto final.

Em planta baixa, o projeto detalhado para a construção de um cenário que ocupou aproximadamente 700 m² de área e 12 metros de altura. O desenho do piso exige detalhamento em prancha exclusiva, apresentando as soluções plásticas de cada espaço: o *hall* de entrada, o *hall* da árvore, a sala da lareira e a escada.

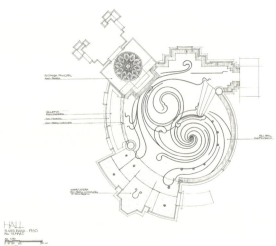

O diretor foi bastante claro quanto à necessidade de encontrar a nova cara do castelo, para que o roteiro pudesse ser finalizado. Do ponto de vista dos produtores, havia a premência de dimensionamento dos custos e da logística de produção. Por um motivo e por outro, iniciamos o projeto um ano antes de sua realização. Desenhos feitos, pesquisa de referências realizada, orçamentos apresentados, tínhamos em mãos as bases da produção da cenografia do filme. Concluímos ser necessário um espaço de 2 mil m², livre de colunas, com pé-direito de 14 m; definimos os critérios básicos para a busca de outras locações importantes; dimensionamos a equipe técnica – assistentes, pessoal da cenotécnica, adereços e pintura –, além dos custos com materiais e objetos.

Quando a produção fechou a etapa de captação de recursos e encontrou um local apropriado para a construção dos cenários, e o roteiro chegou à sua versão final, reiniciamos o trabalho. Com o orçamento em mãos, vimos que não seria possível a construção do exterior do castelo, conforme o projetado; resolvemos, então, adaptar um palacete do início do século XX, disponível para aluguel, no bairro paulistano do Ipiranga. Partimos para o projeto executivo.

O modelo da árvore do castelo foi encontrado no Campo de Santana, na cidade do Rio de Janeiro. Com base em sua forma, foi esculpida, modelada e adereçada aquela que ocupou o centro do *hall*.

Hall do castelo: desenhos de elevação de cada parede do *hall* apresentam o detalhamento dos elementos decorativos a ser confeccionados no ateliê de adereços.

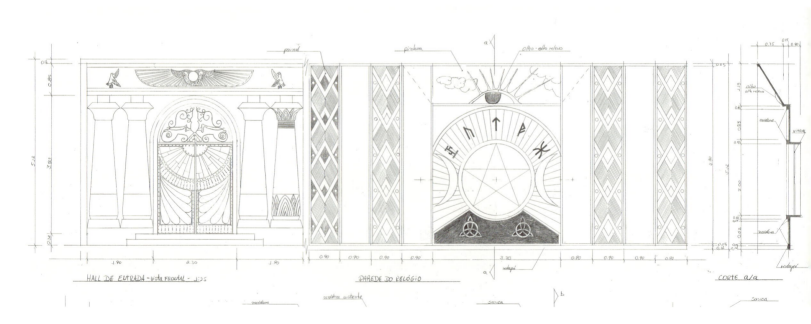

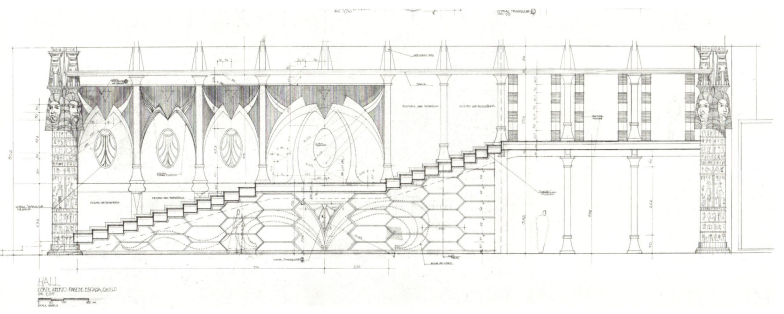

Um cenário se forma pela sobreposição de colaborações artísticas: do esboço ao detalhamento, dos serralheiros aos cenotécnicos, dos aderecistas às diferentes equipes de pintura (lisa, figurativa e de tratamento). Por fim, os objetos.

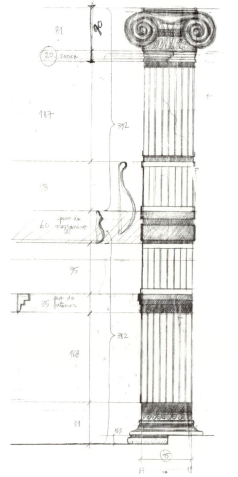
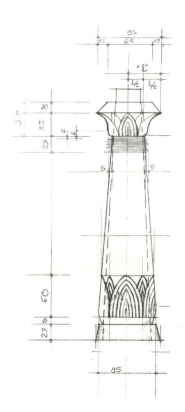

Esse filme foi muito elaborado do ponto de vista da direção de arte. Os 6 mil anos de história somados ao mundo da magia e da ciência, nas dimensões de um castelo de verdade, davam um caráter especial a todos os elementos visuais. Desde a arquitetura, seus detalhes decorativos, a pintura, o acabamento, o mobiliário, até os pequenos objetos e as traquitanas que projetamos e confeccionamos, todos traziam sua especialidade.

Uma verdadeira fábrica de cenários, adereços e figurinos foi montada. Na área livre do galpão-estúdio, uma lona de circo de 600 m² abrigava a equipe de aderecistas, formada por cerca de trinta profissionais; no galpão ao lado, a pintura de arte figurativa e a serralheria dividiam o espaço; no galpão-estúdio, a cenotécnica construía a base dos cenários.

Estudo para pintura de "afresco" sobre detalhes de obra de Hieronymus Bosch. A aquarela, feita pela equipe de Akira Goto, depois de aprovada pelos diretores de arte, serviu como base projetada para a execução do telão.

Verônica Julian, a figurinista, apresenta sua proposta de figurino para cada personagem em desenhos em aquarela e lápis.

Os personagens Morgana, Victor, Nino e Losângela Stradivarius em diferentes situações e momentos da história.

Livro de poderes de Morgana. O objeto mais importante do filme, o livro falante de Morgana, com aproximadamente 6 mil anos de idade, foi desenhado pela equipe de arte do filme e confeccionado por Silvio Galvão, utilizou o sistema de *animatronic* para que ele pudesse "falar" e fazer diferentes expressões faciais a cada situação. Suas páginas foram ilustradas com inspiração na história da escrita humana.

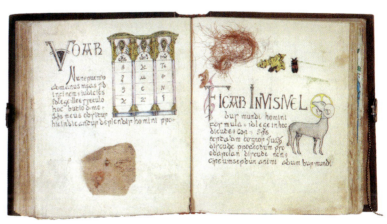

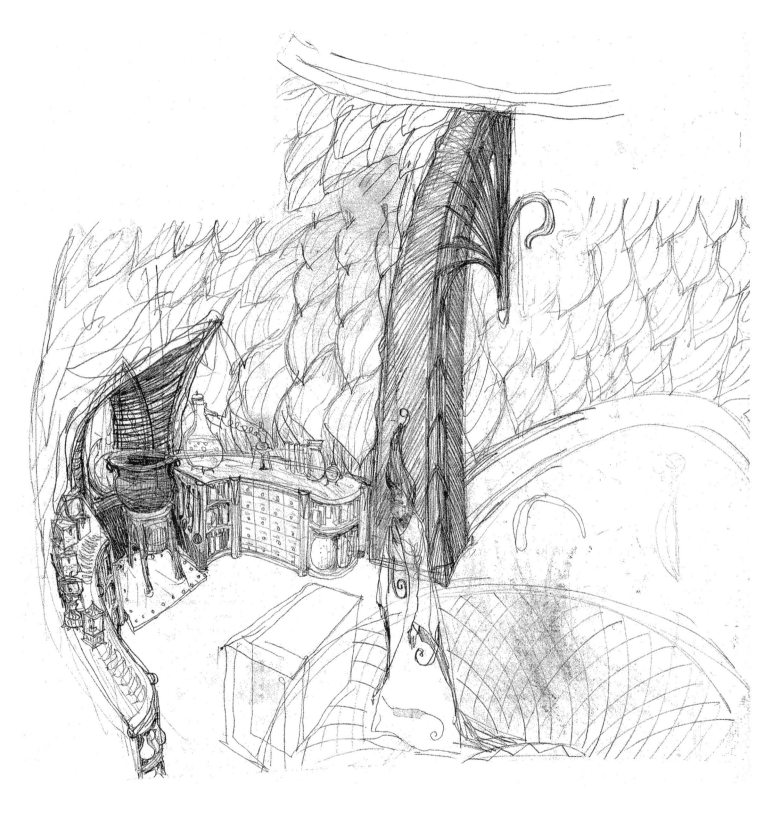

Somando todas as pessoas trabalhando na cenografia, tínhamos por volta de 140 profissionais de alto nível técnico e artístico, sem contar aderecistas especiais, que produziam objetos em seus próprios ateliês. No escritório havia dois diretores de arte trabalhando em parceria, três assistentes de cenografia desenhando e acompanhando os detalhes da construção, um maquetista, uma coordenadora de arte e dois assistentes, além de uma produtora de objetos e seus dois colaboradores.

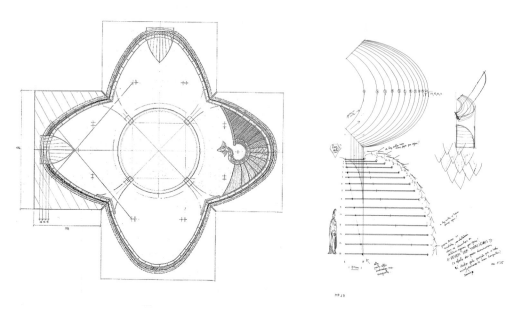

Quarto de Morgana – projeto executivo.

Planta, corte e estudo estrutural.

Construção cenográfica não convencional, delimitada por paredes de "pétalas" sobrepostas e permeáveis à luz, formando uma arquitetura peculiar. Formas e linhas que se refletem no figurino e maquiagem.

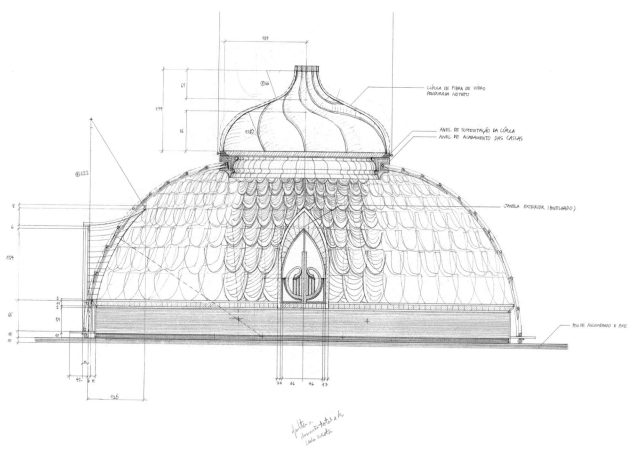

Cenário que se divide em módulos. Os quatro gomos das paredes, a cúpula, o anel de suporte e o piso garantem a praticidade de sua manipulação durante a filmagem.

A equipe de pintura comandada por Bia Pessoa trabalha na reprodução de texturas de materiais reais: a madeira, a pedra, o ferro ou o bronze azinabrado.

Líbero Malavogglia desenhou com o diretor Cao Hamburger o *storyboard* das cenas de efeitos especiais, como é o caso do feitiço de levitação de Nino anulado por obra de sua tia Morgana.

A cúpula do quarto de Morgana foi desenhada especialmente para esta cena. Nesta página e na anterior, dois momentos da filmagem: quando ela serve de fundo para a levitação de Nino e, no contraplano, quando é içada para dar lugar à câmera, aos refletores e ao ator.

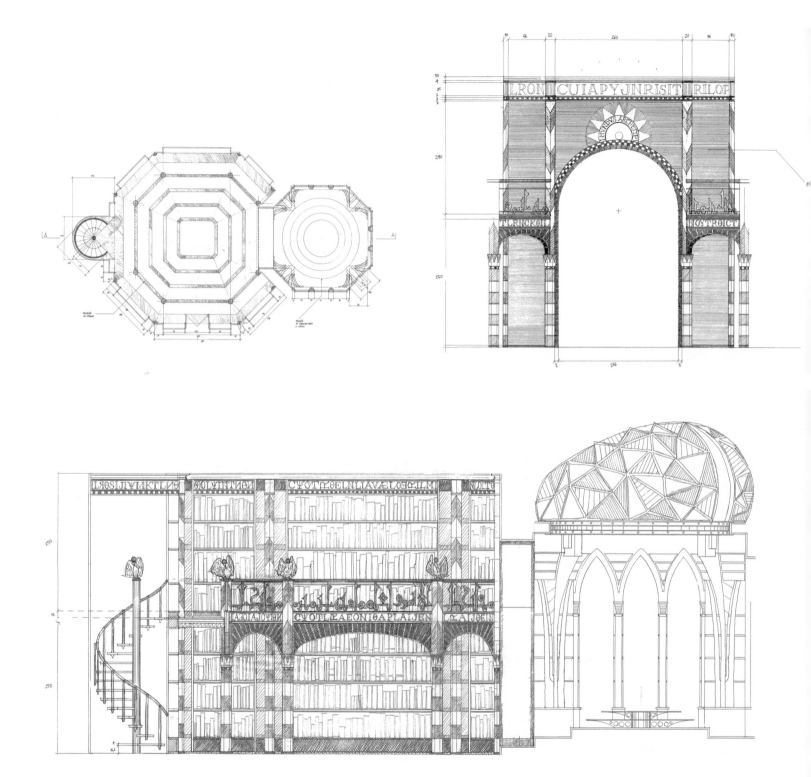

222

Biblioteca e observatório do Dr. Victor. Esboços procuram a forma até chegar ao detalhamento do projeto executivo.

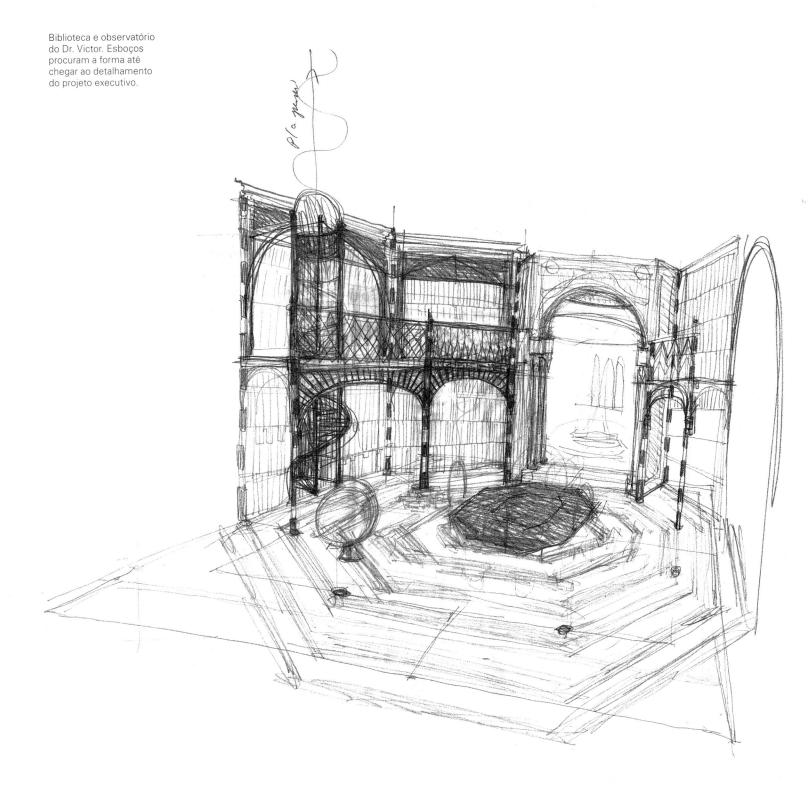

Um desenho simula o ponto de vista da câmera para uma das cenas neste cenário. Outro estuda a cor de cada detalhe aplicado.

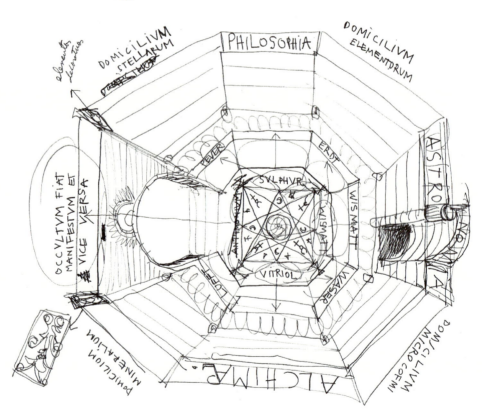

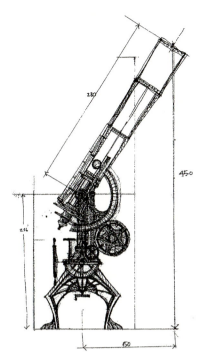

Observatório do Dr. Victor, com um telescópio especial, uma das diversas "traquitanas" desenhadas e construídas especialmente para o filme.

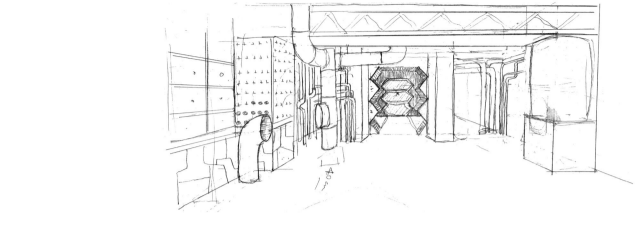

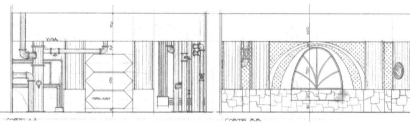
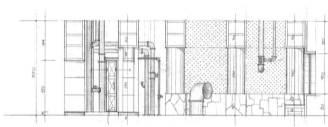

Quarto de Nino. Um porão, com vigas rebaixadas, colunas de pedra e tubos de encanamento onde vivem seus amigos animados Mau, Sujo e Feio.

A partir destes desenhos, os bonecos foram confeccionados e manipulados, por sistema de varas, pelo Grupo Criadores e Criaturas Cem Modos.

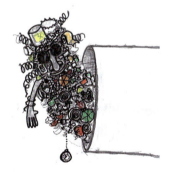

Carandiru

Direção
Hector Babenco
Produção
HB Filmes
Lançamento
2003

Este texto foi escrito por Clóvis Bueno em parceria com a autora, que assinou a cenografia de *Carandiru*.

14
Drauzio Varella é autor de *Estação Carandiru*, livro que inspirou o roteiro do filme.

15
Nome oficial do antigo presídio do Carandiru, situado na zona Norte da capital paulista.

As janelas gradeadas do pátio interno do pavilhão 2 do extinto presídio do Carandiru foram especialmente preparadas e "dressadas" (decoradas) por uma equipe de aderecistas para conformarem os cenários do filme.

A preparação do filme *Carandiru* envolveu muito tempo de convivência com os detentos do presídio em que se baseava o roteiro. Foram inúmeras visitas em seus últimos dias de funcionamento, contando com Drauzio Varella como guia.[14] Consideramos que filmar dentro da Casa de Detenção[15] era perigoso para a equipe e agressivo para os presos, afinal a história que íamos filmar era a de uma rebelião e um massacre reais. Optamos por minimizar os riscos, filmando o mínimo possível lá dentro. Acabamos por utilizar apenas a fachada, a entrada principal (onde eram feitas as revistas aos visitantes), o campo de futebol, o pátio interno e algumas salas do térreo. Todos esses espaços pertenciam ao pavilhão 2, que já havia sido desativado pelo governo estadual. Os corredores e as celas do pavilhão 9, a enfermaria, a igreja e o túnel da fuga foram construídos nos estúdios da Vera Cruz, em São Bernardo do Campo, São Paulo.

O pavilhão 2 era cercado por muralhas. Os presos remanescentes davam palpites, por cima dos muros, durante as filmagens. Principalmente nos dias em que encenamos as visitas, a invasão e o incêndio.

Foram feitas várias adaptações no prédio: no térreo, ao redor do pátio interno, montamos a cozinha, a sala de cultos evangélicos, a sala do altar da umbanda, o barbeiro e a cela solitária. Grades foram acrescentadas, pinturas e grafites feitos sobre as paredes. O *dressing* geral das "janelas", com seus varais e toldos improvisados, vasos de plantas, artigos de limpeza, sapatos, roupas e panelas secando, foi montado cenograficamente, tomando como referência a vida do próprio local, de quando os presos ainda o habitavam. Era estranho: era como refazer o ambiente, mas agora sem seus personagens reais. No mezanino do pátio, montamos a área da ginástica, como a que existia antes, utilizando muitos dos equipamentos originais construídos pelos antigos presos, que encontramos abandonados por ali.

A equipe de maquinaria e elétrica prepara o pavilhão 2 para receber a filmagem. A instalação de tecido translúcido torna possível maior controle sobre a luz natural.

Em nossa base de produção e no ateliê de adereços, localizados nos estúdios da Vera Cruz em São Bernardo do Campo, preparamos todo o material de barracas, mesas e bancos usados para o dia da visita.

Os efeitos especiais, coordenados por Shiozi Izumo Filho e Wagner Martão, pareciam reais – os colchões incendiados, a água vazando, as grades e objetos cenografados sendo jogados pelos vãos. A tropa de choque foi inteiramente produzida pela equipe do filme, com suas armas, cassetetes, escudos, cachorros, cavalos e bombas.

A maior parte do filme foi feita nos estúdios da Vera Cruz. Os interiores das celas, a enfermaria, os corredores, as escadarias, a igreja por onde alguns presos tentam fugir e as tubulações por onde passam. Reproduzimos a alvenaria esburacada, carcomida e úmida. Um trabalho quase de escultura. As pinturas que figuravam nas paredes eram reproduções de imagens capturadas pela pesquisa nos diversos pavilhões reais e selecionadas de acordo com as características de cada personagem.

Cada cela é uma história; cada canto tem um clima. Cada preso, no seu espaço restrito, usa toda a imaginação para criar o seu universo, ter algum conforto e alguma identidade. Os corredores também tinham uma emoção diferente em cada ponto: no geral vinham de referências das diversas gangues e tribos que ali conviveram. O diretor do presídio do Carandiru real, numa visita que fez aos cenários do estúdio, se confessou emocionado, e até invadido. Era um cenário que confundia quem entrasse: tinha até o cheiro característico de lá. Mas era um cenário, e oferecia todas as facilidades de filmagem.

No pavilhão real transformado em estúdio, as salas que cercam o pátio, no nível do piso, transformam-se em cenários específicos: sala do diretor do presídio, sala de triagem, barbearia, cozinha, sala da umbanda e sala da igreja evangélica.

As paredes das celas se deslocavam sobre rodas, com agilidade para permitir movimentos necessários à filmagem. Os corredores eram estanques, pois seriam inundados nas cenas finais. O público geral nunca soube que aquilo era um cenário. É engraçado isso. Nosso trabalho é bom quando quem assiste não nota.

Todo filme tem uma história particular. *Carandiru* vem da narrativa de uma experiência real de um médico, o doutor Drauzio Varella, contada por Hector Babenco, parceiro de jornadas marcantes, e por Walter Carvalho, um fotógrafo com quem não havíamos trabalhado antes, que permitiu uma interação muito rara.

Diversas situações que marcaram a história do presídio foram montadas no pátio de entrada do pavilhão 2, transformado em locação. Desde o corriqueiro dia de visita ou o *show* de Rita Cadillac até a fatal invasão do território pela polícia. Na foto, por meio de efeitos especiais os presos resistem.

235

O *hall* das escadas da locação, pavilhão 2, sendo preparado pela equipe da arte e efeitos especiais para a cena da "lavagem" pós-ocupação da polícia.

No campo de futebol do pavilhão 2, a imagem de Nossa Senhora de Aparecida e a bandeira do Brasil foram especialmente pintadas pela equipe de arte do filme, comandada por Bia Pessoa, para o cenário do pavilhão 9.

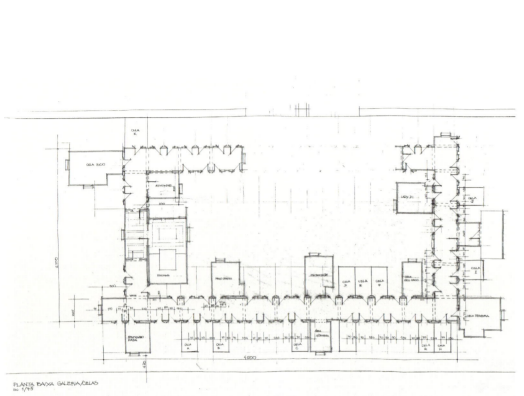

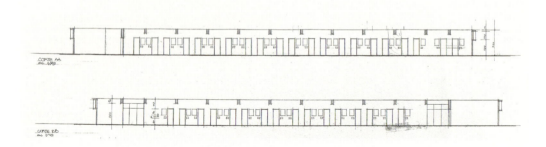

Nos estúdios da Vera Cruz, em São Bernardo do Campo, foram construídos os cenários do corredor e as diversas celas de cada personagem, além da enfermaria e do consultório do médico. Recursos cenográficos foram utilizados para garantir a sensação de realismo pretendida no filme: painéis fotográficos para servirem de fundo às vistas das janelas, paredes móveis, etc.

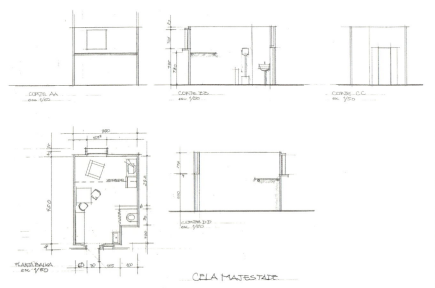

Pavilhão 9.
Interior do corredor e celas construídos em estúdio.

Cada cela foi modelada, pintada, adereçada e mobiliada de acordo com o personagem que a habitava. O modelo foi o presídio original, porém os personagens e suas características só existiram no filme.

A cela de Majestade, trabalhada com muitos detalhes de construção, pintura, colagens e objetos para receber suas duas famílias.

241

Lady Di, por Rodrigo Santoro, em diferentes momentos do personagem em sua cela detalhadamente decorada com os recursos disponíveis a um presidiário da época.

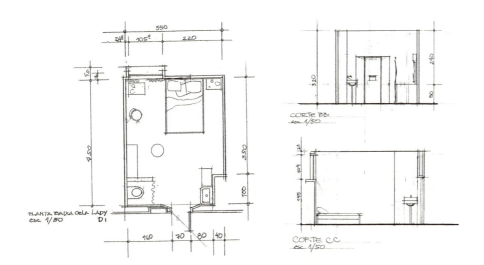

Pavilhão 9: corredores em estúdio e ginásio em locação. Características do presídio original, a pintura figurativa e as colagens ocuparam as paredes do cenário, inspirando os próprios atores.

Casa de Detenção – túnel da fuga. Sobre a estrutura de compensado e sarrafo, camadas de isopor, fibra de vidro e terra foram sobrepostas na construção cenográfica do túnel que permitiu a fuga dos presos.

Clóvis Bueno
Filmografia

Anuska, manequim e mulher
1968
Direção
Francisco Ramalho Jr.
Produção
Tecla Produções Cinematográficas
Fotografia
Waldemar Lima
Cenografia
Antonio Benetazzo
Participação de Clóvis Bueno:
Assistência de direção

Luz, cama, ação!
1975
Direção
Cláudio MacDowell
Produção
Sincro Filmes
Fotografia
Fernando Amaral
Participação de Clóvis Bueno:
Cenografia e figurino

O pai do povo
1976
Direção
Jô Soares
Produção
CIC
Fotografia
Leonardo Bartucci
Participação de Clóvis Bueno:
Cenografia e figurino

O cortiço
1976
Direção
Francisco Ramalho Jr.
Produção
Argos Filmes
Fotografia
Zetas Malzoni
Cenografia e figurino
Régis Monteiro
Participação de Clóvis Bueno:
Assistência de cenografia

O torturador
1977
Direção
Antonio Calmon
Produção
Magnus Filmes
Fotografia
Hélio Silva
Figurino
Carlos Prieto
Participação de Clóvis Bueno:
Cenografia

O escolhido de Iemanjá
1978
Direção
Jorge Durán
Produção
Magnus Filmes/Embrafilme
Fotografia
Edgar Moura
Participação de Clóvis Bueno:
Cenografia e figurino

O sequestro
1978
Direção
Victor de Mello
Produção
Magnus Filmes
Fotografia
Antonio Gonçalvez
Participação de Clóvis Bueno:
Cenografia e figurino

Os três palhaços e o menino
1979
Direção
Milton Alencar Jr.
Produção
Fiel Filmes
Fotografia
Hélio Silva
Participação de Clóvis Bueno:
Cenografia e figurino

Pixote, a lei do mais fraco
1980
Direção
Hector Babenco
Produção
HB Filmes Ltda./Unifilm/Embrafilme
Fotografia
Rodolfo Sanches
Participação de Clóvis Bueno:
Cenografia e figurino

O fruto do amor
1980
Direção
Milton Alencar Jr.
Produção
Magnus Filmes Ltda./Embrafilme
Fotografia
Victor Neves
Participação de Clóvis Bueno:
Cenografia e figurino

Viagem ao céu da boca
1981
Direção
Roberto Mauro
Produção
Magnus Filmes Ltda.
Fotografia
Victor Neves
Participação de Clóvis Bueno:
Cenografia e figurino

Índia, a filha do Sol
1982
Direção
Fábio Barreto
Produção
Produções Cinematográficas LC
Barreto Ltda./Embrafilme
Fotografia
Pedro Farkas
Participação de Clóvis Bueno:
Cenografia e figurino

Aventuras de um paraíba
1982
Direção
Marcos Altberg
Produção
Produções Cinematográficas LC
Barreto Ltda./Embrafilme
Fotografia
Carlos Egberto Silveira
Participação de Clóvis Bueno:
Cenografia e figurino

Águia na cabeça
1983
Direção
Paulo Thiago
Produção
Morena Filmes/Embrafilme
Fotografia
Antonio Penido
Figurino
Carlos Prieto
Participação de Clóvis Bueno:
Cenografia

A cor do seu destino
1984
Direção
Jorge Durán
Produção
Nativa Filmes
Fotografia
José Tadeu Ribeiro
Participação de Clóvis Bueno:
Cenografia e figurino

A floresta de esmeraldas
(The Emerald Forest)
1984
Direção
John Boorman
Produção
Goldcrest – Reino Unido
Fotografia
Philippe Rousselot
Direção de arte
Marcos Flaksman
Participação de Clóvis Bueno:
Figurino (com Christel Kruse
Boorman)

A hora da estrela
1985
Direção
Suzana Amaral
Produção
Raiz Produções Cinematográficas
Fotografia
Edgar Moura
Participação de Clóvis Bueno:
Cenografia e figurino

O beijo da mulher aranha
1985
Direção
Hector Babenco
Produção
HB Filmes
Fotografia
Rodolfo Sanches
Cenografia
Felippe Crescenti
Figurino
Patrício Bisso
Participação de Clóvis Bueno:
Direção de arte

Feliz ano velho
1986
Direção
Roberto Gervitz
Produção
Tatu Filmes/Embrafilme
Fotografia
Cesar Charlone
Participação de Clóvis Bueno:
Cenografia e figurino

Jorge, um brasileiro
1987
Direção
Paulo Thiago
Produção
Encontro Filmes/Embrafilme
Fotografia
Antonio Meliande
Figurino
Isabel Paranhos
Participação de Clóvis Bueno:
Cenografia e figurino

Mistério no Colégio Brasil
1988
Direção
José Frazão
Produção
Yan Arte e Comunicação/Embrafilme
Fotografia
Antonio Luiz Mendes
Participação de Clóvis Bueno:
Cenografia e figurino

Doida demais
1989
Direção
Sérgio Rezende
Produção
Morena Filmes/Embrafilme
Fotografia
Cesar Charlone e Antonio Luiz
Mendes
Participação de Clóvis Bueno:
Direção de arte e cenografia

**Brincando nos campos
do Senhor**
(At Play in the Fields of the Lord)
1989-1990
Direção
Hector Babenco
Produção
HB Filmes/Saul Zaentz Co. –
Brasil/EUA
Fotografia
Lauro Escorel e Stan McClain
Figurino
Rita Murtinho
Cenografia
Beto Mainieri, Toni Vanzolini e
Marlice Storchi
Participação de Clóvis Bueno:
Direção de arte

Vagas para moças de fino trato
1991
Direção
Paulo Thiago
Produção
Vitória Filmes
Fotografia
Antonio Penido
Figurino
Kalma Murtinho
Participação de Clóvis Bueno:
Direção de arte e cenografia

Kickboxer III: a arte da guerra
1991
Direção
Rick King
Produção
MPC – EUA
Fotografia
Edgar Moura
Figurino
Isabela Braga
Cenografia
Toni Vanzolini
Participação de Clóvis Bueno:
Direção de arte

**Lamarca, um coração
em chamas**
1993
Direção
Sérgio Rezende
Produção
Morena Filmes
Fotografia
Antonio Luiz Mendes
Figurino
Rita Murtinho
Cenografia
Vera Hamburger
Participação de Clóvis Bueno:
Direção de arte

Menino maluquinho, o filme
1994
Direção
Helvécio Ratton
Produção
Filmes de Brasília
Fotografia
José Tadeu Ribeiro
Figurino
Kika Lopes
Cenografia
Vera Hamburger
Participação de Clóvis Bueno:
Direção de arte

O monge e a filha do carrasco
(The Monk and the Hangman's
Daughter)
1994
Direção
Walter Lima Jr.
Produção
JBR Filmes/KCK Productions –
Brasil/EUA
Fotografia
Pedro Farkas
Figurino
Rita Murtinho
Cenografia
Vera Hamburger
Participação de Clóvis Bueno:
Direção de arte

Jenipapo
1994
Direção
Monique Gardenberg
Produção
Ravina Produções e Comunicações
Fotografia
Pedro Farkas
Figurino
Rita Murtinho
Cenografia
Vera Hamburger
Participação de Clóvis Bueno:
Direção de arte

As meninas
1995
Direção
Emiliano Ribeiro
Produção
Ipê Artes Filmes
Fotografia
Nonato Estrela
Figurino
Rita Murtinho
Participação de Clóvis Bueno:
Direção de arte e cenografia

O jaguar
(Le jaguar)
1995
Direção
Francis Veber
Produção
Gaumont – França
Fotografia
Luciano Tovoli
Direção de arte
Hugues Tissandier
Participação de Clóvis Bueno:
Cenografia

A ostra e o vento
1996
Direção
Walter Lima Jr.
Produção
Ravina Produções e Comunicações
Fotografia
Pedro Farkas
Figurino
Rita Murtinho
Cenografia
Vera Hamburger
Participação de Clóvis Bueno:
Direção de arte

Kenoma
1997
Direção
Eliane Caffé
Produção
AF Cinema e Vídeo
Fotografia
Hugo Kovensky
Figurino
Moacyr Gamacho
Cenografia
Vera Hamburger
Participação de Clóvis Bueno:
Direção de arte

Amor & Cia.
1997
Direção
Helvécio Ratton
Produção
Quimera Filmes
Fotografia
José Tadeu Ribeiro
Figurino
Rita Murtinho
Cenografia
Vera Hamburger
Participação de Clóvis Bueno:
Direção de arte

Orfeu
1998
Direção
Cacá Diegues
Produção
Rio Vermelho Produções
Fotografia
Affonso Beato
Cenografia
Vera Hamburger (colaboração) e
Claudio Amaral Peixoto
Figurino
Emília Duncan
Participação de Clóvis Bueno:
Direção de arte

Castelo Rá-tim-bum, o filme
1998-1999
Direção
Cao Hamburger
Produção
AF Cinema e Vídeo
Fotografia
Marcelo Durst
Figurino
Verônica Julian
Participação de Clóvis Bueno:
Direção de arte (em parceria com
Vera Hamburger)

Lara
2000
Direção
Ana Maria Magalhães
Produção
Nova Era
Fotografia
Pedro Farkas
Figurino
Karla Monteiro
Participação de Clóvis Bueno:
Direção de arte e cenografia

Carandiru
2003
Direção
Hector Babenco
Produção
HB Filmes
Fotografia
Walter Carvalho
Figurino
Cris Camargo
Cenografia
Vera Hamburger
Participação de Clóvis Bueno:
Direção de arte

Onde anda você?
2002
Direção
Sérgio Rezende
Produção
Morena Filmes
Fotografia
Antonio Luiz Mendes
Figurino
Bia Salgado
Participação de Clóvis Bueno:
Direção de arte e cenografia

Cafundó
2003
Produção
Prole de Adão/Laz Audiovisual
Fotografia
José Roberto Eliezer
Direção de arte
Vera Hamburger
Figurino
Bia Salgado
Participação de Clóvis Bueno:
Direção (em parceria com
Paulo Betti)

A dona da história
2004
Direção
Daniel Filho
Produção
Globo Filmes
Fotografia
José Roberto Eliezer
Figurino
Bia Salgado
Cenografia
Marcos Figueiroa
Participação de Clóvis Bueno:
Direção de arte

Os desafinados
2005
Direção
Walter Lima Jr.
Produção
Ravina Produções e Comunicações
Fotografia
Pedro Farkas
Figurino
Marília Carneiro e Karla Monteiro
Participação de Clóvis Bueno:
Direção de arte

Os porralokinhas
2007
Direção
Lui Farias
Produção
R. Farias/Globo Filmes
Fotografia
Jacob Solitrenick
Figurino
Valéria Stefani
Participação de Clóvis Bueno:
Direção de arte

O magnata
2007
Direção
Johnny Araújo
Produção
Gullane Filmes
Fotografia
André Modugno
Figurino
David Parizotti
Participação de Clóvis Bueno:
Direção de arte

O homem que desafiou o diabo
2007
Direção
Moacyr Góes
Produção
LC Barreto
Fotografia
Jacques Cheuiche
Figurino
Bia Salgado
Participação de Clóvis Bueno:
Direção de arte e cenografia

Terra vermelha
(*Birdwatchers*)
2008
Direção
Marco Bechis
Produção
Gullane Filmes / Classic / Karta Filme
Direção de fotografia
Hélcio Alemão Nagamine
Cenografia
João Bueno
Figurino
Valéria Stefani
Participação de Clóvis Bueno:
Direção de arte

The incredible Hulk
2008
Direção
Louis Leterrier
Produção
Universal Pictures / Marvel
Enterprises / Valhalla Motion Pictures
Direção de fotografia
Peter Menzies Jr.
Direção de arte
Kirk Petrucelli
Figurino
Denise Cronenberg / Renée Bravener
Valéria Stefani (Brasil)
Participação de Clóvis Bueno:
Cenografia (Brasil)

Lula, o filho do Brasil
2009
Direção
Fabio Barreto
Produção
LC Barreto / Globo Filmes
Direção de fotografia
Gustavo Hadba
Cenografia
João Bueno
Figurino
Cristina Camargo
Participação de Clóvis Bueno:
Direção de arte

As cariocas
2010
Direção
Daniel Filho
Produção
Globo Filmes / Lereby Produções
Direção de fotografia
Nonato Estrela
Cenografia
Joao Bueno
Figurino
Bia Salgado
Participação de Clóvis Bueno:
Direção de arte

Marcos Flaksman

Cedo descobri que o teatro era o mundo do tudo pode, o mundo da imaginação. Meu tempo livre eu vivia naquilo, passava pelo espelho ao outro lado.
Marcos Flaksman, 2004

Nascido no Rio de Janeiro em 1944, Marcos Flaksman começou a fazer teatro experimental aos 15 anos, como ator, em grupos amadores. Profissionalizou-se com 21 anos, ao integrar o Grupo Mambembe, de Niterói. Nessa época, participa do movimento de alfabetização de Paulo Freire e, como ator do Mambembe, apresenta-se nos teatros das bases operárias ao lado de Paulo Affonso Grisolli e Tite Lemos. Paralelamente à atividade de ator, forma-se arquiteto pela Faculdade de Arquitetura da Universidade do Brasil, e passa a exercer a cenografia. Posteriormente, faz estudos livres de arquitetura teatral e cenografia em Paris.

Arquiteto, diretor teatral, cenógrafo, figurinista e diretor de arte de cinema, teatro, ópera e televisão, é sócio do escritório Flaksman Pini Vergara Arquitetura e Arte, em que realiza, além de projetos arquitetônicos, projetos cenográficos.

Ao lado de diretores como José Celso Martinez Corrêa, Flávio Rangel, Fernando Peixoto, Antonio Abujamra e Fauzi Arap participa de marcantes montagens teatrais dos anos 1960 e 1970, como *Quatro num quarto*, *Dois perdidos numa noite suja* e *O poder negro*. Dirige os espetáculos *Nó cego* (1978), *A serpente* (1980) e a ópera *Arthemis* (1985), encenada no Theatro Municipal do Rio de Janeiro.

Realiza a cenografia de inúmeros *shows* musicais: *Saudades do Brasil*, de Elis Regina; *Lança-perfume*, de Rita Lee; *Nossos momentos*, de Maria Bethânia, além de espetáculos com Ney Matogrosso e outros artistas. Nos anos 1980, realiza o projeto de cenários para a televisão, como o programa *Viva o gordo*, com Jô Soares.

Sua estreia no cinema se dá a convite de Leon Hirszman, assinando os cenários e figurinos de *Garota de Ipanema*, seguido por *Brasil ano 2000*, de Walter Lima Jr., em 1968. Depois de dez anos ausente da cena cinematográfica, retoma a atividade em *Os sete gatinhos* (1980), de Neville D'Almeida. Desde essa época não parou mais, tornando-se um diretor de arte de ideias próprias e de muita influência no meio.

Marcos Flaksman em seu estúdio no Rio de Janeiro, RJ, 2009.

Marcos Flaksman

Comecei no cinema por um convite do Leon Hirszman para fazer *Garota de Ipanema*. Eu tinha 23 anos, o Leon já era um cineasta considerado e o fotógrafo era um grande mestre, Ricardo Aronovich.

Eu vinha de uma pequena, porém estimulante, experiência no teatro. Quando comecei a ver peças teatrais, me perguntava: "Por que os cenários são assim – um gabinete com as paredes oblíquas, em falsa perspectiva?" Eles geralmente produziam uma imagem chapada, sem volume, e eram superiluminados de uma maneira não dramática. Eu imaginava que, se utilizasse o ângulo reto e as escalas mais próximas da realidade, causaria mais efeito e ajudaria tanto o público quanto o ator a reconhecê-lo, mesmo sendo esse um espaço de representação, ou seja, do mundo irreal.

Fiz meu primeiro cenário de teatro com essas ideias na cabeça; apliquei e gostei. Era *A tempestade*, de Shakespeare, que montei com o Grupo Mambembe. Usei ângulos retos, a escala real e muito efeito de contraluz, o que não era comum no teatro.

No Colégio Pedro II e, mais tarde, na faculdade de arquitetura, mergulhei em geometria descritiva, que eu adorava. Ao chegar à cenografia, isso eu já tinha. Acompanhava tão de perto quanto possível o Teatro de Arena e os trabalhos de Flávio Império, Anísio Medeiros e Hélio Eichbauer – este da minha geração –, que faziam uma cenografia de vanguarda, com padrão internacional.

No filme *Garota de Ipanema* – quando me deparei com uma câmera e seu sistema ótico filtrando a luz; quando vi a quantidade de luz que Ricardo [Aronovich] utilizava, e ele imediatamente me dizia "Não se assuste, pois não será isso que veremos no final"; quando percebi que os meus parcos conhecimentos não alcançavam um julgamento próprio, tendo de confiar plenamente no julgamento do fotógrafo –, me perguntei: "O que fazer aqui?"

Então, fiz o que podia: peguei várias cartolinas, quadriculei-as – cada espaço dedicado a uma sequência – e fui colorindo com as cores que apareceriam em cada uma delas: 1) praia, exterior, dia – cenário: azul do mar, azul do céu e o quase branco da areia / cores a serem adicionadas: esteiras, figurino, barracas; 2) apartamento, interior – cenário: branco das paredes, cores do mobiliário, e assim por diante. Ficou uma bíblia. Sobre esse quadro eu conversava com o Aronovich, a quem considero meu mestre em matéria de cor no cinema.

Eu não sabia nada, mas tinha a minha intuição e aprendia rápido. Nesse filme, aprendi muito sobre a cor, um pouco sobre o enquadramento e também sobre aquilo que era errado, aquilo que não se devia fazer. Hoje, acho que esse é o primeiro passo para quem quer fazer cinema: saber o que não se deve fazer.

No segundo filme de que participei, *Brasil ano 2000*, de Walter Lima Jr., já havia mais espaço para o meu trabalho. Tratava-se de um roteiro que pedia uma cenografia e figurino especiais. Era uma grande viagem ficcional, uma história politizada, bem ao meu gosto na época. Pedia uma representação visual toda desenhada. Um universo pré-tropicalista e totalmente brechtiano reunia, dentro de uma igreja, toda a civilização ocidental: o padre, o prefeito, o povo, o tribunal, o clero, a escola e a cadeia – as instituições e seus personagens.

Fiz o projeto, as maquetes e desenhei os figurinos, mas não filmei. Havia ganhado uma bolsa de estudos na Europa e as filmagens atrasaram. Quem levou esse projeto até o final foi o Luís Carlos Ripper, na época assistente do Walter, e o Vicente Más, meu colega da faculdade.

Na verdade, o cinema me pegou mesmo quando voltei da Europa, dez anos depois, e fui convidado por Neville D'Almeida para fazer *Os sete gatinhos*. Decidimos filmá-lo quase todo em estúdio e aí, sim, gostei muito de projetar e construir um cenário inteiro. Não fazia ideia de como seria isso, mas fui fazendo e fiz. Foi então que vi, realmente, qual seria a minha contribuição nessa arte: criar uma lógica nova num mundo de ficção – esse é o meu trabalho.

A cenografia, para mim, é uma matéria que está ligada mais visceralmente à dramaturgia, e menos à arquitetura, à fotografia, às artes plásticas. Minha viagem, num filme, é a da dramaturgia, e não a da arquitetura.

O meu barato é a criação desse mundo que não existe. Dependendo do salto que quer dar, da maneira que quer filmar e contar uma história, você vai construir o cenário.

O que é isso, companheiro?, de Bruno Barreto, 1997. Fotografia de cena. Fernanda Torres

O meu papel, na produção de um filme, é ajudar a contar uma história. Não faço defesas de tese filmadas, assim como não faço documentários. Não me interessa, na hora de criar um mundo de ficção, a verdade. Interessam-me as verdadeiras mentiras. Nada é real num filme de ficção, embora possa parecer. Partimos das referências deste mundo para recriar algo parecido com ele. E isso diz respeito ao roteiro, ao ritmo em que as coisas acontecem, à intensidade delas. Sabemos que não é assim na nossa vida, mas aceitamos que seja assim no cinema. Afinal, somos capazes de contar uma vida em duas horas: o personagem tem de viver a vida dele e dizer quem é em uma hora e meia de filme. Estou há sessenta anos tentando descobrir quem sou – olhe a diferença de tempo! Que intensidade precisa ter um personagem de romance ou de cinema para se mostrar no curto tempo que ele tem?
Você inventa um mundo com uma tonalidade e o resto deve ser coerente com ela. Você não pode "puxar o tapete" de quem assiste.

Na leitura de um roteiro me comporto como na leitura de um romance. Lembro quando li Dostoiévski, por volta dos 16 anos de idade. Ficava em casa, febril, lendo aquele livro. Imaginava tudo: Moscou, a casa velha, a escadaria, o bar onde o cara bebia, a cantina onde a velha tomava a sopa, o quarto miserável onde ele morava. Eu era capaz de desenhar tudo, da maneira que enxergava ao ler. Construí aquele falso mundo em minha cabeça mesmo nunca tendo ido à Rússia, ou mesmo sem ter tido grandes informações visuais dessa parte do mundo. Não havia, nessa época, a enxurrada de imagens que existe hoje, com internet e tudo. Mas as descrições do escritor e as reações do personagem eram mais que suficientes para inventar aquele lugar, sua luz e seu cheiro.

Às vezes, converso com a direção antes de ler o roteiro. Mais vale a sua visão que o texto. Tem quem fala à beça. É raro, mas pode acontecer. De qualquer forma, é uma parceria essencial. O filme é da direção. Sua cumplicidade é fundamental, assim como a da direção de fotografia e de toda a equipe da área de criação (profissionais do figurino, visagismo, maquiagem, operação de câmera, cenografia, etc.). Tem de estar todo mundo remando para o mesmo lado. Cinema é assim, uma arte coletiva.

O papel da direção de arte é selecionar os espaços, discutir a luz, o caráter dramático da ação, e fazer com que essa imagem seja uma imagem linda, mesmo que feia. Uma imagem que atinja o sentimento do público, não só pelo que ele constata e vê, mas pelo que sente.

A boa direção de arte deve ajudar a proporcionar uma viagem tranquila para o público, sem sobressaltos, sem que ele coloque em dúvida o que vê: "O sujeito não teria esse carro", "Ninguém mora assim", "Ninguém vai a esse lugar vestido dessa maneira", etc.

Existem as funções dramáticas do cenário: o que se deve sublinhar, onde se pode carregar a mão. Você parte da concepção geral: como é a imagem, como são os personagens, o quão perto da realidade se quer chegar, qual a sustentação que vai ser dada ao ator ou atriz, como é o figurino, sua casa, suas coisas.

16
Em cinema, o termo *link* é usado para descrever elementos de ligação entre cenários complementares. *Link* direto é aquele que dispensa a ligação por corte, já que a continuidade espacial real permite que a ação se passe de um ambiente a outro; no caso de espaços que, no ambiente do filme, existem como espaços interligados, mas são filmados em locais distintos, é necessária a criação de um elo que marque a linha de corte.

As soluções espaciais e luminosas ajudam a compreender, dramaticamente, o que está acontecendo naquele momento: na montagem final, um segundo depois de ser apresentado chorando convulsivamente sobre o cadáver da mãe, o personagem aparece feliz ao ver a filha se casar na sequência seguinte. Você tem de segurar a onda dessa narrativa sem criar metáforas, sem dar dicas. Não é papel de ninguém ficar dando pistas a quem assiste. Detesto metáfora na cenografia, prefiro o "me inclua fora da metáfora".

Gosto de recriar um universo que dê chance para que a história seja contada com agilidade, sem rejeitar os tempos em branco, as passagens. O cinema é uma colagem de planos, de sequências, de cortes, de campo e contracampo.

Tenho algumas regras quando penso no espaço cênico: a câmera não deve, a não ser em casos muito particulares, "chutar" para uma parede que corta todo o resto do universo da visão do público. Pelo menos que se deixe entrever o segundo e o terceiro plano. Gosto das entradas de luz, a presença invisível do lado de fora do cenário; não costumo fazer, a não ser em casos de *takes* pré-desenhados, um ambiente de três lados. Cenário de cinema é de quatro lados, fechado. Não elejo um ângulo principal, ele é completo, com continuidade e profundidade, permitindo que outros espaços possam ser pressentidos.

Claro que, se a cena pede para ser acuada em um canto, você deve acuá-la; mas passe rápido para outro plano. Saindo do canto fechado, já posso dar outras pinceladas; já vejo uma porta, que pode dar para um exterior, de onde pode entrar uma luz; posso oferecer a presença de algo mais desse universo inventado.

O que manda a cada opção é o que você quer falar naquele momento – o caráter do personagem, da cena ou do lugar. O nosso papel, quando concebemos o desenho de um filme, é considerar isso tudo junto.

Na hora de filmar, temos de decidir sobre muitos elementos – o que vai ser exterior, o que vai ser interior, como serão feitos os *links*[16] entre os cenários, que fotografia será essa, se tem ou não exacerbação de cores, que tipo de negativo vai ser utilizado, o formato final, etc. São decisões que você deve tomar, mas dificilmente vai estar sozinho nesse momento, pois elas são discutidas em conjunto com a fotografia e a direção.

Temos de tratar a pessoa que assiste com respeito. Ela se arrumou, pegou o carro, pagou o flanelinha, pagou o ingresso – foi ao cinema. Não pode perder a viagem. Até porque é uma satisfação para ela entrar num mundo em que jamais entraria se não houvesse o cinema. Este é o papel da direção de arte: fazer quem assiste ao filme ficar embarcado.

Acho que o meu método como diretor de arte de cinema é o mais simples: é o padrão do sistema industrial.

O teatro é comércio, o cinema é indústria.

Faço filmes da maneira que aprendi. Uma equipe de produção é um grupo de pessoas que se unem para fazer um filme, e nele cada uma tem sua função, sendo que elas são todas interligadas.

A gente discute, discute, discute, e aí alguém tem de tomar a decisão final. Essa pessoa é quem dirige o filme. A direção de arte está em uma área de decisão importante, e é bom que a pessoa esteja preparada, pois cada opção tomada durante o processo terá de fazer sentido no final, quando se junta tudo. Não ter essa leitura pode significar o comprometimento da coerência de seu trabalho.

O projeto de um filme tem um tempo. Você deve saber qual é esse tempo. Quando me sento com a direção, combino coisas com as quais a produção tem de concordar; se ela fecha comigo, eu compro e dou o passo seguinte. Isso envolve todo o processo de fazer um filme: fazemos uma série de acordos, porque cada um realiza seu trabalho sobre o trabalho do outro. Por exemplo, a fotografia só pode fazer a luz de um cenário depois que eu termino.

É fascinante trabalhar em estúdio – além do prazer da concepção e construção da cenografia, é mais confortável de filmar. Quanto às dimensões de um cenário de estúdio, considero sempre o espaço da câmera que estará vendo tudo. Não quero ficar na loucura de a toda hora ter de arrancar as paredes para conseguir filmar. Isso significa que a escala da arquitetura do cenário construído não é real – eu trabalho com a escala real mais o espaço da câmera.

Tenho excelente relação com os profissionais da fotografia. Acho que a direção de arte e sua equipe têm de saber o bê-á-bá da fotografia: o que é profundidade de campo, o que é diafragma, qual a relação entre o diafragma e a profundidade de campo, qual a velocidade, a sensibilidade do filme e conhecimentos de ótica mesmo. E, além disso tudo, precisa conhecer ótica cinematográfica: você, na direção de arte, pode pedir para a direção experimentar uma lente 50 mm, não por curiosidade, mas como proposta – para isso, você tem de saber o que está falando.

A tendência é que toda a captação venha a ser digital, assim como a projeção. Isso gera um monte de coisas novas, e quem se tocar pega o bonde, senão… O que importa é que infinitas possibilidades de manipulação se abrem para todos nós – uma vertigem maravilhosa.

Tenho trauma do processo de finalização que a direção de arte não acompanha. Por várias vezes, tive problemas. Cada vez mais está se trabalhando com a pós-produção na hora de inserir imagens, de alterar as cores, e muito mais. A gente fica na mão da pessoa que finaliza, que muitas vezes nem conhecemos e que, em outras tantas vezes, não deveria ter a responsabilidade de decidir qual a imagem a ser impressa, o nível de seu desfoque, a interferência da atmosfera, etc.

Já trabalhei com equipes ortodoxas, mas isso é para filme grande, com muito dinheiro. Nos filmes de produção média, existe uma série de funções que são acumuladas pelos profissionais. Atualmente, estou trabalhando com equipes que considero mínimas: além da direção de arte, tenho pessoas na cenografia (normalmente duas, dependendo do tamanho do filme); alguém como *set decorator*, coordenando a produção de objetos e que decora comigo (pois a minha cenografia não lida com os objetos), e uma outra figura na coordenação de arte, responsável por gerenciar toda a produção cenográfica e pelo controle do orçamento. Tenho também pessoas na produção de objetos e uma no *design* gráfico.

Como sou cenógrafo – acho indispensável que a pessoa na direção de arte seja cenógrafa, para poder ter um controle real sobre tudo – e também obcecado, trabalho grudado à cenografia e ao resto da moçada. Lanço alguns desenhos: muitas vezes, o pessoal propõe correções de proporção ou outros detalhes que recuso ou adoto. A equipe de cenografia é um colegiado. No detalhamento, às vezes eu vou longe; outras vezes, eles é que tocam o bonde e constroem, enquanto só fico de olho. E existem as equipes de apoio e execução: cenotécnica, pintura, adereço, etc.

A produção de objetos traz o pequeno mobiliário, os elementos decorativos – enfim, os objetos de cena. Tudo depende do que se deseja, da época, do acabamento, de textura, ou seja, dos conceitos. O que não conseguimos encontrar pronto, fabricamos.

A pessoa que trabalha como contrarregra entra duas semanas antes de filmar. Ela me ajuda muito na finalização do *dressing*, na preparação de líquidos, bebidas, na limpeza de material, na separação dos objetos de cada personagem. Cada personagem tem a sua contrarregragem separada, que deve ser previamente vista e aprovada pela direção. De preferência, também pelo próprio ator ou atriz.

Aprendi muito da estrutura de uma equipe de arte nas produções americanas das quais participei. No Brasil houve uma mudança nos créditos na década de 1980. Atualmente, podemos equiparar o cargo de *production designer* americano à nossa direção de arte – ele faz o que nós fazemos, o que eu faço nos filmes. O *art director* seria a pessoa que trabalha como cenógrafo-chefe. Eles têm ainda: *set decorator*, *set dresser*, *set designer* e *buyer* (comprador), que corresponderia, talvez, à nossa coordenação de arte.

O trabalho de figurinista é importantíssimo. Às vezes, você só se lembra de um personagem por causa do seu figurino. Trabalho muito junto desse profissional, e gosto que a direção esteja bem próxima. É mais uma chance que a gente tem de falar dos personagens, das situações, das circunstâncias de cada cena. O momento de discutir o figurino é também a hora de rever o projeto como um todo – as cores, as texturas, as dimensões dos cenários que receberão esses figurinos.

A maquiagem também é uma coisa que levo muito junto de mim. Normalmente, a gente faz um teste de maquiagem, o visagismo mesmo, a caracterização do personagem – o corte de cabelo, se vai usar óculos ou não, se a barba estará espessa ou rala. Costumo pedir que se faça um teste com a câmera, isso dá muito certo. É essencial que toda essa discussão seja feita junto com o ator ou atriz. Não há uma só peça do figurino que você defina sem o consentimento de quem vai vesti-la.

Outra coisa são os efeitos especiais. Em produções internacionais, a responsabilidade é de quem trabalha como efeitista. Esse tipo de profissional, com esse preparo, nós não temos. Então, acontece que a decisão final sempre acaba caindo na minha mão – na mão da direção de arte. O efeito mecânico, temos como controlar; já o efeito digital, por enquanto, não, pois a direção de arte não participa dessa fase da produção do filme.

De um filósofo grego aprendi que a gente nasce sabendo tudo, e que o nosso processo de conhecimento é, na verdade, um reconhecimento. Um conhecimento novo não se adquire, se "reconhece". Para meu trabalho, só acredito na minha intuição, não acredito em mais ninguém.

O que é isso, companheiro?

Direção
Bruno Barreto
Produção
LC Barreto Produções Cinematográficas
Lançamento
1997

O que é isso, companheiro?, de Bruno Barreto, é um filme passado no Rio de Janeiro, sobre o sequestro do embaixador americano, ocorrido durante a ditadura. É um filme sombrio.

Fizemos a pesquisa. Para acharmos trechos do Rio de Janeiro que retratassem a época foi uma loucura – nada mais era igual. A orla toda mudou: Copacabana, Ipanema, tudo era diferente. Tivemos de voltar para o roteiro, estudar as cenas de rua e ver o que se podia concentrar na ação, mantendo a profundidade de campo.

Por exemplo, o filme tem a cena de uma batalha entre a polícia e manifestantes misturada a um *stock shot* da época: vemos os soldados reais, a cavalo, jogando bomba de gás lacrimogêneo nos estudantes. Fizemos os nossos personagens atuando na passeata. Na realidade, isso tudo ocorreu na Cinelândia, mas seria impossível filmarmos lá – era uma superprodução. Então, onde vamos filmar para que possamos juntar as imagens reais à ficção?

Deveria ser um lugar neutro. Não preciso ver a arquitetura, mas, se a vejo, deve ser uma arquitetura semelhante à área original. A Cinelândia é neoclássica e tem escadarias, como a do prédio da Biblioteca Nacional. Procuramos algo similar. Fomos filmar no *campus* da Universidade Federal do Rio de Janeiro, na Urca, e combinamos onde faríamos os planos mais fechados, onde poderíamos abrir, como seria a passeata – muita fumaça e papel picado. Aos poucos, você vai desenhando o filme e encontrando as soluções.

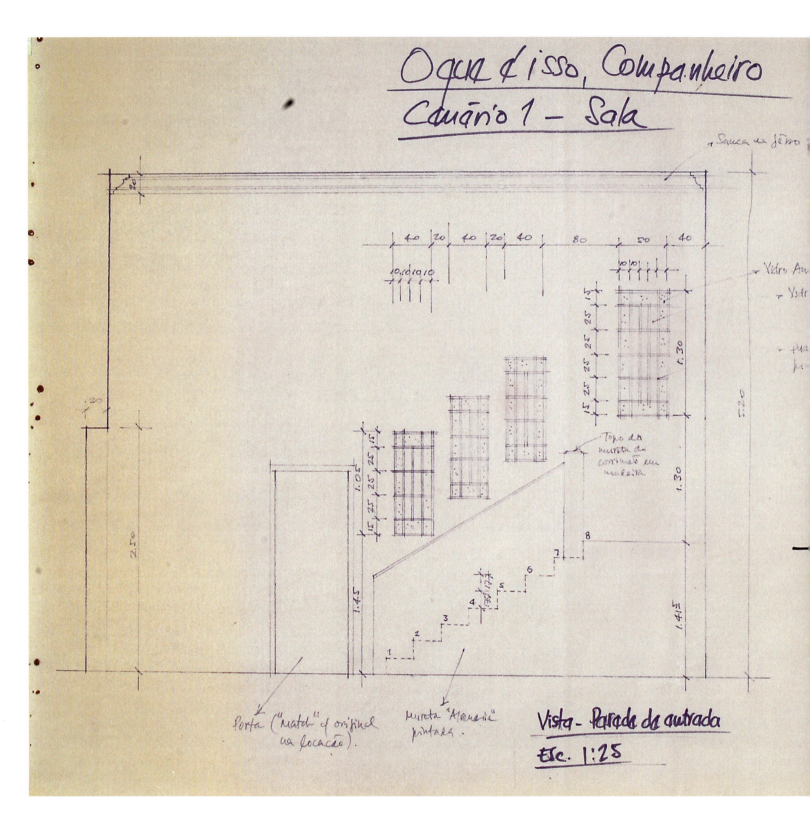

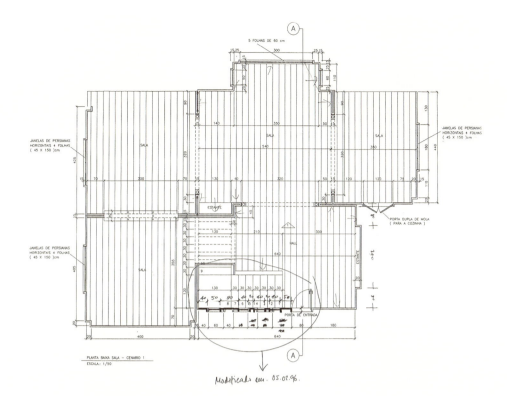

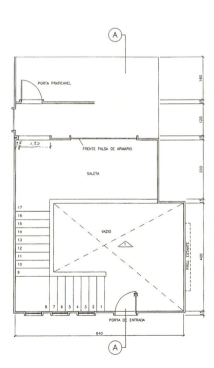

Casa do cativeiro: projeto executivo, plantas e cortes. Construída em estúdio com referência na fachada da locação escolhida no bairro de Santa Teresa, Rio de Janeiro.

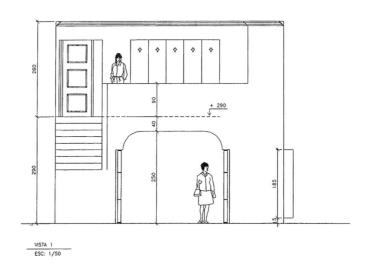

VISTA 1
ESC: 1/50

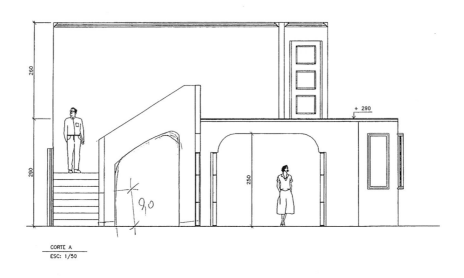

CORTE A
ESC: 1/50

264

O exterior da casa-cativeiro foi cenografado em uma locação no bairro do Rio Comprido, como se fosse em Santa Teresa. A casa real ainda existe. Quando a conheci, pensei: "Se eu filmar aqui, o pessoal não vai acreditar". A casa era totalmente aberta para a rua. Eu estava fazendo cinema, não documentário, então escolhi uma locação mais fechada e que tinha, ao mesmo tempo, uma referência forte da cidade. Achava muito importante para o filme localizá-lo no Rio de Janeiro, e nessa locação via-se o Cristo Redentor ao fundo. Escolhi essa casa também pelo desenho do telhado, que possibilitava a criação de um espaço interessante para o quarto onde o embaixador passou os dias de cárcere. O interior da casa – térreo e andar superior – foi todo filmado em estúdio.

Na mesma rua, escolhemos outra casa para fazer o interior e o exterior da base da polícia, de onde os policiais espionavam o movimento da casa-cativeiro. Além disso, a proximidade entre as duas locações proporcionava um *link* direto à cena em que Fernando [Fernando Gabeira, interpretado por Pedro Cardoso] vai atrás dos policiais.

Filmamos umas cenas em Santa Teresa, no Maracanã, e o assalto ao banco, na antiga agência do Banco do Brasil, no Centro Cultural Banco do Brasil.

Na sala contígua ao *hall*, a polícia procura indícios dos sequestradores após a fuga.

266

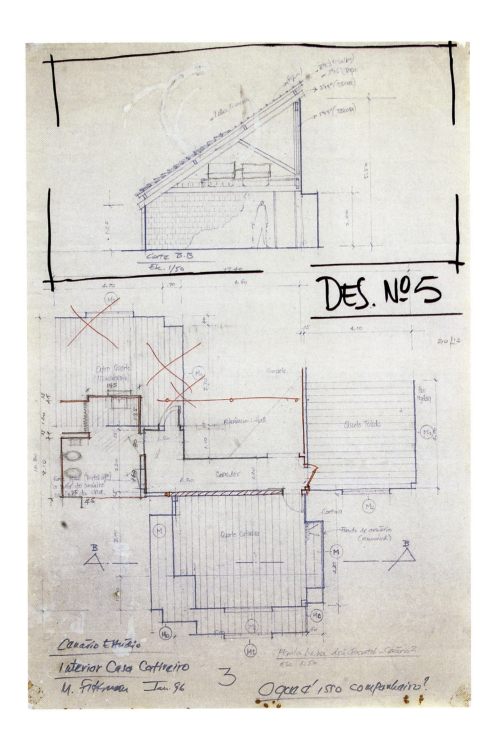

Projeto executivo: ambientes de 2º pavimento da casa/cativeiro do embaixador americano sequestrado, construído em estúdio.

O Xangô de Baker Street

Direção
Miguel Farias
Produção
Sky Light Cinema
Lançamento
2001

O Xangô de Baker Street foi um filme extremamente desenhado. De um lado, a comédia; de outro, o suspense. A gente queria que o público entrasse numa época em que o tempo era mais lento, as coisas aconteciam mais devagar – era o período pré-eletroeletrônico.

Para a direção de arte, o investimento mais importante foi o de aproximar a fotografia cinematográfica da pintura. Lauro Escorel, fotógrafo do filme, falava do tal verniz. Pesquisamos as referências pictóricas e históricas da segunda metade do século XIX.

Além de ser nossa referência permanente, usamos – já que filmávamos em um museu (o antigo Palácio Imperial da Quinta da Boa Vista) – o acervo do Museu de Belas Artes, de modo que as telas que estão nos cenários são as obras originais.

Quando examinamos a história do Brasil, percebemos que, naquela época, as praças eram muito comuns na cidade do Rio de Janeiro – várias atividades se davam nas áreas públicas. Então, achamos que deveria haver uma praça no filme. Fizemos dois espaços abertos, que eram um respiro em meio à constante perseguição da câmera aos personagens. Um deles foi a praça.

Pesquisa iconográfica: pintores como William Hogarth servem como referência para discussões entre o diretor de arte, o diretor e o diretor de fotografia. Fotógrafos como Marc Ferrez e Augusto Malta também são consultados.

A locação da antiga Casa da Moeda, na cidade do Rio de Janeiro, foi escolhida como base para o cenário da Praça de Comércio e para a Praça do Mercado do século XIX carioca. Abaixo, projeto das intervenções cenográficas sobre a fachada.

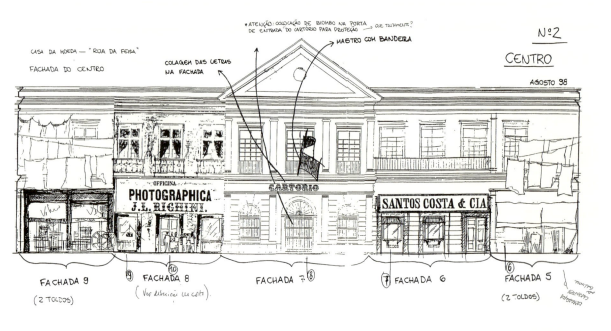

Adaptamos uma locação. O pátio interno de uma construção dessa época: a antiga Casa da Moeda, no centro da cidade, que estava abandonada. Não teríamos condições de construí-la do zero. Esse lugar serviu para montarmos o exterior da praça e alguns interiores, como a barbearia, o bar da caipirinha, a entrada para o alfaiate (todos esses em *link* direto), e outros, como a prisão e o necrotério. Todas as fachadas foram cenografadas com placas, vitrines, bancadas, mercadorias, criando um ambiente de comércio. Os edifícios originais eram todos iguais. Para criar uma variação, construímos, cenograficamente, intervenções para dinamizá-los visualmente e tirar aquela cara de coisa militar. Confeccionamos cortinas para as janelas superiores, fizemos as barracas e alugamos carroças e animais.

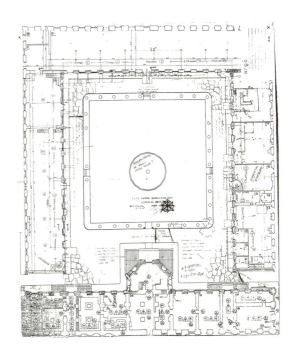

Praça do Mercado. Detalhes de elementos cenográficos especialmente construídos: o quiosque, típico equipamento urbano do século XIX, e as placas das fachadas do comércio. O cenário em filmagem recebe a figuração, adereços e objetos.

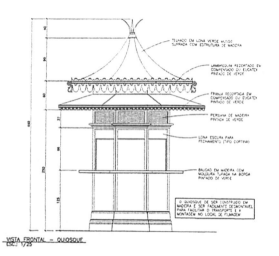

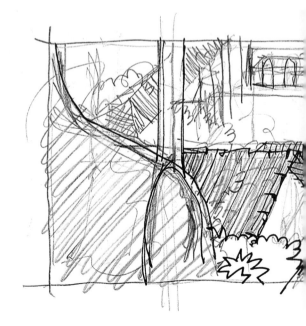

Os estudos de locação para ponto de vista da janela do assassino sobre a Praça do Comércio também estabelecem os limites do quadro.

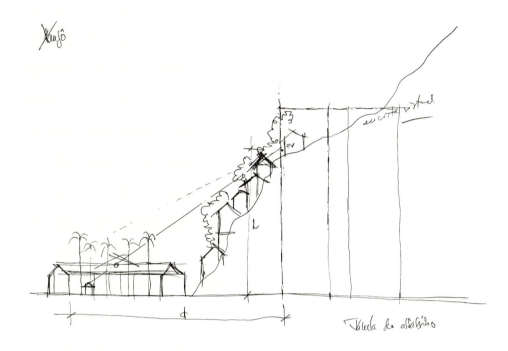

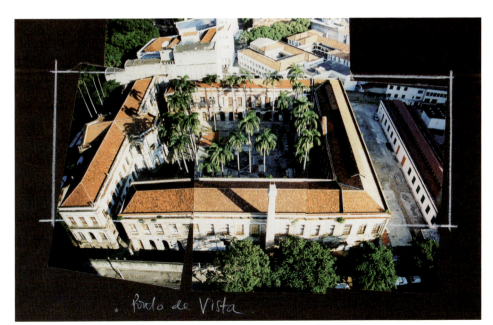

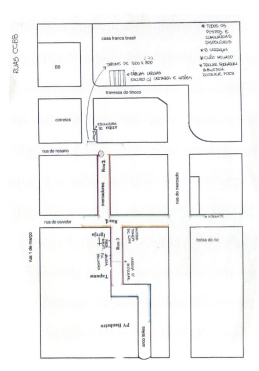

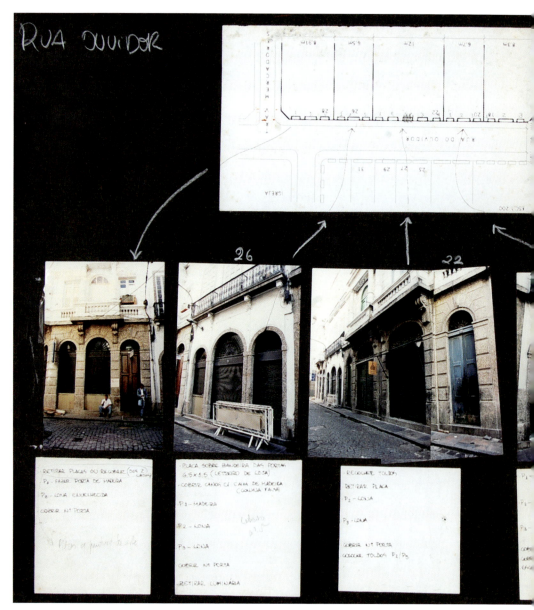

Ruas da cidade: a capital do Império brasileiro do filme é formada por diversas ruas cariocas e outras da cidade do Porto. A cada locação, uma lista de intervenções cenográficas própria. O mapa indica as áreas do centro histórico da cidade do Rio de Janeiro escolhidas como percurso dos personagens em diversos momentos.

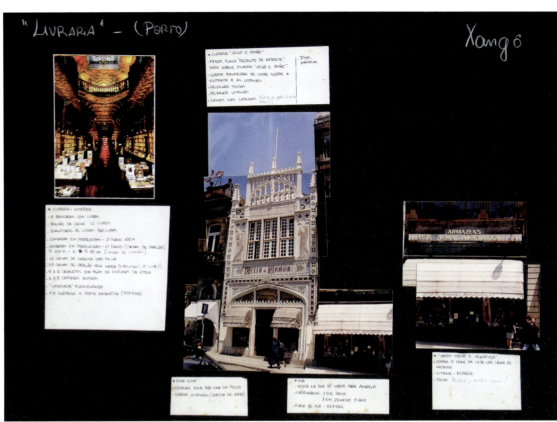

A livraria Lello e Irmão, na rua das Carmelitas, cidade do Porto, foi uma das locações escolhidas para o filme. Tanto a fachada quanto os interiores do edifício histórico foram utilizados como cenário.

Foi um filme baseado em locações adaptadas. Construímos apenas dois pequenos cenários em estúdio. Filmamos no Rio de Janeiro e na cidade do Porto, em Portugal. A pesquisa de locações foi exaustiva, e não medimos esforços nas adaptações, tanto nas ruas e praças quanto nos interiores. Nesse filme, em que os figurinos tinham grande importância, apoiei inteiramente os investimentos feitos em sua produção. A maioria das peças foi alugada em Londres. Lá, eles têm acervos que disponibilizam vestimentas para aluguel. Confeccioná-los, mesmo aqui, custaria bem mais caro.

Luteria: pesquisa iconográfica e esboço de cenário.

Para ser usado como fundo dos créditos, desenhamos um plano de quatro minutos: um passeio lento da câmera pela oficina de violinos do final do século XIX descreve a bancada com os instrumentos ainda inacabados, as ferramentas, as goivas, as pautas de música voando com o vento. Esse passeio por um mundo desconhecido e misterioso leva as pessoas à fantasia. É uma contribuição da cenografia para o cinema na criação da atmosfera.

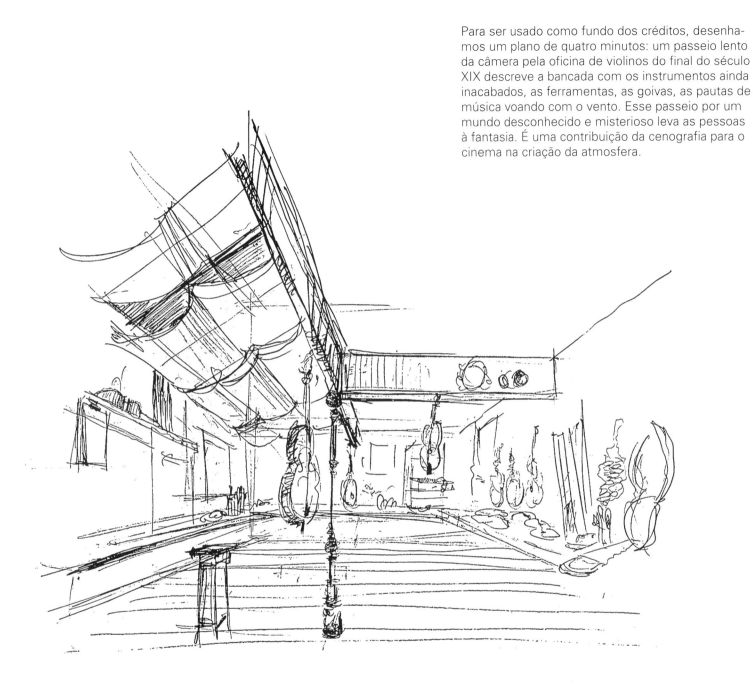

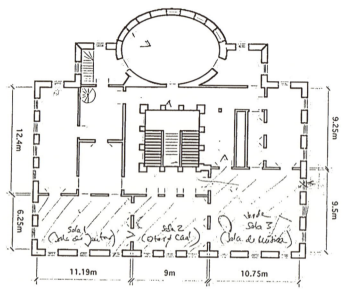
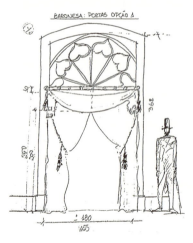

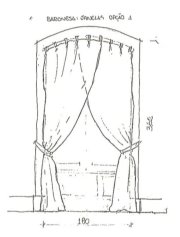
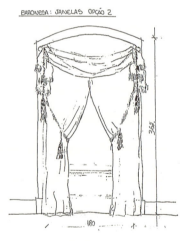

Casa da baronesa: cenário em locação adaptada. A casa da marquesa de Santos, na cidade do Rio de Janeiro, foi a locação escolhida, mobiliada e decorada. Cortinas foram especialmente desenhadas, confeccionadas e instaladas sem danificar o edifício tombado.

Marc Ferrez foi um dos fotógrafos estudados na pesquisa iconográfica realizada pela equipe de arte. À esquerda, na fotografia, princesa Isabel ao piano e a baronesa de Muritiba.

Na lista de afazeres preparada pela cenografia, vemos a paleta de cores escolhidas para a pintura dos diversos cenários, realizados em locações adaptadas.

Efeitos especiais são estudados na prancheta.

Quarto de hotel: projeto gráfico para confecção de papel de parede no qual um dos pássaros estampados levantará voo em cena de alucinação do personagem.

Baía de Guanabara: entrada da embarcação.
Estudos para a realização da passagem do navio que traz o detetive inglês ao Rio de Janeiro do século XIX.

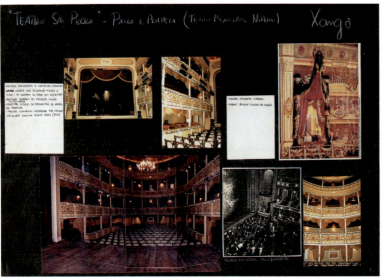

Teatro São Pedro: palco, plateia e camarote do imperador. Cenários realizados no Teatro Municipal, de Niterói. No palco, o quarto da Dama das Camélias e o telão de fundo figurando um bosque; no balcão nobre do teatro, sobre a plateia, a montagem do camarote imperial.
Ambos desenhados por Marcos Flaksman e equipe.

Sexo, amor e traição

Direção
Jorge Fernando
Produção
Total Entertainment/Globo Filmes/20th Century Fox
Lançamento
2004

Apartamento de Carlos e Ana: quarto do casal.

284

Sexo, amor e traição é uma versão brasileira do filme mexicano *Sexo, pudor y lágrimas*, de Antonio Serrano, lançado em 1999 com grande sucesso de público.

É um filme de uma piada. As comédias em geral partem de uma piada, uma situação inusitada, sobre a qual se criam cenas engraçadas. Nesse caso, trata-se da história de dois casais de amigos que moram em apartamentos vizinhos de frente. Os casais se separam – as duas ex-esposas decidem morar juntas, assim como os dois ex-maridos, dividindo os mesmos apartamentos. De suas janelas-varandas, os novos pares passam a assistir e espionar as aventuras uns dos outros.

Quando começamos a trabalhar, a produção tinha a ideia de resolver as questões de simultaneidade de ações entre os dois apartamentos por meio da aplicação de imagens em pós-produção. Decidimos que seria melhor construir um dos cenários em estúdio e o outro filmar em locação, e não depender de composições posteriores de imagem, que complicariam muito a filmagem. Porém, tínhamos de encontrar locações que tivessem a relação de vizinhança real entre o exterior daquele apartamento que construiríamos em estúdio com a fachada e o interior do que seria filmado em locação. Encontramos os dois apartamentos. Reconstruí a fachada de um deles no estúdio, em continuidade com seu interior, de tal maneira que criei um *link* de corte: o interior do apartamento construído no estúdio era totalmente diferente do original da locação, porém a fachada foi feita absolutamente igual à original. Jogamos, ainda, com elementos decorativos que colaboravam na fabricação da verossimilhança.

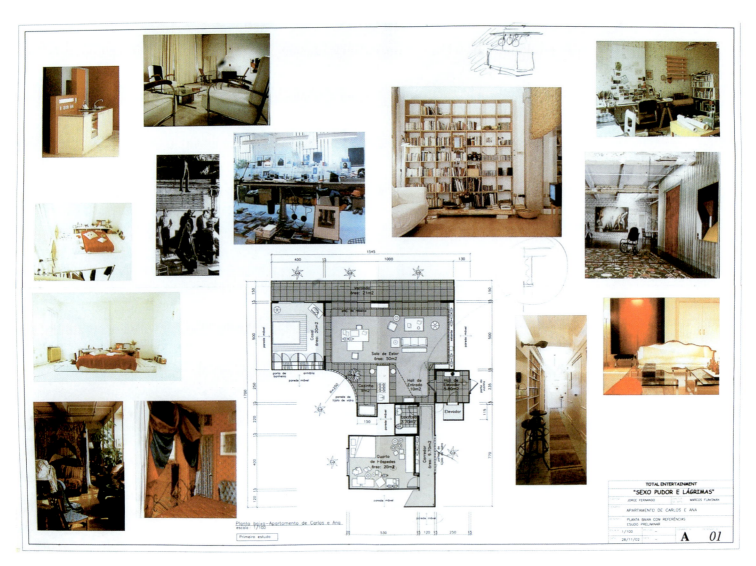

Apartamento de Carlos e Ana: planta e referências de objetos e decoração.

O apartamento do casal é projetado para ser construído em estúdio, tendo como fachada uma locação real.

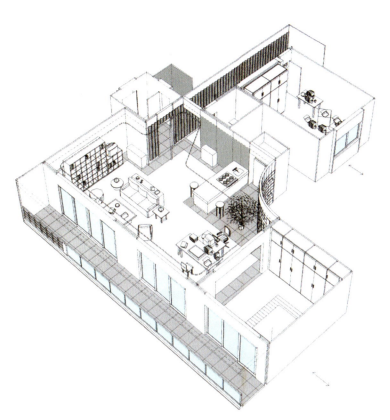

No cenário de estúdio, fizemos experiências interessantes com a angulação de painéis *back lights*[17] de *plotters*[18] fotográficos, que reproduziam a paisagem e o edifício vizinho. Posicionamos esses painéis em ângulo com o cenário. A fotografia da paisagem da janela foi feita em perspectiva, possibilitando quadros interessantes para a câmera.

Trabalhamos assim: Daniel [Daniel Flaksman, cenógrafo] desenvolvia no computador as plantas, vistas, detalhes e perspectivas a partir dos croquis que eu desenhava a mão. Reunimos as referências de cor, mobiliário e montamos pranchas de referência junto com a equipe.

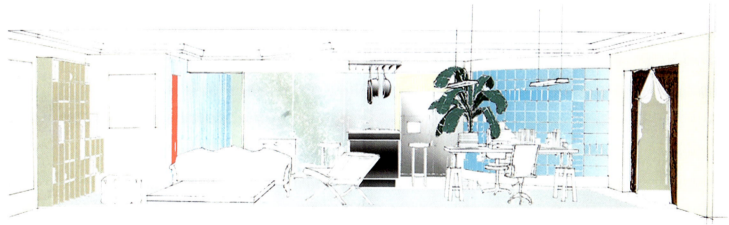

17
Painéis *back lights* são painéis confeccionados em suporte translúcido, nesse caso impressos fotograficamente, iluminados por trás, muitas vezes utilizados para a simulação da paisagem externa ao cenário, como vistas de janelas e portas.

18
O termo *plotters* significa, nesse caso, reproduções fotográficas impressas digitalmente em grandes dimensões e alta resolução de imagem.

Fotografia de cena: apartamento de Carlos e Ana.

288

Apartamento de Carlos e Ana e apartamento de Miguel e Andréia: vistas da janela.

Estudo dos ângulos de visão de um apartamento ao outro, situação essencial para o desenvolvimento da narrativa. No alto, representação em perspectiva da vista do apartamento de Carlos e Ana desde a varanda de Miguel e Andréia. Ao lado, o contraplano, a vista do apartamento de Miguel e Andréia a partir da varanda de Carlos e Ana. Este estudo resultou na confecção de dois telões de fundo a serem utilizados no estúdio.

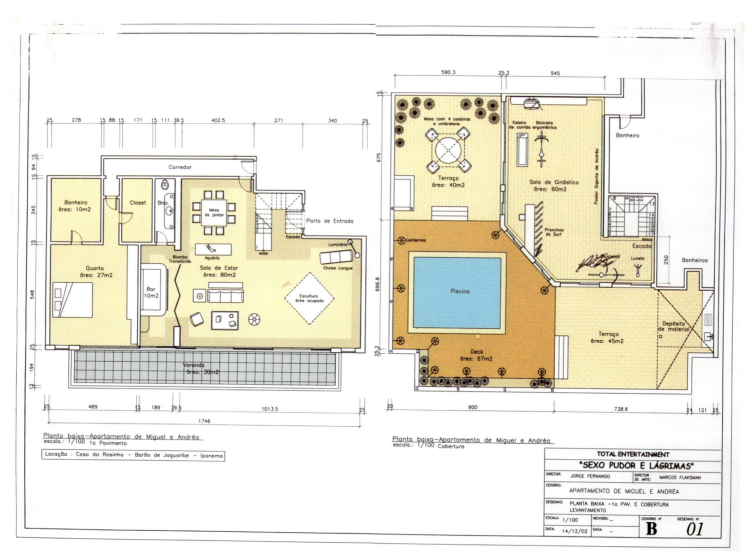

Apartamento de Miguel e Andréia: projeto de cenário em locação adaptada. Foram utilizados os dois andares da cobertura duplex na Barra da Tijuca.

Fotografia de cena: apartamento de Miguel e Andréia.

Se eu fosse você

Direção
Daniel Filho
Produção
Total Entertainment
Lançamento
2006

Texto elaborado com base na entrevista de Marcos Flaksman à autora, em 2004, complementada pelo depoimento de Daniel Flaksman, cenógrafo do filme.

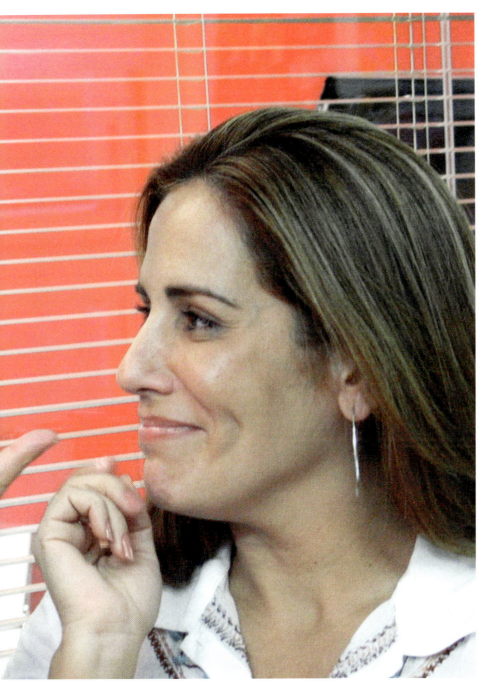

O mundo do cinema do Daniel Filho, o diretor de *Se eu fosse você*, parte do universo do próprio cinema. Esbarra no real, porque o tem como referência. Mesmo assim, ele só entra no real até o ponto em que é importante para o filme ou para a piada. O mundo dessas comédias românticas não existe na vida, mas sim no cinema. O sucesso desse tipo de filme está no desejo do público de ver uma realidade reconstruída "do modo que poderia ser".

A piada básica desse filme é a troca de identidade entre um casal de classe média alta. Casados há vinte anos, ela, uma professora de piano, e ele, dono de uma agência de publicidade, acordam um dia com seus corpos trocados. A partir daí, episódios cômicos se sucedem na vivência das situações cotidianas de um pelo outro. Uma história simples, sem maiores conflitos. Criamos um universo confortável para esses personagens. Um mundo que pode ser encontrado na Barra da Tijuca ou em qualquer *shopping center* ou condomínio fechado de São Paulo.

Daniel Filho é um diretor que reforça a importância de cada escolha de locação, de cada cenário. Ele sabe que, ao discutir qual a locação ideal para filmarmos, está discutindo dramaturgia. E é disso que a gente gosta.

O cenário da agência de publicidade Total foi realizado a partir da adaptação de uma das salas de uma escola desativada no bairro Alto da Boa Vista, na cidade do Rio de Janeiro.

Fotografias de locação em processo de adaptação segundo os desenhos de projeto. Traços digitais oferecem diversos pontos de vista do cenário da agência Total.

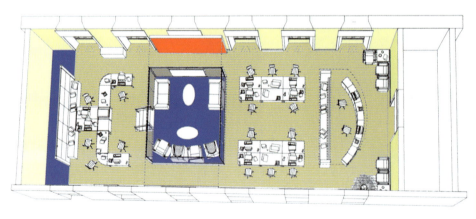

Nesse filme, fizemos uma adaptação de locação *sui generis*. Tratava-se do cenário de uma agência de publicidade contemporânea, moderna e em expansão. Em vez de construirmos em estúdio, optamos por utilizar uma locação que, além de nos oferecer diferentes ambientes para vários cenários do filme, tinha uma grande sala que poderia ser adaptada para a agência Total. Seu estilo arquitetônico, neoclássico, não interessava a esse cenário, mas podíamos contar com as bases da construção – o piso de tábua corrida, as paredes de alvenaria e o teto com pé-direito alto –, o que significava uma boa economia e viabilizava o projeto. Construímos uma série de elementos para encobrir o estilo não desejado.

Na verdade, era como um estúdio, porém com custos muito menores e com a vantagem de podermos usar as fugas naturais das janelas. Tratava-se de uma escola desativada, no bairro carioca Alto da Boa Vista, e lá também adaptamos cenários como a sala de aula de música, o consultório do psicanalista, o escritório de um e de outro personagem. Esse edifício tornou-se a base de filmagem.

O quarto do casal foi construído em estúdio para garantir liberdade total à câmera na captação de cenas vitais para o filme. O restante da casa foi produzido em uma outra locação. O resultado foi bom.

A suíte do casal: um cenário construído em estúdio formado por espaços contínuos – quarto e banheiro.

A escola desativada serviu para a montagem de vários cenários, como o consultório do psiquiatra e a sala de aula de música, viabilizando a logística da produção.

O veneno da madrugada

Direção
Ruy Guerra
Produção
Lagoa Cultural/ Sky Light Cinema
Lançamento
2005

Depoimento prestado por Marcos Flaksman em entrevista à autora, em 2004, complementado por trechos do texto escrito pelo diretor de arte no catálogo da exposição *Desenhando um filme*, Rio de Janeiro, Espaço Oi Futuro, 2009.

Para fazer *O veneno da madrugada*, lemos, além do roteiro, o romance homônimo do Gabriel García Márquez, que é bonito, mas a saga se completava mesmo com a leitura da obra *Cem anos de solidão*, do mesmo autor.

Saímos à procura daquilo que todos nós conhecíamos e podíamos pré-visualizar. Havia uma descrição simples, de um conjunto arquitetônico comum, que existe em todo lado: uma praça com uma igreja e um casario em volta. Procurou-se no Brasil todo, de norte a sul, e foram encontradas, pelo menos, umas trinta locações que correspondiam à descrição dada. Mas não era aquilo que procurávamos. O que queríamos era uma ilustração daquilo, e essa não existia. Decidimos, então, construir. Construir para filmar em planos-sequência, com *links* diretos que não obrigassem o corte de passagem de exterior para o interior.

Queríamos que essa arquitetura fosse identificada como latino-americana, porém sem nacionalidade definida. O período também era meio indefinido, como uma cidade fantasma perdida no tempo, no meio do nada. A história é contada em diferentes vetores de tempo, e para isso nos detivemos longamente na geografia dessa praça. A ação se passa no período de 36 horas e chove todo o tempo. Do lado de fora, lama.

O interior da igreja foi filmado em outra locação, bem como a casa da viúva, a casa de dom Sabas e o acampamento do circo. O barco e a vaca encalhada foram filmados na Argentina.

O Ruy [Ruy Guerra, diretor] trabalhou comigo aqui no escritório. Ele ficou namorando a maquete, e a gente estudou cada posição de câmera.

Este filme é todo em preto e amarelo, e as outras cores, do figurino ou de um ou outro objeto, passeiam sobre elas. A base é o barro, a lama.

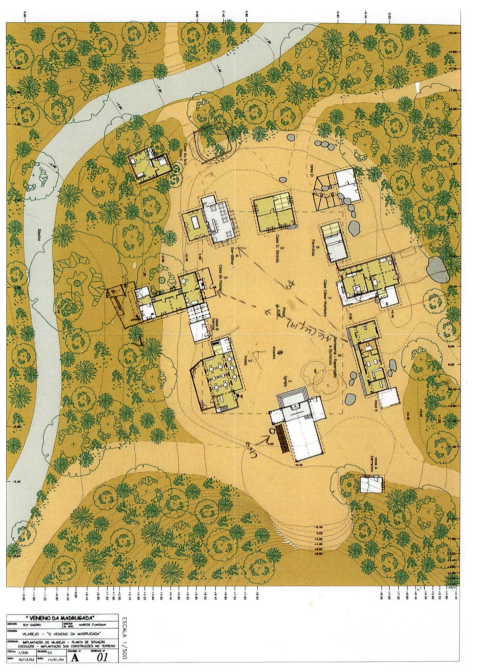

A vila cenográfica foi planejada para ser construída em um terreno no município de Xerém, no Rio de Janeiro, projeto desenvolvido em desenho e maquete.

Exterior da igreja na vila cenográfica – referências de forma e acabamento e projeto executivo: planta, cortes e elevações.

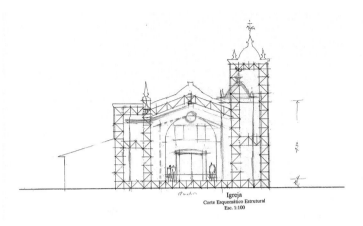
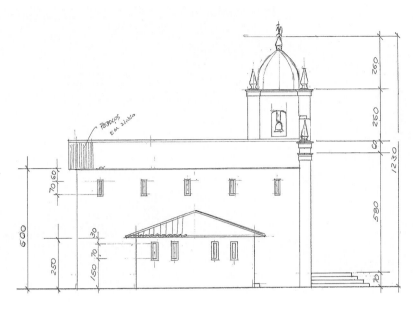
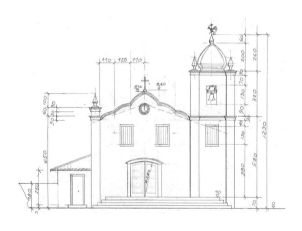
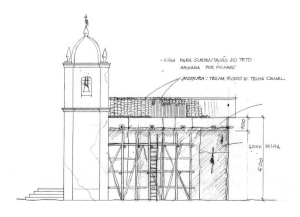
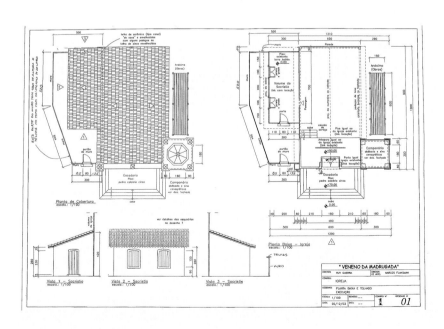

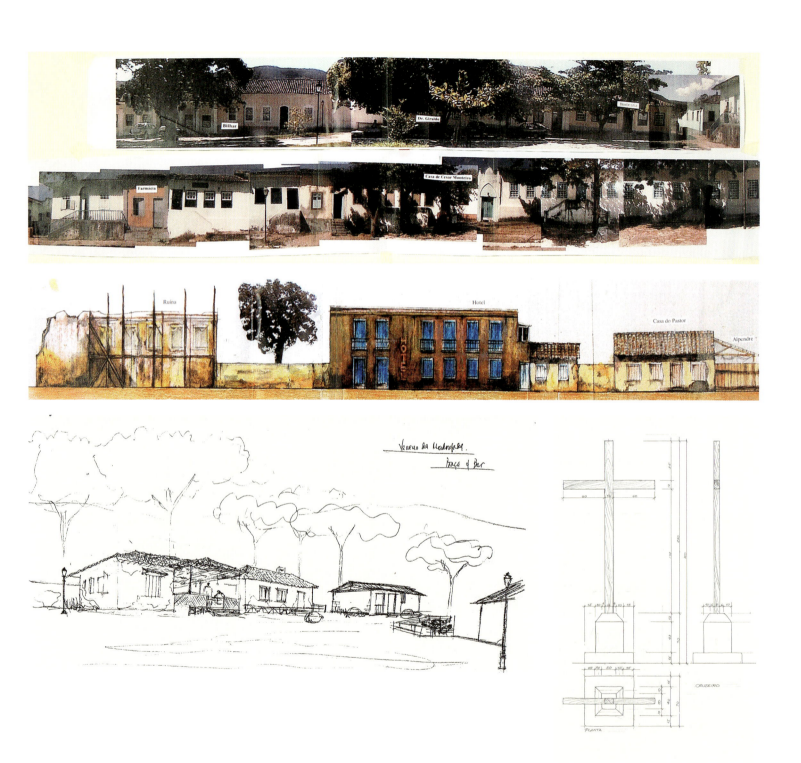

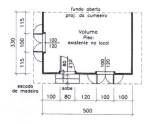

Exterior das casas e hotel da vila cenográfica: referências de forma e acabamento, esboço do cenário e um exemplo de projeto das casas de figuração. Em detalhe, o projeto do cruzeiro da praça.

Vila cenográfica, o dia a dia da construção.

O hotel: planta de piso, cobertura e vista.

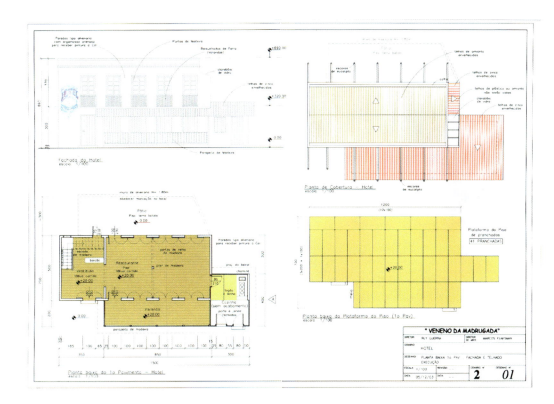

A cidade cenográfica quase sempre coberta por nuvens e chuva, como descrita no roteiro. Efeitos especiais produzidos durante a filmagem, por uma equipe especializada.

Interiores e exteriores da vila cenográfica.

Irma Vap – o retorno

Direção
Carla Camuratti
Produção
Copacabana Filmes
Lançamento
2006

Este texto foi elaborado com base na entrevista de Marcos Flaksman à autora, em 2004, complementada pelo depoimento de Daniel Flaksman, cenógrafo do filme.

Plateia do teatro. Marco Nanini e Ney Latorraca caracterizados como Cleide e Odete, irmã de Tony, mãe de Darcy, personagens masculinos vividos também pelos dois atores.

Este filme é uma adaptação de uma peça-ícone do *pop* inglês. Foi um grande sucesso nos teatros. A adaptação para o cinema era uma fusão de duas referências: o filme *O que aconteceu com Baby Jane*, um clássico de Hollywood dirigido por Robert Aldrich, de 1962, e a própria peça *O mistério de Irma Vap*, de Charles Ludlam, dirigida no Brasil por Marília Pêra e encenada por Marco Nanini e Ney Latorraca, os mesmos atores do filme.

Colocavam-se aí duas grandes dificuldades. De um lado, tínhamos atores contracenando consigo mesmos, encarnando personagens masculinos e femininos na mesma cena: o casal de irmãos Tony e Cleide, vividos por Marco Nanini; a mãe Odete e seu filho Darcy Lopes, incorporados por Ney Latorraca. De outro, tínhamos a necessidade de clareza para a leitura dos personagens "reais" e os da peça teatral.

Nesse filme, a imagem do mundo real, principalmente a casa de Cleide e Tony, é baseada no mundo teatral clássico, barroco. Escolhemos como locação da fachada da casa o palacete Joaquim Franco de Mello, na avenida Paulista, em São Paulo – um dos últimos representantes das mansões ecléticas do começo do século XX da cidade. Os interiores do casarão, construídos em estúdio no Rio de Janeiro, trazem esse caráter rococó, assim como a caracterização visual de Cleide, personagem que habita esse ambiente. Trata-se de uma mistura entre o mundo contemporâneo, da avenida Paulista, com esse lado teatral que permeia toda a história.

O cinema admite tudo, tem essa liberdade poética que pode até construir filmes como *Dogville*, de Lars von Trier. A partir do momento em que você faz uma opção estética para a imagem de um filme, aposta nela e vai.

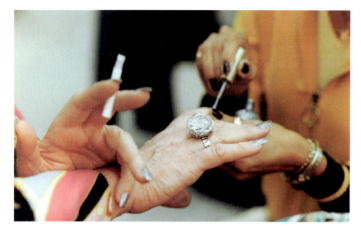

A transformação dos dois atores no camarim de figurino e maquiagem.

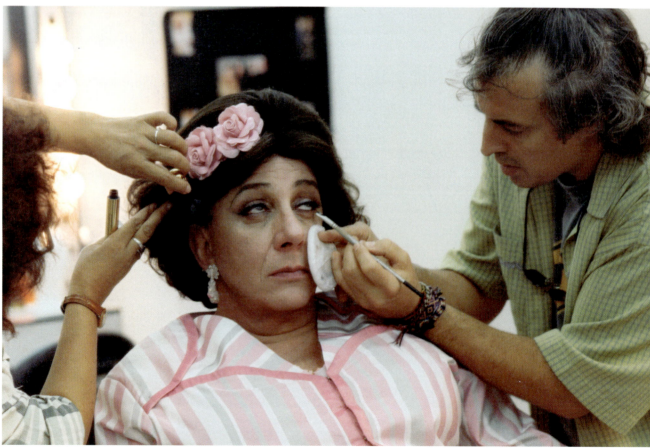

O palacete Joaquim Franco de Mello, marco da arquitetura da avenida Paulista, foi adotado como a fachada da casa dos irmãos Tony e Cleide.

19
Camadas de imagem filmadas em registro para posterior fusão.

Já o cenário da peça *O mistério de Irma Vap* montada dentro do filme, desenhado pelo cenógrafo e artista multimídia Muti Randolph, é um elemento totalmente diferente.

Os cenários da casa foram feitos de maneira a acolher uma tecnologia que permitia construir cenas com um único ator fazendo dois personagens que contracenam entre si, contando, inclusive, com movimentos de câmera, sem precisar cair na armadilha em que irmãos gêmeos feitos por um único ator aparecem sempre de costas um para o outro. Filmamos em *layers*[19] sobrepostos, com a colaboração de um dublê.

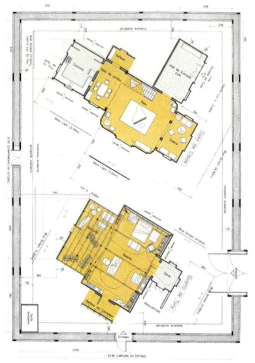

Projeto dos interiores da casa dos irmãos Tony e Cleide a serem construídos em estúdio, tendo como referência o palacete na Paulista.

Casa de Tony e Cleide – elementos construtivos da locação de exterior que serão reproduzidos no cenário dos ambientes internos da casa montados em estúdio: o *hall* de entrada e as janelas.

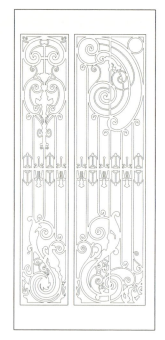

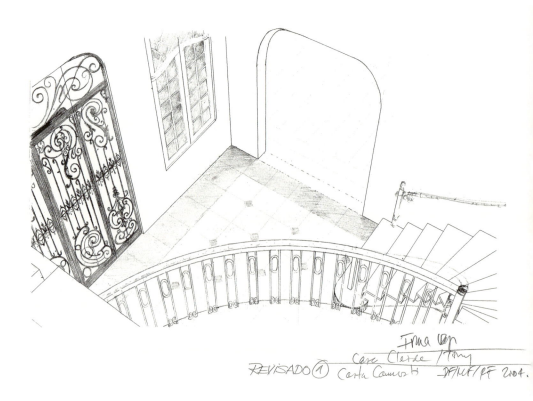

Estudo das vistas das janelas da locação para a confecção de painéis fotográficos de reprodução dos jardins no estúdio.

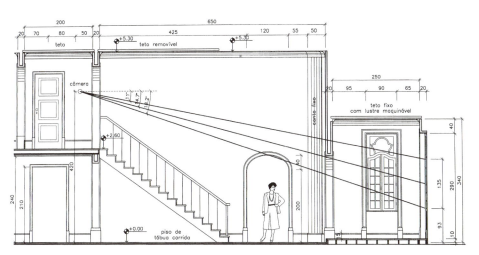

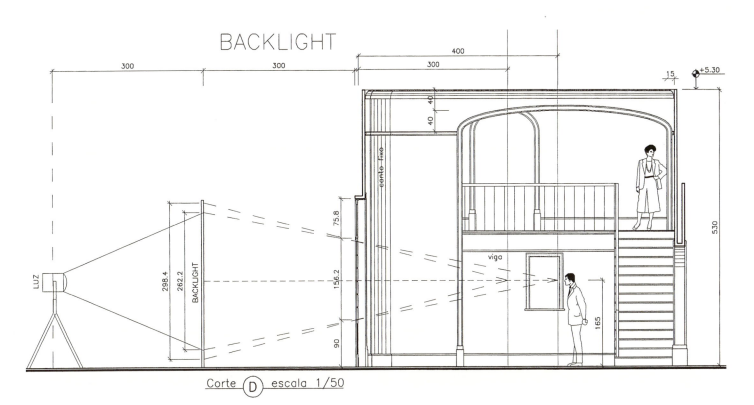

Casa dos irmãos
Tony e Cleide.

O espetáculo de teatro dentro do filme foi realizado com cenografia de Muti Randolph e figurinos de Marília Brito.

Os atores usavam um ponto eletrônico que possibilitava ouvir as instruções de Carla [Carla Camuratti, diretora]. Havia uma pequena ilha de edição no estúdio. Primeiro, o ator ensaiava um de seus personagens contando com um *stand in*[20] que dava a referência do outro personagem em cena (vestido de verde, para que fosse posteriormente apagado da imagem). Colocávamos, então, pontos de referência no ar para dirigir seu olhar, e o ator reensaiava. Captávamos esses ensaios (normalmente fazíamos a cena de Cleide primeiro, pois era uma maquiagem mais complicada). Depois escolhíamos o *take* que seria realmente utilizado, gabaritávamos o movimento de câmera, congelávamos os cenários em absoluta continuidade, para a captação dos outros *layers* do mesmo plano – o cenário vazio e o trabalho do mesmo ator na pele do outro personagem. Os cenários eram normais, sem efeitos especiais, tudo estava lá, como se fosse uma filmagem normal.

20
Em cinema, essa expressão designa uma pessoa que substitui os atores e atrizes, para servir de referência a procedimentos técnicos, como ensaios de câmera ou de efeitos especiais e iluminação.

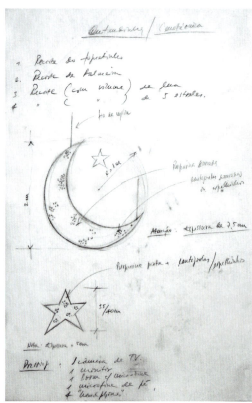

Desenhos de cenário e fotografia de cena dos programas de sucesso da personagem Cleide, apresentados como *flashback*.

Marcos Flaksman
Filmografia

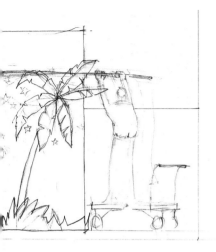

Garota de Ipanema
1967
Direção
Leon Hirszman
Produção
Saga Filmes
Fotografia
Ricardo Aronovich
Participação de M. Flaksman:
Cenografia e figurino

Brasil ano 2000
1968
Direção
Walter Lima Jr.
Produção
Mapa Produções Cinematográficas
Fotografia
Guido Cosulich
Participação de M. Flaksman:
Cenografia e figurino
(com Vicente Más e Luís Carlos Ripper, respectivamente)

Os sete gatinhos
1980
Direção
Neville D'Almeida
Produção
Terra Filmes Ltda./Embrafilme
Fotografia
Edson Santos
Figurino
Mauricio Sette
Participação de M. Flaksman:
Cenografia

Feitiço do Rio
(Blame It on Rio)
1984
Produção
Stanley Donen – EUA
Direção
Stanley Donen
Fotografia
Reynaldo Villalobos
Participação de M. Flaksman:
Direção de arte

A floresta das esmeraldas
(The Emerald Forest)
1984
Direção
John Boorman
Produção
Goldcrest – Reino Unido
Fotografia
Philippe Rousselot
Figurino
Clóvis Bueno e Christel Kruse Boorman
Participação de M. Flaksman:
Direção de arte

Selva viva
(Where the River Runs Black)
1985
Direção
Christopher Caine
Produção
CBS Entertainment Production e MGM – EUA
Fotografia
Juan Ruiz Anchia
Cenografia
Paulo Flaksman
Participação de M. Flaksman:
Direção de arte

Ruas de ouro
(Streets of Gold)
1986
Direção
Joe Roth
Produção
Roundhouse – EUA
Fotografia
Arthur Albert
Figurino
Jeffrey Kurland
Cenografia
Bill Pollock
Participação de M. Flaksman:
Direção de arte

Running Out of Luck
1987
Direção
Julien Temple
Produção
Mick Jagger e CBS Records – EUA
Fotografia
Oliver Stapleton
Participação de M. Flaksman:
Direção de arte

Barrela, escola do crime
1990
Direção
Marco Antonio Cury
Produção
Nadia Filmes Ltda./Embrafilme
Fotografia
Antonio Penido
Figurino
Adriana Leite
Participação de M. Flaksman:
Direção de arte e cenografia

O mistério de Robin Hood
1990
Direção
José Alvarenga Jr.
Produção
RA Renato Aragão Produções Artísticas Ltda./Embrafilme
Fotografia
Walter Carvalho
Figurino
Bárbara Mendonça e Sandra Bandeira
Participação de M. Flaksman:
Direção de arte e cenografia

Os Trapalhões e a árvore da juventude
1991
Direção
José Alvarenga Jr.
Produção
RA Renato Aragão Produções Artísticas Ltda.
Fotografia
Walter Carvalho
Figurino
Bárbara Mendonça
Participação de M. Flaksman:
Direção de arte

O que é isso, companheiro?
1997
Direção
Bruno Barreto
Produção
LC Barreto Produções
Cinematográficas
Fotografia
Félix Monti
Figurino
Emília Duncan
Cenografia
Alexandre Meyer
Participação de M. Flaksman:
Direção de arte

Villa-Lobos, uma vida de paixão
2000
Direção
Zelito Viana
Produção
Produções Cinematográficas
Mapa Ltda.
Fotografia
Walter Carvalho
Figurino
Marília Carneiro
Cenografia
Alexandre Meyer
Participação de M. Flaksman:
Direção de arte

A partilha
2001
Direção
Daniel Filho
Produção
Lereby Produções/Globo Filmes/
Columbia Tristar Filmes do Brasil
Fotografia
Félix Monte
Figurino
Marília Carneiro
Cenografia
Daniel Flaksman e Ricardo Pereira
Participação de M. Flaksman:
Direção de arte

A garota do Rio
(Chica de Río/Girl from Rio)
2001
Direção
Christopher Monger
Produção
Antena 3/Casanova Pictures/Celtic
Films – Espanha/Reino Unido
Fotografia
José Luis Alcaine
Direção de arte
Charles Garrad
Figurino
Michele Clapton e Bia Salgado
Participação de M. Flaksman:
Cenografia (com Chris Lowe)

O Xangô de Baker Street
2001
Direção
Miguel Faria Jr.
Produção
Sky Light Cinema/MGN Filmes –
Brasil/Portugal
Fotografia
Lauro Escorel
Figurino
Marília Carneiro
Cenografia
Alexandre Meyer
Participação de M. Flaksman:
Direção de arte

O vestido
2001
Direção
Paulo Thiago
Produção
Vitória Produções Cinematográficas
Fotografia
Guy Conçalvez
Figurino
Kika Lopes
Cenografia
Daniel Flaksman e Paulo Kruckoski
Participação de M. Flaksman:
Direção de arte

Benjamim
2003
Direção
Monique Gardenberg
Produção
Natasha e Dueto Filmes
Fotografia
Marcelo Durst
Figurino
Marcelo Pies
Cenografia
Daniel Flaksman
Participação de M. Flaksman:
Direção de arte

Sexo, amor e traição
2004
Direção
Jorge Fernando
Produção
Total Entertainment/Globo
Filmes/20th Century Fox
Figurino
Marília Carneiro
Cenografia
Daniel Flaksman e Ricardo Ferreira
Participação de M. Flaksman:
Direção de arte

O veneno da madrugada
2005
Direção
Ruy Guerra
Produção
Lagoa Cultural/ Sky Light Cinema
Fotografia
Walter Carvalho
Figurino
Kika Lopes
Cenografia
Daniel Flaksman e Ricardo Ferreira
Participação de M. Flaksman:
Direção de arte

Se eu fosse você
2006
Direção
Daniel Filho
Produção
Total Entertainment
Fotografia
José Roberto Eliezer
Figurino
Beth Filipeck
Cenografia
Daniel Flaksman e Ricardo Ferreira
Participação de M. Flaksman:
Direção de arte

Irma Vap – o retorno
2006
Direção
Carla Camurati
Produção
Copacabana Filmes/Pequena
Central de Produções
Fotografia
Lauro Escorel
Figurino
Cao Guimarães
Cenografia
Daniel Flaksman e Ricardo Ferreira
Cenografia do espetáculo teatral
Muti Randolph
Participação de M. Flaksman:
Direção de arte

Zuzu Angel
2006
Direção
Sérgio Rezende
Produção
Toscana Audiovisual
Fotografia
Pedro Farkas
Figurino
Kika Lopes
Cenografia
Daniel Flaksman e Ricardo Ferreira
Participação de M. Flaksman:
Direção de arte

Primo Basílio
2007
Direção
Daniel Filho
Produção
Lereby Produções/Total
Entertainment
Fotografia
Nonato Estrela
Figurino
Marília Carneiro
Cenografia
Maurício Bevilacqua e
Ricardo Ferreira
Participação de M. Flaksman:
Direção de arte

A grande família, o filme
2007
Direção
Maurício Farias
Produção
Europa Filmes/Globo Filmes
Fotografia
José Guerra
Figurino
Marília Carneiro
Cenografia
Luciane Marcolino
Participação de M. Flaksman:
Direção de arte

A casa da mãe Joana
2007
Direção
Hugo Carvana
Produção
Mac Comunicação e Produção/
Globo Filmes
Fotografia
Lauro Escorel
Figurino
Kika Lopes
Participação de M. Flaksman:
Direção de arte

Se eu fosse você 2
2009
Direção
Daniel Filho
Produção
Total Entertainment
Fotografia
Nonato Estrela
Figurino
Marília Carneiro
Participação de M. Flaksman:
Direção de arte

Budapeste
2009
Direção
Walter Carvalho
Produção
Nexus Cinema
Fotografia
Lula Carvalho
Figurino
Kika Lopes
Cenografia
Zoltan Horvath
Participação de M. Flaksman:
Direção de arte

Tempos de paz
2009
Direção
Daniel Filho
Produção
Lereby Produções
Fotografia
Tuca Moraes
Figurino
Marília Carneiro
Participação de M. Flaksman:
Direção de arte

High School Musical – o desafio
2010
Direção
César Rodrigues
Produção
Walt Disney Motion Pictures Brasil/
Total Entertainment
Fotografia
José Roberto Eliezer
Figurino
Ellen Mellet
Participação de M. Flaksman:
Direção de arte

Adrian Cooper

Por acaso me profissionalizei em artes plásticas e cinema, mas também trabalhei em fábricas, fui lixeiro, motorista de caminhão de longa distância, já trabalhei em fazenda ordenhando vacas. Ou seja, fiz coisas que aparentemente não têm nada a ver com a minha profissão atual, mas não passa um dia de trabalho sem que, em algum momento, essas experiências de vida voltem e me ajudem a entender melhor o que estou fazendo naquela hora, naquele filme. Toda a nossa experiência é um mar em que a gente pesca para enriquecer o nosso próprio trabalho.
Adrian Cooper, 2004

Nascido na pequena cidade inglesa de Paignton – condado de Devon – no ano de 1945, Adrian Cooper frequentou, desde os 13 anos de idade, cursos voltados para a área artística: desenho, gravura, pintura, modelagem e fotografia. Terminou por ingressar no Guildford College of Art, escola de cinema e televisão. Porém, seu profundo envolvimento com o movimento estudantil de 1968 levou-o a abandonar os estudos em seu ano conclusivo.

Com o cinema inglês em crise, Adrian acompanhou o movimento migratório da classe cinematográfica de seu país e iniciou uma trajetória pelos Estados Unidos e países da América Latina. Exerceu diversas funções nas equipes de produção, como fotografia, câmera, som, montagem, atuando até na distribuição. A mobilidade entre as diversas áreas do cinema caracteriza sua carreira.

"Aprendendo na marra", Adrian firmou-se como fotógrafo documentarista no México e realizou inúmeros trabalhos para redes de TV, como a BBC, ABC e CBC. "Fiz muitos documentários e filmei o momento político nos Estados Unidos e no mundo. Parecia que a revolução ia acontecer naquele momento: 1969. Estudantes, índios, mulheres – era tudo explodindo e eu correndo atrás com uma câmera, queimando negativo", declara em entrevista à autora, em 2004.

No Chile de Allende, já nos anos 1970, chegou a colaborar como fotógrafo com os grandes diretores Raoul Ruiz e Miguel Littín, além de conhecer alguns dos mais importantes profissionais do cinema brasileiro, entre eles os fotógrafos Affonso Beato e Lauro Escorel. Este último, por sinal, acabaria por trazê-lo definitivamente ao Brasil em 1975, onde fotografaria, entre outros, o documentário *ABC da greve*, de Leon Hirszman.

A ficção entrou em sua vida em 1974, quando fotografou dois filmes estrangeiros – *Après la mort d'Angelina*, de Isabelle Huizi, e *Dueña de casa*, de Valeria Sarmiento. No Brasil, fotografou filmes como *O país dos tenentes* (1987), de João Batista de Andrade, *O beijo 2348/72* (1987-1988), de Walter Luís Rogério, e *Contra todos* (2004), de Roberto Moreira.

Em meados dos anos 1980, um convite inesperado dá início a uma guinada em seu trabalho no cinema: André Klotzel o convida para assumir a direção de arte de *A marvada carne*. Nessa área nunca havia trabalhado antes, mas decidiu aceitar o desafio. A partir de então, tem participado, na direção de arte, de importantes produções nacionais – *Uma vida em segredo* (2001), de Suzana Amaral; *Desmundo* (2002), de Alain Fresnot, e *Batismo de sangue* (2006), de Helvécio Ratton –, tornando-se uma referência entre os profissionais da área.

Adrian Cooper em sua casa em São Paulo, SP, 2004.

Adrian Cooper

No fim dos anos 1960, o cinema inglês, que tinha vivido uma revitalização chamada na época de "novo cinema inglês", estava em meio a uma crise muito forte, em grande parte por causa da atitude agressiva dos grandes estúdios americanos. A Inglaterra transformou-se em um lugar perfeito para eles filmarem: contava com estúdios e profissionais de alta qualidade, a um custo bem inferior ao que havia nos Estados Unidos.

Muita coisa maravilhosa aconteceu no cinema europeu nos anos 1960. Foi uma explosão do Leste – Polônia, Hungria, Tchecoslováquia – que apresentava visões frescas e renovadoras. O cinema italiano era riquíssimo, e o francês estava produzindo filmes apaixonantes. Eu quase não conhecia o cinema latino-americano. Naquela época me alimentava do novo cinema europeu e, obviamente, do cinema americano.

Basicamente, o cinema comercial era colorido, e o de arte era em preto e branco. As exceções ficavam por conta de alguns diretores como Antonioni, que de repente resolvia fazer algum filme em cor, e Fellini. Nessa época, a experiência de cinema que me mobilizava, que mexia com a minha cabeça, era em PB. Eu me lembro, quando mais tarde me tornei fotógrafo, da sensação de filmar em cor: o mundo mudou para mim. Começava a ver cores que não havia notado antes, mesmo tendo estudado artes plásticas. A meu ver, a cor demorou para encontrar a mesma expressividade que sentíamos no preto e branco.

Assim que cheguei ao Brasil, em 1975, senti que a linguagem do cinema brasileiro era muito diferente da que eu via no Chile e no México. Parecia um cinema mais maduro, com propósitos mais abrangentes. Enquanto, de modo geral, o cinema latino-americano era muito político, até panfletário, aqui as questões eram mais psicológicas. O cinema brasileiro era mais livre, muito mais preocupado, esteticamente, com histórias talvez mais humanas, mais difusas, menos diretamente ligadas às relações sociais pura e simplesmente.

Quando cheguei, me considerava tanto fotógrafo quanto técnico de som, montador, só depois surgiria o diretor de arte. Foi aqui que comecei a perceber que o cinema não era assim, que você tinha de definir muito bem qual a sua função, senão ninguém ia entender como poderia encaixá-lo numa equipe. Atualmente, eu concordo com isso, mas ainda acho que, para a gente jovem, que está aprendendo, essa pressão pela especialização é muito castradora. É uma pena, porque a amplitude de experiência em cinema é muito importante. Eu sei que aprendo muito sobre fotografia quando estou fazendo direção de arte e vice-versa.

Na fotografia ou na direção de arte de um filme vou trilhando o mesmo caminho até certo momento: as primeiras leituras do roteiro, a maneira de você pensar sobre os personagens, a visualização do que lê. De repente, vem uma bifurcação. Quando estou trabalhando na direção de arte, começo a pensar em coisas sólidas – estruturas e espaços físicos, cores e texturas como coisas concretas; quando estou fotografando, fico mais aéreo – penso em luz, e também me vêm as cores, mas no ar.

A marvada carne, de André Klotzel, 1985.

Na fotografia, os personagens e as cenas representam coisas que são traduzíveis em termos de movimento, em luz e sombra, e tento criar um mundo em que esses personagens têm representações: o personagem A representa a luz, o sol; o personagem B é o contrário, remete ao luar, à sombra. Como fotógrafo, nunca diria o que disse em *A marvada carne*: "A figura do Totó e da casa dele é alguma coisa que me lembra um queijo – assim, baixinha e meio arredondada". Não pensaria nesses termos como fotógrafo, minha cabeça estaria em outra esfera.

Eu diria que há um tripé básico de criação em todos os filmes, e o filme só funciona na medida em que esse tripé é sólido: a direção, a direção de arte e a direção de fotografia. Essas três pessoas lidam com conceitos muito abstratos, e o entendimento entre elas é fundamental para que todos estejam fazendo o mesmo filme. Cada um dá, a partir de sua perspectiva, elementos absolutamente essenciais. Como se um filme fosse um bicho andando com três pares de pernas. Esse entendimento é uma questão de empatia, uma química especial.

O roteiro é a primeira coisa que a gente tem em comum. A leitura que você faz do roteiro pode apresentar uma visão completamente nova para a direção. Quando leio o roteiro e penso sobre a arte de um filme, a primeira coisa que faço é me acostumar com a realidade na qual ele está enraizado. Você tem de acreditar no mundo em que os personagens estão vivendo. Pode ser que nunca tenha visto esse mundo antes, mas ele tem de se tornar autêntico para você, pois a gente só tem os primeiros três minutos para levar o público a acreditar que aquele mundo, na tela, é real.

Você tem de acreditar no personagem, ele tem de ser autêntico dentro daquele universo. É complexo porque o personagem é a pessoa que está atuando – a representação que ela está fazendo –, a direção da atuação, o figurino e a maquiagem que ela está usando e a maneira de ela acreditar no espaço físico em que está atuando. O próprio espaço físico reflete a autenticidade da atuação. E aí vai ficando mais complexo ainda; quando você vai introduzindo novos elementos, a coisa vai ficando um quebra-cabeça mesmo. A partir do roteiro, a gente estabelece códigos e aprende a linguagem desses códigos no processo.

A arte não existe sozinha, assim como a fotografia ou o elenco. Todos são elementos que se apoiam uns nos outros. E um bom filme é quando você não percebe nada além da história, quando você não diz "Ah! Que linda a fotografia!", ou "Nossa! Que arte genial!", "Que maravilha de figurino!". Mas quando tudo é tão necessário que parece que tinha de ser assim.

A direção de arte dá o espaço físico onde o filme acontece; dá o tom e a qualidade desse espaço. A fotografia dá a leitura psicológica e emocional do espaço físico. Nesse espaço, estou incluindo o figurino, os acessórios, a maquiagem. Há momentos em que a fotografia e a arte se sobrepõem – por exemplo, na cor, na textura, na maneira como a luz cria sombras e cai sobre as coisas. O figurino e a maquiagem são coisas diretamente ligadas à fotografia e à arte.

No Brasil, talvez por uma questão prática, a fotografia não participa muito do início da concepção do filme. Normalmente, ela tem uma visão própria e compartilha isso, mas é uma discussão teórica, não dá tempo de olharmos juntos e construirmos o nosso universo lado a lado. Na verdade, a fotografia costuma chegar em cima da hora nas locações e aceita grande parte do que a arte apresenta. Então, o tripé funciona mais na filmagem propriamente dita do que na concepção. Por coincidência, tenho feito muitos filmes com Lauro Escorel, e normalmente fazemos testes de cor e textura: ele ilumina e filma, depois, a partir desse material. Discutimos a gama de cores que vamos usar, pensamos como isso vai ser filtrado, como ele vai trabalhar no laboratório. Faz muita falta, na preparação, essa convivência mais estreita entre os profissionais.

Preciso, sempre, criar um mundo em que os elementos do filme se encaixam num significado interior ao roteiro, subjetivo. Pesquiso muito, numa busca mais abrangente, que não fica só na arquitetura, no mobiliário da época ou coisas assim; também tento entender o que mobiliza aquelas pessoas, e para isso leio romances, por exemplo, além de observar imagens.

Como a direção de arte lida com muitas outras áreas do filme – figurino, maquiagem, locações, a relação com a fotografia, com a direção –, o seu tempo tem de ser dividido entre elas. Então, fica difícil estar presente e acompanhar todo o trabalho da cenografia. Você precisa saber parcelar o trabalho e delegar para assistentes – principalmente para a cenografia, que representa o seu olhar. A pessoa que trabalha como cenógrafa é a primeira da equipe que eu chamo; é uma figura com quem se deve ter uma relação bastante harmônica e integrada. Tenho trabalhado com vários cenógrafos, e cada um traz uma forma particular – alguns têm formação de arquiteto e são melhores desenhistas, outros são muito bons produtores e administradores de obra.

Além dessa pessoa, alguém na coordenação de cenografia mostra-se cada vez mais essencial. O trabalho de administrar as compras, controlar o orçamento da cenografia e fazer a ponte entre a produção e a arte como um todo é o papel que essa figura desempenha. É muito importante que não seja a direção de arte em pessoa que lide diretamente com a produção geral do filme.

Para mim, o figurino e a maquiagem são departamentos da arte, mas quase independentes. Eles têm uma responsabilidade muito grande, pois é a personalidade dos personagens que está sendo colocada na tela. Sua sensibilidade está em saber traduzir as intenções da direção a respeito de cada personagem. Para isso, seus profissionais precisam ter uma cultura muito ampla, e muita imaginação.

A pessoa responsável pelo figurino traz coisas para o filme que nenhum outro profissional pode trazer. A cenografia é tão chefe de departamento quanto o figurino. Isso depende do tamanho do filme, do tipo de relação que se estabelece entre a direção de arte e a cenografia. Uma questão pessoal: eu não quero que minha cenografia seja tão independente de mim como eu desejo que meu figurino seja.

Num filme de época, é muito importante compartilhar com o figurino a psicologia das pessoas da época em que o filme está acontecendo. O vestuário nunca pode ser uma mera roupagem, não é apenas a reprodução de quadros de época ou da classe social do personagem – apesar de que isso, obviamente, faz parte. Tem de dizer alguma coisa muito profunda sobre a psicologia de cada personagem.

Quando estou vestindo os cenários de interiores, sinto-me criando um mundo, formando uma história para aquele ambiente que lhe dá autenticidade. São detalhes que fazem parte de um conjunto. À medida que vai construindo esses detalhes, até você começa a acreditar que ali vive, realmente, uma pessoa – e isso aparece na tela. Provavelmente, nenhum espectador vai lembrar que viu uma panela sobre a pia ou uma pilha de jornais embaixo do sofá; mas, sem que ele perceba, esses elementos o ajudaram a formar uma leitura daquele personagem.

Acredito muito na necessidade de todo mundo da equipe entender quais as intenções de cada personagem. Tento compartilhar da melhor maneira possível todas as coisas que estou pensando a respeito do filme. Para isso, tento constantemente fazer reuniões com a equipe, na medida em que o trabalho permite. Cada um tem uma maneira de fazer distinta do outro, como uma marca. Daí por que é tão importante a equipe entender muito bem sua metodologia. Porque, se estou em outro lugar, alguém está cuidando da arte e tem de ter a minha cara. É claro que vai ter a cara do filme. Por isso, tento tomar todas as decisões e botar a mão em tudo. O que também acontece muito na hora da filmagem.

Sou contra todas as formas de obrigatoriedade. O sindicato só permite que atue na direção de arte pessoas que fizeram quatro anos de artes plásticas, ou arquitetura, ou não sei mais quantas exigências – sou contra.

É como dizer que só quem fez universidade de cinema pode trabalhar na direção de filmes. A gente sabe, pela própria história, que são limites falsos. Vejo isso como um tipo de protecionismo de uma classe. O ideal seria que toda pessoa que se propõe a trabalhar na direção de arte tenha uma formação artística, seja em arquitetura, artes plásticas, teatro.

Não há nenhuma regra a respeito de coisa nenhuma. Tudo em cinema é muito subjetivo. O próprio filme tem uma personalidade que vai se impondo a todas as áreas. Para entender esse processo, a metáfora que uso é a do surfista. Em certo momento, você pega uma onda e diz: "É agora". Então, tem de ficar em pé sobre a prancha enquanto a onda dura, e ela não para. A onda não é nada mais que a lógica que você criou no começo. Você não pode, de repente, pegar outra onda – outra onda é outro filme, e teria de começar tudo de novo.

Há uma lógica: somos todos surfistas pegando a mesma onda, tentando ficar em pé, sem bater um no outro, e chegar até a praia. Por isso a expressão "Não quero morrer na praia". Internamente, essa ideia de pegar a onda e levar o filme até o fim é muito importante. É uma lógica que vai se criando até o filme ter vida própria. É clichê, eu sei, mas também os escritores falam, a partir de um momento a coisa ganha vida própria.

Você só pode acreditar piamente em sua própria intuição. A direção o chamou porque existe alguma coisa em você que ela quer, assim como chamou a fotografia, assim como você chama a sua equipe – existe alguma coisa que você quer naquela pessoa.

Cada direção de arte é diferente da outra. Cada uma tem seu método, seu prazer. Gosto muito quando a direção tem uma ideia do que ela quer, assim, posso trabalhar a partir disso. De qualquer maneira, a gente nunca sabe direito, de antemão, o que é a emoção final do filme. É o resultado de tudo que a gente buscou e fez na filmagem. Depois disso, ainda vem a montagem, o som, os efeitos sonoros, a marcação de luz e a cópia. Todo mundo trabalha no escuro. Estranhamente, todos nós estamos tateando para chegar a um resultado que ninguém sabe exatamente o que é.

Acho que a magia do cinema começa aí. A gente projeta, faz plantas baixas, trabalha com as ferramentas que cada um tem, para criar uma coisa que só vai existir realmente na cabeça de pessoas que você não conhece – o público.

A marvada carne

Direção
André Klotzel
Produção
Superfilmes/Embrafilme
Lançamento
1985

Santo Antônio, a imagem do santo que reage às conversas e atitudes de Carula, personagem de Fernanda Torres.

Este filme foi concebido como uma fábula, com fortes elementos do fantástico e do místico, mas ao mesmo tempo mantendo suas raízes na realidade. A criação de seu universo baseou-se numa meticulosa pesquisa de seis meses *in loco* (interior de São Paulo, Rio de Janeiro e Minas Gerais) e em livros. Vocabulário, costumes, vestuário, arquitetura, utensílios domésticos, ferramentas, a terra, o barro, o sapê, o cipó – enfim, a cultura interiorana – eram assuntos de conversas e leituras. Nossa bíblia foi Antonio Candido com seu *Os parceiros do Rio Bonito*.

A maior parte do filme se passa no bairro rural da Velha Torta, que foi inteiramente planejado e construído. Caminhos foram abertos na mata; roças, preparadas em diferentes estágios de crescimento; palhoças de barro, utensílios e objetos de decoração, construídos.

Cheguei a desenhar um terreno imaginário e, de alguma maneira, em nossa viagem, procurava esse terreno. Por fim, achamos e alugamos uma área e eu fiquei muito feliz. Mais feliz ainda porque, justamente naquela região, ainda havia comunidades caipiras. Essas comunidades foram fundamentais para a qualidade da cenografia, tanto de construção das casas quanto dos objetos. Aprendi tantas coisas com esses homens e mulheres! Foi meu primeiro filme na direção de arte e talvez o mais prazeroso na vida.

Eu e o André [André Klotzel, o diretor] bolamos um conceito: por ser uma fábula, o filme não tinha de ser absolutamente fiel a uma realidade documental. A gente imaginou que a viagem de Quim [o personagem principal] era uma viagem pela história brasileira. Na fotografia, junto com Pedro Farkas [fotógrafo], imaginamos uma viagem através da luz. Quim começa sua trajetória em seu casebre no meio do mato cerrado. É tudo interior, escuro e sem cor; a terra batida é cinzenta, e ele está doente. A vida é dura, ele quer comer carne e não tem – fica doente. Em seguida, pega sua cabra e vai pelo mundo afora, à procura da "marvada carne".

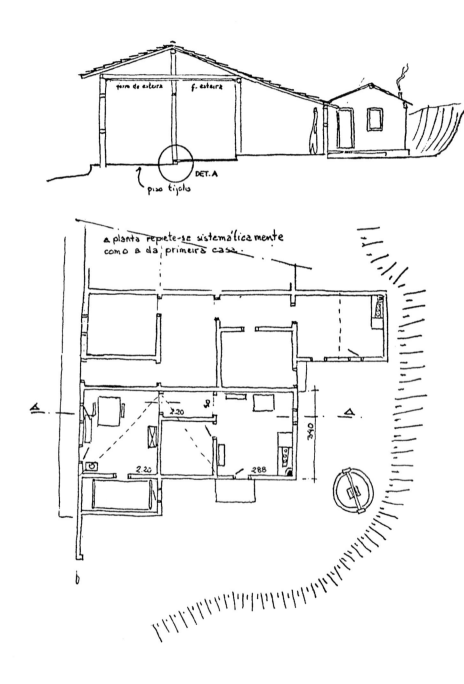

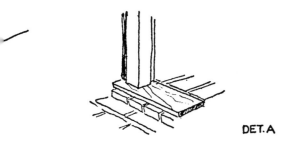

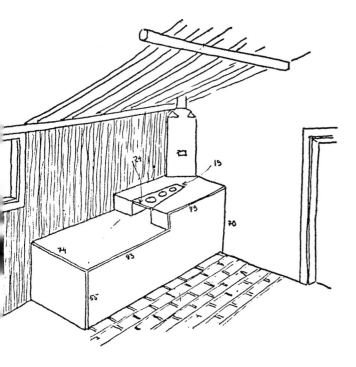

Exemplos do material de pesquisa sobre o caipira paulista levantado por Adrian Cooper e equipe. Além de consultar livros de literatura e história, imagens iconográficas foram reunidas para formar um panorama da cultura do interior paulista.

O terreno e a vila ideais: primeiro esboço feito por Adrian Cooper para o cenário principal do filme.

Casa de Nhô Quim em meio à mata e o encontro com a Mulher Diaba, início de sua travessia à procura de uma boa moça e da tal carne de boi.

Projeto de implantação do bairro da Velha Torta a ser construído a partir de terreno escolhido como locação do primeiro esboço da vila ideal realizado anteriormente à definição do local das filmagens.

Capela: cenário a ser construído como parte do bairro da Velha Torta.

Nhô Quim chega ao bairro da Velha Torta. Lá, as coisas são mais claras, há mais luz e espaço. O mato fica longe, e existem roças entre o bairro e a mata. As cores estão mais presentes: a cor da terra rosada, das roupas claras e das plantações. O Sol entra nas casas, e a água se faz presente.

Se o casebre representava os primeiros colonos brasileiros do século XVI, o bairro da Velha Torta seria os séculos XVII-XVIII.

As casas eram representações físicas de seus donos: a casa do Totó, com sua forma de queijo mineiro, e a da bruxa Tomasa, alta, torta e estranha.

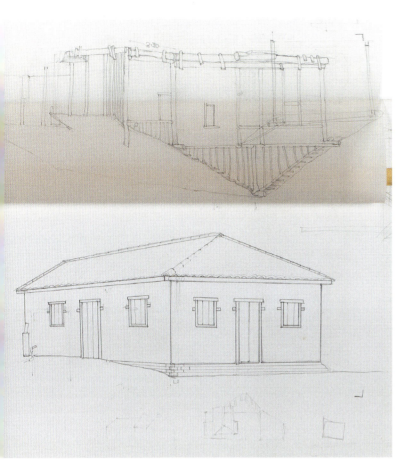
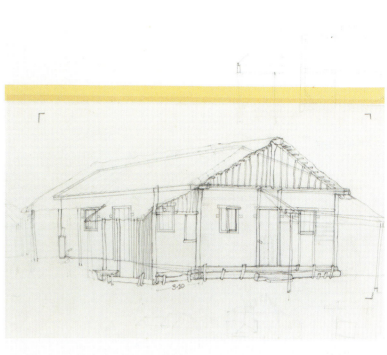

Casa de Totó e Carula, projeto de adaptação de construção existente, aproveitando interiores e exterior. O desenho em papel-manteiga indica as transformações a serem feitas na edificação.

Adrian Cooper e o construtor local trabalham na transformação da casa existente em cenário.

Casa de Totó e Carula: ambientes internos construídos na mesma casa adaptada para os exteriores.

A maquiagem traz elementos especiais a personagens secundários da narrativa.

sala de Toto

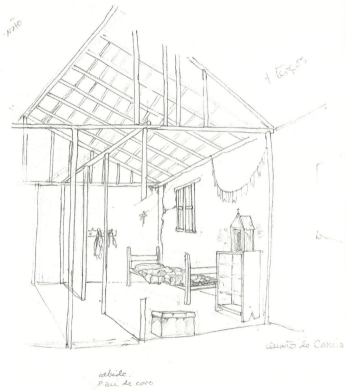

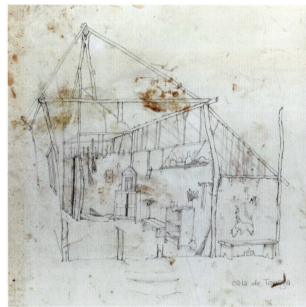

Casa da bruxa Tomasa: fachada e ambientes internos. A cozinha como um espaço aberto ao exterior.

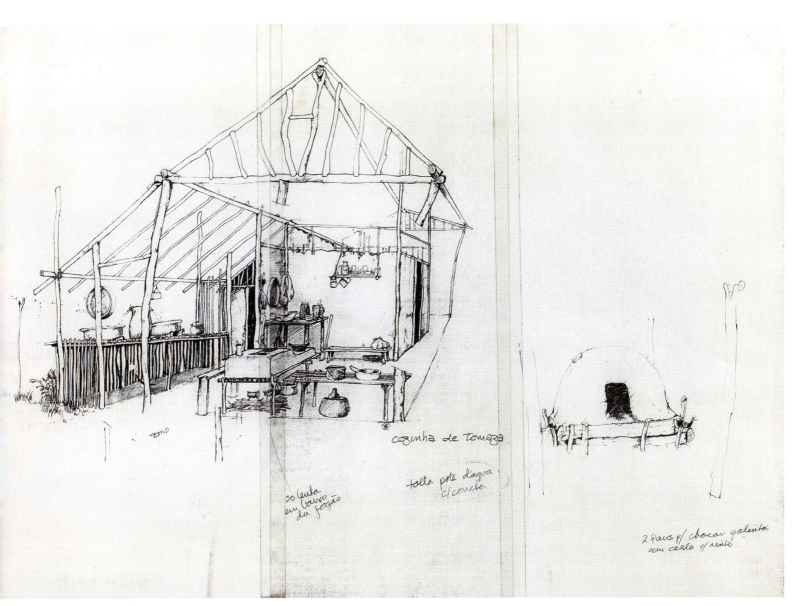

cozinha de Tomaza

No centro da cidade de São Paulo, a "marvada carne" é finalmente encontrada nas telas da televisão.

Sonho sem fim

Direção
Lauro Escorel
Produção
Cinefilmes/Embrafilme
Lançamento
1986

Fotografia usada como material de divulgação do filme que conta a vida de Eduardo Abelim, cineasta gaúcho ativo nas décadas de 1920 e 1930, papel vivido por Carlos Alberto Riccelli.

Esse roteiro era sobre um cineasta brasileiro que atuou no sul do país nos anos 1920-1930. Seu nome era Eduardo Abelim. Adorei a possibilidade de trabalhar com Lauro [Lauro Escorel, o diretor]; seria meu segundo filme na direção de arte. Além disso, eu vibrava com a ideia de fazer um filme dessa época. Gosto muito desse período histórico, e me dava muito prazer a pesquisa, o processo de me aproximar do assunto.

Lauro queria filmar em Pelotas (RS)… que era uma cidade bem preservada na época. Por alguns acidentes felizes, a população de lá dava importância à sua história. Encontramos, com as famílias locais, uma quantidade enorme de objetos, livros e cartazes da época áurea, quando a cidade era parte importante do circuito cultural do Brasil. Centro da produção de charque no país, Pelotas apresentava uma incrível riqueza de espaços públicos preservados. Aproveitamos tanto os edifícios quanto os guardados das famílias, que gentilmente nos cederam imenso material de cena e de composição de cenários. Fizemos todos os cenários adaptados em locações da cidade.

Olhando agora para trás, não me lembro de ter criado um conceito claro para *Sonho sem fim*. A sensação que tenho é que realmente faltou uma ideia mais abrangente e profunda do que queríamos. Às vezes, existe algo em meu trabalho de direção de arte que não me deixa satisfeito: ele está correto, reproduz a época, mas falta aquele algo mais (na época, eu ainda não havia criado uma metodologia de trabalho como diretor de arte e não tinha claro qual era o meu papel). Assim, a arte do filme ficou com certa superficialidade, um pouco limpa demais. Faltou densidade, algo que enraizasse a arte. Não sei de onde vem isso, se a culpa é inteiramente minha ou da direção, da fotografia, dos atores e atrizes… Acho que todos pensávamos que estávamos trabalhando no mesmo caminho.

Desenho de levantamento de uma das ruas principais da cidade de Pelotas, Rio Grande do Sul, a ser adaptada para figurar como a rua do Comércio, pertencente à cidade do filme.

Junto aos projetos dos cartazes a serem especialmente confeccionados, o estudo de sua composição no cenário da fachada do cinema a cada sequência.

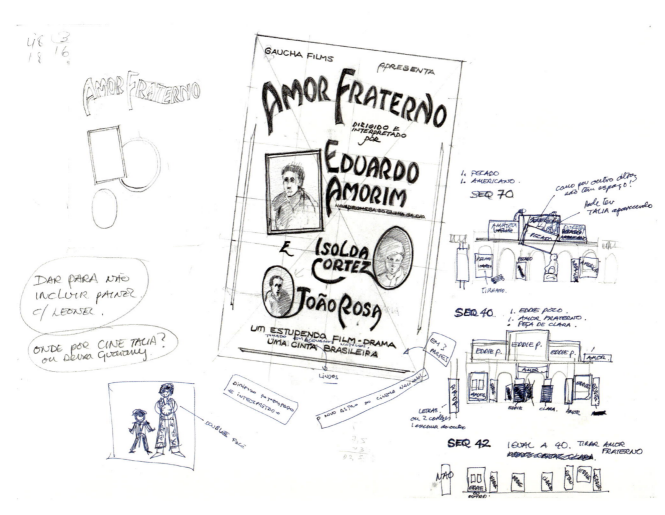

Estúdio do fotógrafo: cenário montado em locação da cidade de Pelotas, como todos os cenários do filme.

ATELIER

ATELIER

357

Recepção do hotel: cenário montado em locação da cidade de Pelotas.

O judeu

Direção
Jom Tob Azulay
Produção
Tatu Filmes/A&B Produções/Embrafilme
Lançamento
1995

O teatro do infante judeu.

O judeu foi um filme feito em Portugal, mas que teve muitos problemas de ordem prática: as filmagens foram interrompidas e só retomadas muitos anos depois.

Fiquei seis meses pesquisando, lendo e vendo locações. Bruegel e Bosch foram decisivos. Eu vivia nos museus. Uma das coisas que mais me impressionou foi a imundície existente em Portugal no século XVIII, a noção que os portugueses tinham de higiene. O rei, *la crème de la crème*, cagava no tapete, no meio da sala, e lá iam os escravos atrás, para limpar. Como mostrar ao público um ator convincente no papel do Rei-Sol português, dom João V, se ele interrompe o ensaio dizendo "Espere aí, gente, que eu vou mijar", e vai ao banheiro? A experiência dele nunca foi cagar no tapete, na frente de todas as pessoas, com absoluta dignidade e achar normal. Eu tentava discutir isso com a equipe e com Azulay. Os portugueses ficaram bravíssimos comigo. Eles não admitiam que Portugal fosse visto assim – imundo, nojento. Não admitiam, e por fim o Azulay também não quis radicalizar.

As pessoas sabiam muito pouco do século XVIII. Apesar de grande parte da equipe ser portuguesa e viver cercada dessa época, parecia-me que o entendimento do filme por dentro lhe escapava. Juntei uma série de reproduções de quadros que a meu ver representavam o mundo interior das pessoas daquela época – as superstições, os medos, o fato de terem permitido a Inquisição, denunciado umas às outras, assistido à tortura e à morte nas fogueiras, em praça pública. Que mundo era esse, interiormente, psicologicamente? Para mim, era somente com uma noção do significado dessas coisas que poderíamos fazer algo denso. Fomos aprofundando essa noção, e o filme ganhou densidade. É muito difícil especificar onde e como, mas o tom da ambientação do filme ganhou com esse tipo de entendimento e leitura.

O pintor português do século XV Nuno Gonçalves e *O inferno*, pintura de autor desconhecido do século seguinte, foram algumas das referências de pesquisa que compuseram o imaginário de Adrian Cooper e sua equipe na concepção e realização dos cenários e figurinos do filme.

A praça do Auto de Fé em estudo de ocupação da locação, onde elementos de cenário e figuração compõem o quadro no desenho do diretor de arte.

PRAÇA AUTO-DE-FÉ
O JUDEU

A arquibancada do Santo Ofício a ser montada na praça do Auto de Fé, estabelece a posição das autoridades como espectadores para assistir ao sacrifício em praça pública.

Arquibancada do Santo Oficio.
Auto-de-fé
O JUDEU

A corte.

Teatro, plateia e palco: a boca de cena a ser adaptada para receber os cenários dos espetáculos de bonecos do "Judeu".

Palco do teatro: adaptação do palco e da boca de cena existentes para atender às necessidades de um teatro de bonecos com manipuladores e também adaptar as proporções da arquitetura às dimensões dos personagens animados.

Estética e tecnicamente inspirados no esquema de cenários da época, a paisagem figura nos telões de fundo, nas pernas laterais e bambolinas, criando uma perspectiva do bosque retratado.

O personagem principal era baseado em Antônio José da Silva, o Judeu, poeta e autor teatral nascido no Rio de Janeiro que, extraditado para Portugal, sofreu as consequências da Inquisição católica por causa de sua religião. Ele escrevia principalmente para bonecos, uma coisa muito popular na época. Eram bonecos quase em tamanho real. A gente contratou um bonequeiro português que fazia bonecos lindos. Para as encenações, escolhemos um teatro pequeno como locação, e dentro dele construímos um outro palco e sobrepusemos uma nova boca de cena à existente. Desenhamos cenários em estilo da época. As pessoas que manipulavam os bonecos ficavam em cima do cenário – há cenas, inclusive, em que você as vê operando.

oficina
'Ó JUDEU'

Oficina e taverna,
locações adaptadas.

Dina Sfat em cena em um de seus últimos filmes, como Lourença Coutinho, mãe do "Judeu".

Memórias póstumas de Brás Cubas

Direção
André Klotzel
Produção
Superfilmes
Lançamento
2000

Desenho de um cenário ideal esboçado antes que se encontrasse a locação adequada para a casa de Brás Cubas, em sua infância.

A arte de qualquer filme de época sofre as consequências da voraz ação dos homens sobre o passado, especialmente no Brasil. O Rio de Janeiro descrito por Machado de Assis não existe mais. Poucos são os vestígios de sua época. Para poder criar o mundo de Brás Cubas, no filme de André Klotzel, fizemos uma abrangente pesquisa de locações. Necessitávamos de ruas, parques e praças da cidade; várias lojas, casas e palacetes; salões de baile, um teatro, um hospital e um prédio para representar a Câmara dos Deputados do Rio de Janeiro da época.

Durante vários meses, uma equipe de pesquisadores vasculhou o interior de São Paulo, Rio de Janeiro e Minas Gerais. Enquanto isso, chegavam fotografias e vídeos de Recife e Salvador. A equação era difícil – por mais que gostássemos de uma ou outra locação isolada, era essencial, para a produção, que se formassem blocos de proximidade. Assim, decidimos que as ruas e praças do Rio de Janeiro seriam feitas na cidade de Salvador, como também a Câmara dos Deputados, o hospital, as lojas e a casa da família de Brás Cubas, cenário principal do filme. No bloco carioca, seriam feitos o jardim e a cozinha dessa mesma casa, a praça da República, os grandes bailes, o teatro e as residências de vários personagens, além das chácaras no interior do estado. Em São Paulo, filmaríamos o delírio de Brás Cubas, em cenário construído em estúdio, e o cemitério de Campinas.

Quatro meses antes do início das filmagens, a produção e o departamento de arte instalaram-se em Salvador. Galpões foram alugados para servir como centro de produção, base da cenografia e do figurino, além das oficinas.

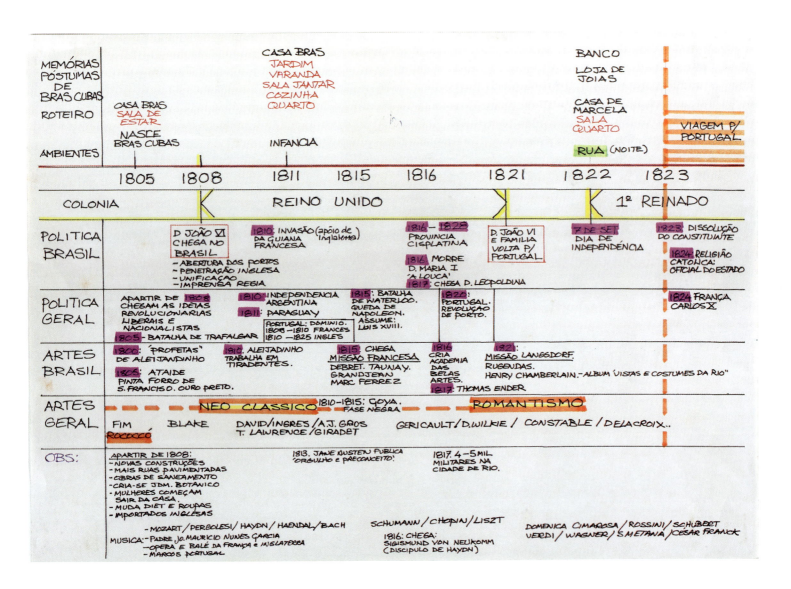

Panorama histórico do século XIX montado pelo diretor de arte como parte da pesquisa sobre a época e os personagens retratados no filme.

Tendo em vista o grande número de personagens e figurantes, concluímos que seria melhor alugar a maioria das roupas e acessórios fora do Brasil. Optamos pela France Costume, de Paris – ainda não tínhamos os acervos organizados pelos figurinistas brasileiros, como temos hoje. Depois de uma seleção cuidadosa, foram trazidas quatrocentas peças de época, além de sapatos e acessórios. A partir desse material e de algumas peças especialmente confeccionadas, foram montadas mais de mil composições de vestimenta.

Como se tratava da época da escravidão, decidimos mostrar os escravos da mesma forma que Machado os trata em sua obra: como elemento quase cenográfico. E, para retratar o cotidiano das ruas da capital imperial, com seus escravos e vendedores, nos inspiramos nos quadros de Eduard Hildebrandt, Thomas Ender e Debret, apresentando-os como manchas de sombra e cor.

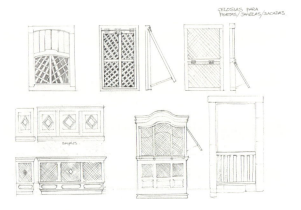

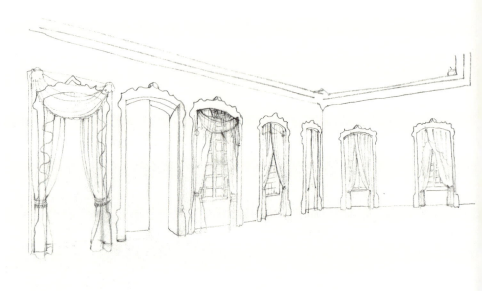

Em Salvador, na Bahia, foi encontrada a locação a ser trabalhada.

Contando com a sobreposição de desenhos, Adrian Cooper faz os estudos de adaptação da sala de estar da casa de Brás Cubas da primeira para a segunda fase.

Certamente o grande desafio para a arte e a fotografia dessa produção era manter a continuidade visual, filmando em locações distantes entre si. A narrativa cobre quase um século de história, e pretendíamos criar sutis transformações ao longo do filme.

Minhas primeiras ideias a respeito das cores e dos tons do filme foram sendo modificadas durante a filmagem. De um lado, o aprofundamento das discussões com o diretor, o fotógrafo e a figurinista; de outro, a constante introdução de novas locações, cada uma com suas particularidades.

Como boa parte dessas edificações eram tombadas, não era permitido modificá-las substancialmente. Assim, durante a pesquisa de locações, era necessário considerar novas caraterísticas e cores a cada momento. Finalmente, criamos uma espécie de linha do tempo visual que acompanhava as diferentes épocas e mudanças psicológicas do personagem, levando em conta o complexo quebra-cabeça de produção resultante das escolhas feitas.

Praticamente a única locação que permitiu maiores intervenções, como a pintura de paredes e demais elementos da arquitetura, foi a da casa de Brás Cubas, em Salvador. Esse cenário transformava-se ao longo da vida de seu habitante – quase cem anos de história –, sendo quase imprescindível essa permissibilidade.

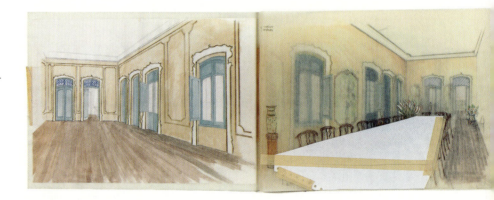

Estudos de composição do cenário do banquete. Trabalhando com a sobreposição de desenhos em papel-manteiga, as ideias se complementam a cada folha, trazendo à tona o cenário final.

Estudos de composição de cenário do escritório de Brás Cubas.

Estudos de composição de cenário do quarto de Marcela, amante de Brás Cubas, vivida por Sonia Braga.

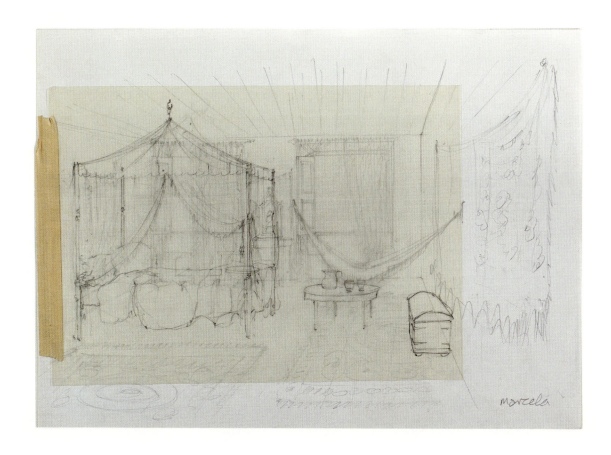

Desmundo

Direção
Alain Fresnot
Produção
AF Cinema e Vídeo/Columbia Pictures do Brasil
Lançamento
2002

Neste filme, Adrian Cooper divide a direção de arte com Chico Andrade.

Esboço da vila cenográfica a ser construída na região de Ubatuba, litoral norte paulista.

Desmundo é a história de uma órfã portuguesa enviada ao Brasil do século XVI para se casar com um homem que ela não conhece.

Nesse filme, consideramos desejável ter como ambientação certa qualidade de estranhamento. Entendemos que a história e as pessoas do passado são tão estranhos, desconhecidos e imaginários para a visão de hoje quanto o mundo do futuro. Depois de uma pesquisa exaustiva, ficou claro que existem pouquíssimas informações sobre o Brasil dessa época. Entendi que construiríamos uma fantasia. A gente traduz para o público algo que supomos entender, mas que não entendemos totalmente. Nesse processo, você tem muita liberdade se não ultrapassa certos limites. Há um tipo de conhecimento que está na cabeça das pessoas, algo como o inconsciente coletivo. Esse é o limite para a criação de uma fantasia crível.

É principalmente sobre a arte do filme que recai a responsabilidade de encontrar o difícil equilíbrio entre um universo familiar, que aproxima a pessoa que assiste e a convence, e o mundo particular de um filme, que deve apresentar ao público uma visão instigante, de forma a estimular e reter sua atenção na história e os personagens. Porém, a linguagem do filme como um todo precisa corresponder a esse mundo criado – nos gestos e comportamento de atrizes e atores, nos cenários, nas vestimentas, nas texturas, nas cores, na luz e, sobretudo, na decupagem.

O trabalho da arte, assim como o do figurino, está baseado na adição, na justaposição e no acúmulo de inúmeros pequenos elementos que surgem no processo de criação e mesmo de realização do filme. Texturas e sutilezas de formas e cores vêm também dos próprios materiais em sobreposição. Boa parte da riqueza estética e da naturalidade do filme surge dos acidentes que ocorrem ao longo desse processo.

Muito da pesquisa baseou-se, novamente, em Bruegel e Bosch. Livros de história, textos com descrições da época e catálogos de coleções foram incorporados ao processo de pré-visualização desse universo. Não desprezamos o mundo caipira contemporâneo e a cultura rural brasileira, que nos pareceu muito semelhante à dos primeiros colonos portugueses. Reuníamos, ao mundo dos pintores europeus, as culturas caipira, indígena e africana – o que trouxe características incríveis ao mundo fantasioso que construíamos. Acredito que essa composição, de alguma forma, foi realmente vivida pela história brasileira.

Sabemos, intelectualmente, que, na época tratada, os objetos de uso cotidiano seriam relativamente novos e pouco usados – como o são nossos objetos de uso cotidiano. Porém, se colocarmos objetos novos assim na tela, o espectador certamente vai sentir algo estranho, uma falta de veracidade. A expectativa é que aquilo que é antigo seja gasto pelo uso, coberto por uma pátina de tempo. Boa parte dos objetos do filme foi fabricada pela nossa equipe de marcenaria e adereços – mesas, bancos, tamboretes, baús e caixas, canecas e potes, pães de açúcar, lampiões e candeeiros, santos de madeira e cestas de cipó, livros e mapas, armas de fogo, facas, arcos e flechas, e muito mais. Todas essas coisas foram construídas ou tratadas a partir de elementos reais.

386

A caravela utilizada foi uma embarcação cenográfica originalmente fabricada para as comemorações dos 500 anos do descobrimento do Brasil. Negociada pela produção e retrabalhada pela equipe de arte, o artefato passou por adaptações construtivas, de adereço e pintura, para chegar ao efeito desejado. No desenho, Chico Andrade, parceiro de Adrian Cooper na direção de arte dessa produção, faz o levantamento da "locação".

As embarcações eram elementos bastante importantes para nós – significavam a ligação entre os mundos. O trabalho de adereços, texturas e tonalidades realizado na caravela foi para torná-la crível.

O projeto da vila, cercada de paliçada, contava com a construção de umas vinte casas, uma igreja de tamanho real, a casa dos jesuítas, a câmara de conselho e a oca dos índios, além de muitos currais e construções diversas para animais. Para realizar um projeto desse tamanho no prazo que se tinha, aproximadamente dois meses, decidiu-se dividir a construção da vila entre duas equipes. Os prédios principais, com cenas de interior e exterior, ficaram a cargo dos experientes cenotécnicos de São Paulo, Pupe [José Gomes Pupe] e Lázaro [Lázaro Batista Ferreira]. Tratavam-se de construções cenográficas convencionais – estruturas de madeira roliça (no caso, eucalipto), fechadas por painéis de madeirite recobertos por uma camada de terra e cal, com teto de palha. Profissionais locais assumiram as demais construções, feitas de pau a pique com teto de sapê, como ainda o são muitas casas da região.

Essa equipe também foi responsável pela maior parte do engenho e por uma pinguela de troncos sobre o rio Puruba. Tivemos mais ou menos cem pessoas trabalhando na construção.

Uma vez construída a vila, a equipe de pintura de arte, coordenada por Bia Pessoa, iniciou seu trabalho. Tudo precisava ter uma textura – manchas de umidade, marcas e sulcos da chuva, cortes e riscos e marcas do uso cotidiano – paredes internas e externas, portas, janelas e todo o madeiramento aparente. Poços de pedra foram construídos e depois cobertos com musgos e plantas, caracterizando o passar do tempo.

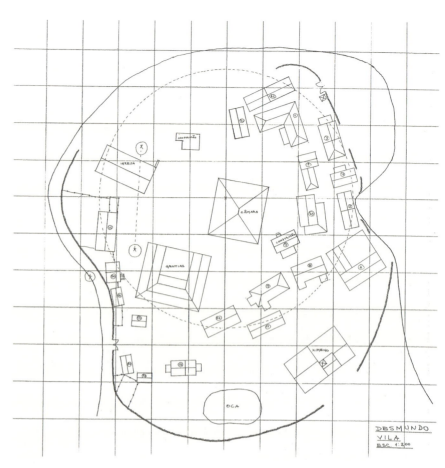

A vila cenográfica foi estudada em planta, perspectiva e maquete, estabelecendo as relações e os percursos entre os cenários.

Uma paliçada cerca a vila, protegendo-a de um eventual ataque indígena ou de outros inimigos.

Parati-Mirim visto do mar

Construímos fornos e fogões a lenha e, depois, as paredes e tetos foram escurecidos pela fumaça; hortas foram plantadas, e esgotos falsos abertos no meio da rua, cheios de detritos cenográficos amassados pelos animais. Para ajudar nesse processo de envelhecimento, inventamos uma pequena história para cada casa. Assim, os objetos e utensílios, as manchas e marcas, o lixo e a sujeira dariam uma personalidade particular a cada habitação, mesmo não havendo cenas ou personagens específicos do filme morando nelas. Capim e mato foram plantados na base das paredes e postes, nos cantos das portas, em volta dos currais e nas áreas pouco usadas nas ruas. Enfim, mil e um detalhes foram adicionados aos cenários para lhes dar vida.

O mesmo processo foi seguido na criação e ambientação do complexo do engenho – nosso segundo grande cenário, onde havia a casa-grande, o engenho, a casa dos índios, a senzala e a área dos animais. Desse processo, compartilhado pelo figurino e demais áreas da direção de arte, resulta a unidade visual do filme.

Nesse filme, o trabalho com o figurino foi extremamente próximo da direção de arte. Assim como na cenografia e na maquiagem, o figurino procurou a mistura cultural entre esses povos errantes e trouxe soluções de vestimenta inquietantes. Novamente, o realismo insólito aparece e forma personagens com características absolutamente próprias. O processo de envelhecimento foi igualmente trabalhado, e investimos grandes esforços no detalhamento dos acessórios pessoais de cada personagem ou grupo de figuração.

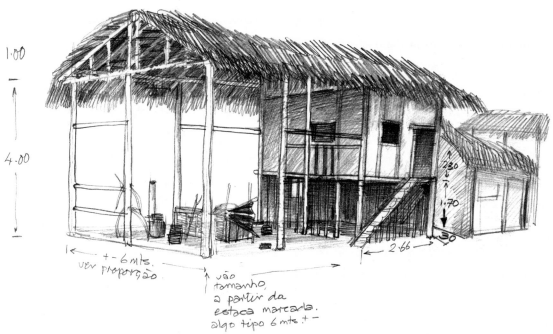

Casa do ferreiro e curtume, a cada edificação uma função ou um personagem são "inventados" pela equipe da direção de arte para dar fundamento à elaboração dos cenários e adereços dos ambientes.

FERREIRO

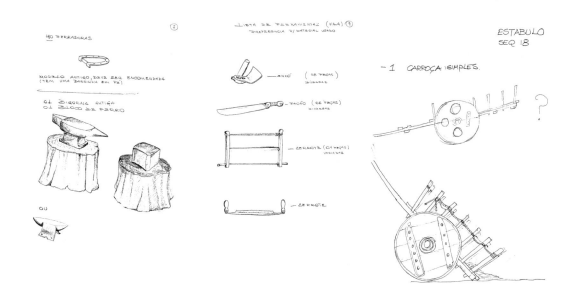
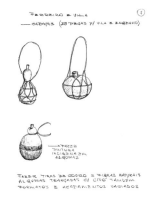

Procissão do casamento de Oribela e Francisco de Albuquerque. Fotografias de cena e esboço dos adereços especialmente manufaturados para a cena.

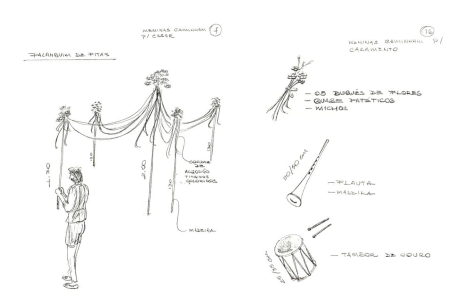

Casa de Ximeno: fachada, perspectiva e detalhe do telhado e do sótão.

Na fotografia, a entrada da casa e seu proprietário.

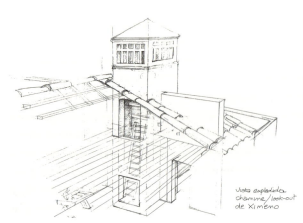
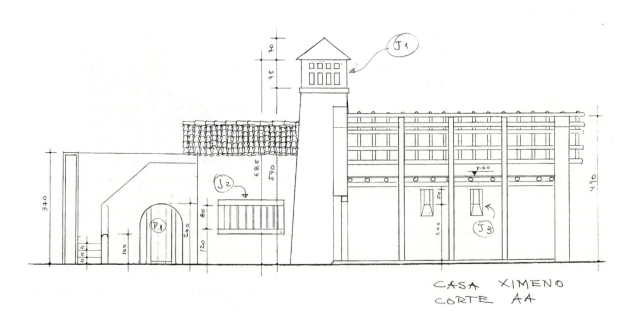

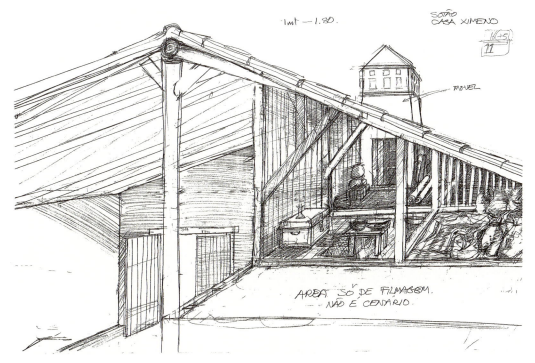

O sótão da casa de Ximeno é remodelado para receber Oribela em sua fuga.

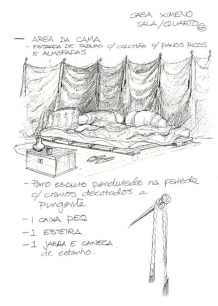

Apesar de lidar com os mesmos materiais nos filmes *Desmundo* e *A marvada carne*, trata-se de trabalhos de naturezas opostas. No primeiro, buscávamos a inocência, a doçura do mundo caipira. No segundo, o barro, a madeira, a palha estão a serviço de um mundo duro, cercado por muralhas, sujo.

Ninguém é inocente ali, talvez as órfãs. É um Brasil cruel, implacável, um mundo bruto.

Casa de Ximeno, sala e quarto. Em detalhe desenho para confecção do livro e seu suporte.

Casa de Ximeno, cozinha e seus utensílios de época que foram especialmente confeccionados.

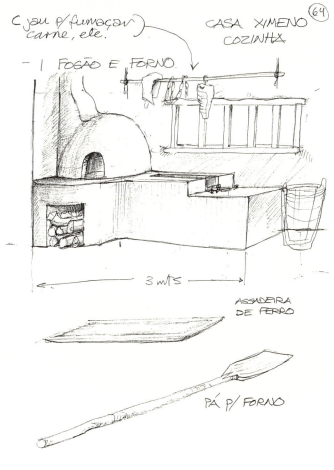
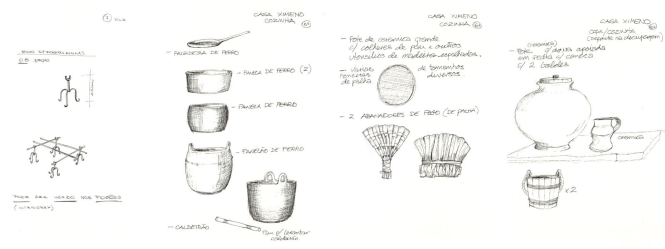

Desenhos de figurino de Marjorie Gueller para os personagens de Oribela e Francisco Albuquerque.

ARIBELA de bata em casa (JESUÍTA)

Outros cenários da vila: a igreja e o orfanato. Importante reparar na diversidade da população que forma a figuração deste filme.

Pinguela cenográfica construída sobre o rio existente.

Locação escolhida e projeto da fazenda de Francisco Albuquerque a ser construída também em Ubatuba, São Paulo.

Fazenda de Francisco Albuquerque, seus habitantes e visitantes, a diversidade da população é presente também neste cenário.

Uma grua de braço longo é levada de São Paulo para Ubatuba.

Estudo de implantação
das diversas construções.

Fazenda de Francisco Albuquerque: despensa e sala de castigo, onde Oribela é feita prisioneira.

Adrian Cooper
Filmografia

Après la mort d'Angelina
1974
Direção
Isabelle Huizi
Participação de Adrian Cooper:
Direção de fotografia

Dueña de casa
1974
Direção
Valeria Sarmiento
Participação de Adrian Cooper:
Direção de fotografia

A marvada carne
1985
Direção
André Klotzel
Produção
Superfilmes/Embrafilme
Fotografia
Pedro Farkas
Figurino
Marisa Guimarães
Participação de Adrian Cooper:
Direção de arte
Cenografia (em parceria com Beto Mainieri)

Sonho sem fim
1986
Direção
Lauro Escorel
Produção
Cinefilmes/Embrafilme
Fotografia
José Tadeu Ribeiro
Figurino
Rita Murtinho
Participação de Adrian Cooper:
Direção de arte

O país dos tenentes
1987
Direção
João Batista de Andrade
Produção
Raiz Filmes/Embrafilme
Direção de arte
Marcos Weinstock
Participação de Adrian Cooper:
Direção de fotografia

O beijo 2348/72
1987-1988
Direção
Walter Luís Rogério
Produção
Brasil Filmes/Embrafilme
Cenografia e figurino
Beto Mainieri
Participação de Adrian Cooper:
Direção de fotografia

Mondjäger
1988
Direção
Jens-Peter Berhend
Produção
Carsten Krüger Film – Alemanha
Participação de Adrian Cooper:
Direção de fotografia

O judeu
1988-1989/1995
Direção
Jom Tob Azulay
Produção
Tatu Filmes/A&B Produções/
Embrafilme – Brasil/Portugal
Fotografia
Eduardo Serra
Cenografia
Beto Mainieri e Tony Vanzolini
Participação de Adrian Cooper:
Direção de arte

Anahy de las Misiones
1996
Direção
Sérgio Silva
Produção
M. Schmiedt Produções/Embrafilme –
Brasil/Argentina
Direção de arte
Luís Fernando Pereira
Participação de Adrian Cooper:
Direção de fotografia

**Memórias póstumas de
Brás Cubas**
2000
Direção
André Klotzel
Produção
Superfilmes
Fotografia
Pedro Farkas
Figurino
Majorie Gueller
Cenografia
Beto Mainieri
Participação de Adrian Cooper:
Direção de arte

Uma vida em segredo
2001
Direção
Suzana Amaral
Produção
Raiz Filmes
Fotografia
Lauro Escorel
Figurino
Marjorie Gueller
Participação de Adrian Cooper:
Direção de arte

Desmundo
2002
Direção
Alain Fresnot
Produção
AF Cinema e Vídeo/Columbia
Pictures do Brasil
Fotografia
Pedro Farkas
Figurino
Marjorie Gueller
Cenografia
Hélcio Pugliese
Participação de Adrian Cooper:
Direção de arte (com Chico
Andrade)

O coronel e o lobisomem
2002
Direção
Maurício Farias
Produção
Natasha Filmes/Globo Filmes
Fotografia
José Roberto Eliezer
Figurino
Emília Duncan
Participação de Adrian Cooper:
Direção de arte

Contra todos
2004
Direção
Roberto Moreira
Produção
Coração das Selvas/O2 Filmes
Direção de arte
Marjorie Gueller
Participação de Adrian Cooper:
Direção de fotografia

Jogo subterrâneo
2004
Direção
Roberto Gervitz
Produção
Locall de Cinema e Televisão/
Vagalume Produções
Cinematográficas
Direção
Roberto Gervitz
Fotografia
Lauro Escorel
Figurino
Joana Porto
Cenografia
Ana Claudia Piacenti e
Hélcio Pugliese
Participação de Adrian Cooper:
Direção de arte

Cabra cega
2004
Direção
Toni Venturi
Produção
Olhar Imaginário Ltda.
Direção de arte
Chico Andrade
Figurino
Carolina Li
Participação de Adrian Cooper:
Direção de fotografia

Batismo de sangue
2006
Direção
Helvécio Ratton
Produção
Quimera Filmes
Fotografia
Lauro Escorel
Figurino
Marjorie Gueller e Joana Porto
Participação de Adrian Cooper:
Direção de arte

O sol do meio-dia
2009
Direção
Eliane Caffé
Produção
Politheama Filmes
Fotografia
Pedro Farkas
Figurino
Marjorie Gueller
Participação de Adrian Cooper:
Direção de arte

Capitães da areia
2009
Direção
Cecília Amado
Produção
Lagoa Cultural
Fotografia
Guy Gonçalves
Figurino
Marjorie Gueller
Participação de Adrian Cooper:
Direção de arte

Quincas Berro d'Água
2010
Direção
Sérgio Machado
Produção
Video Filmes
Fotografia
Toca Seabra
Figurino
Marjorie Gueller
Participação de Adrian Cooper:
Direção de arte

Vera Hamburger
Filmografia

O beijo 2348/72
1987-1988
Direção
Walter Luís Rogério
Produção
Filme Brasil/Embrafilme
Cenografia e figurino
Beto Mainieri
Fotografia
Adrian Cooper
Participação de Vera Hamburger:
Assistência de cenografia

O corpo
1988
Direção
José Antonio Garcia
Produção
Cinearte Produções
Cinematográficas Ltda./Olympus
Filme Ltda.
Cenografia
Felippe Crescenti
Figurino
Luiz Fernando Pereira
Fotografia
Antonio Meliande
Participação de Vera Hamburger:
Assistência de cenografia

Brincando nos campos do Senhor
(At Play in the Fields of the Lord)
1989-1990
Direção
Hector Babenco
Produção
HB Filmes/Saul Zaentz Co. – Brasil/
EUA
Fotografia
Lauro Escorel
Direção de arte
Clóvis Bueno
Cenografia
Beto Mainieiri, Marlise Storchi e
Tony Vanzolini
Figurino
Rita Murtinho
Participação de Vera Hamburger:
Assistência de direção de arte

Lamarca, um coração em chamas
1993
Direção
Sérgio Rezende
Produção
Morena Filmes/Cinemafilmes
Direção de arte
Clóvis Bueno
Figurino
Rita Murtinho
Participação de Vera Hamburger:
Cenografia

Menino maluquinho, o filme
1994
Direção
Helvécio Ratton
Produção
Filmes de Brasília
Direção de fotografia
José Tadeu Ribeiro
Direção de arte
Clóvis Bueno
Participação de Vera Hamburger:
Cenografia

O monge e a filha do carrasco
(The Monk and the Hangman's
Daughter)
1994
Direção
Walter Lima Jr.
Produção
JBR Filmes/KCK Productions –
Brasil/EUA
Fotografia
Pedro Farkas
Direção de arte
Clóvis Bueno
Figurino
Rita Murtinho
Participação de Vera Hamburger:
Cenografia

Jenipapo
1996
Direção
Monique Gardenberg
Produção
Ravina Produções e Comunicações
Fotografia
Pedro Farkas
Direção de arte
Clóvis Bueno
Figurino
Rita Murtinho
Participação de Vera Hamburger:
Cenografia

A ostra e o vento
1996
Direção
Walter Lima Jr.
Produção
Ravina Produções e Comunicações
Fotografia
Pedro Farkas
Direção de arte
Clóvis Bueno
Figurino
Rita Murtinho
Participação de Vera Hamburger:
Cenografia

Kenoma
1997
Direção
Eliane Caffé
Produção
AF Cinema e Vídeo
Fotografia
Hugo Kovensky
Direção de arte
Clóvis Bueno
Figurino
Moacyr Gamacho
Participação de Vera Hamburger:
Cenografia

Amor & Cia.
1997
Direção
Helvécio Ratton
Produção
Quimera Filmes
Fotografia
José Tadeu Ribeiro
Direção de arte
Clóvis Bueno
Figurino
Rita Murtinho
Participação de Vera Hamburger:
Cenografia

Orfeu
1998
Direção
Cacá Diegues
Produção
Rio Vermelho Produções
Fotografia
Affonso Beato
Direção de arte
Clóvis Bueno
Cenografia
Claudio Amaral Peixoto
Figurino
Emilia Duncan
Participação de Vera Hamburger:
Cenografia (cenógrafa colaboradora)

Castelo Rá-tim-bum, o filme
1998-1999
Direção
Cao Hamburger
Produção
AF Cinema e Vídeo
Fotografia
Marcelo Durst
Direção de arte
Vera Hamburger e Clóvis Bueno
Figurino
Verônica Julian
Participação de Vera Hamburger:
Direção de arte
(em parceria com Clóvis Bueno)

Uma onda no ar
2000
Direção
Helvécio Ratton
Produção
Quimera Filmes
Fotografia
José Tadeu Ribeiro
Figurino
Marney Heitmann e Ganso
Participação de Vera Hamburger:
Direção de arte e cenografia

Deus é brasileiro
2001
Direção
Cacá Diegues
Produção
Rio Vermelho Filmes
Direção de fotografia
Affonso Beato
Cenografia
Andrés Sandoval e Marcos Figueroa
Figurino
Karla Monteiro
Participação de Vera Hamburger:
Direção de arte

Carandiru
2003
Direção
Hector Babenco
Produção
HB Filmes
Fotografia
Walter Carvalho
Figurino
Cris Camargo
Direção de arte
Clóvis Bueno
Participação de Vera Hamburger:
Cenografia

Cafundó
2003
Direção
Clóvis Bueno e Paulo Betti
Produção
Prole de Adão/Laz Audiovisual
Fotografia
José Roberto Eliezer
Cenografia
Joe Ogasawara, Cibele Gardin e
Jussara Perussolo
Figurino
Bia Salgado
Participação de Vera Hamburger
Direção de arte

Só Deus sabe
(Solo Dios sabe)
2004
Direção
Carlos Bolado
Produção
Sincronía Films / Dezenove Filmes
Direção de fotografia
Frederico Barbosa
Cenografia
Cibele Gardin / Valdy Lopes
Figurino
Marjorie Gueller
Participação de Vera Hamburger:
Direção de arte

Filhos do Carnaval
2005
Direção
Cao Hamburger
Produção
O2 Filmes/HBO Films
Direção de fotografia
Adriano Goldman
Cenografia
Cibele Gardin
Figurino
Bia Salgado
Participação de Vera Hamburger:
Direção de arte

Ó paí, ó
2006
Direção
Monique Gardenberg
Produção
Dueto Filmes
Direção de fotografia
Eduardo Miranda
Cenografia
Cibele Gardin
Figurino
Bettine Silveira
Participação de Vera Hamburger:
Direção de arte

Não por acaso
2007
Direção
Philippe Barcinski
Produção
O2 Filmes
Fotografia
Pedro Farkas
Cenografia
Joe Ogasawara
Figurino
Verônica Julian e Cassio Brasil
Participação de Vera Hamburger:
Direção de arte

O passado
(El pasado)
2007
Direção
Hector Babenco
Produção
HB Filmes
Fotografia
Ricardo della Rosa
Direção de arte (Argentina)
Sebastián Orgambide
Figurino
Caia Guimarães (Brasil) e Julio
Suárez (Argentina)
Participação de Vera Hamburger:
Direção de arte (Brasil)

Salve geral
2009
Direção
Sérgio Rezende
Produção
Toscana Filmes
Direção de fotografia
Uli Burtin
Cenografia
Tiago Marques, Laura Carone e
Joe Ogasawara
Participação de Vera Hamburger:
Direção de arte

Hoje
2010
Direção
Tata Amaral
Produção
Tangerina Produções
Direção de fotografia
Jacob Solitrenick
Cenografia
Dani Vilela
Figurino
Cassio Brasil
Participação de Vera Hamburger:
Direção de arte

Bibliografia

ARAÚJO, Vicente de Paula.
A bela época do cinema brasileiro.
São Paulo: Perspectiva, 1976.
ARGAN, Giulio Carlo.
Walter Gropius e a Bauhaus.
Rio de Janeiro: José Olympio, 2005.
AUGUSTO, Sérgio.
Este mundo é um pandeiro: a chanchada de Getúlio a JK.
São Paulo: Cinemateca Brasileira/ Companhia das Letras, 1989.
BARROS, Lilian Ried Miller.
A cor no processo criativo.
São Paulo: Editora Senac São Paulo, 2006.
BARROS, Luís de.
Minhas memórias de cineasta.
Rio de Janeiro: Artenova/Embrafilme, 1978.
BARSACQ, Léon.
Le décor de film 1895-1969.
Paris: Henri Veyver, 1985.
BERNARDET, Jean-Claude.
Historiografia do cinema brasileiro.
São Paulo: Annablume, 1995.
CAPELLARO, Jorge J. V.; CAPELLARO
Victorio G. J. *Vittorio Capellaro: italiano pioneiro no cinema brasileiro.*
Rio de Janeiro, Ed. dos autores, 1997.
CAPELLARO, Jorge J. V.; FERREIRA, Paulo Roberto. *Verdades sobre o início do cinema brasileiro.* Rio de Janeiro: Funarte, 1996.
CAPELLARO, Vittorio.
O caçador de diamantes: o primeiro roteiro completo do cinema brasileiro. Comentado por Máximo Barro. Coleção Aplauso.
São Paulo: Imprensa Oficial, 2004.
CAVALCANTI DE PAIVA, Salviano.
História ilustrada dos filmes brasileiros. Rio de Janeiro: Francisco Alves, 1989.
DEMASI, Domingos.
Chanchadas e dramalhões.
Rio de Janeiro: Funarte, 2001.

ETTEDGUI, Peter. *Screencraft Production Design and Art Direction.*
Oxford: Focal Press, 1999.
FERREIRA, Suzana Cristina de Souza. *Cinema carioca nos anos 30 e 40.*
São Paulo: Annablume, 2003.
GONZAGA, *Alice.*
50 anos de Cinédia.
Rio de Janeiro: Record, 1987.
GROPIUS, Walter.
Bauhaus: nova arquitetura.
São Paulo: Perspectiva, 1977.
KANDINSKI, Wassili.
Do espiritual na arte.
São Paulo: Martins Fontes, 2000.
LABAKI, Amir.
O cinema brasileiro.
São Paulo: Publifolha, 1998.
LOBRUTTO, Vincent.
The Filmaker's Guide to Production Design.
Nova York: Allworth, 2002.
MARTINELLI, Sérgio.
Vera Cruz: imagens e história do cinema brasileiro.
São Paulo: Abooks, 2002.
MONTEIRO, José Carlos.
História visual: cinema brasileiro.
Rio de Janeiro: Funarte, 1996.
MORAES, Vinícius de.
O cinema de meus olhos.
São Paulo: Companhia das Letras, 1991.
OROZ, Silvia.
Melodrama: o cinema de lágrimas da América Latina.
Rio de Janeiro: Funarte, 1999.
OSTROWER, Fayga.
Acasos e criação artística.
Rio de Janeiro: Campus, 1995.
PUPPO, Eugênio; HADDAD, Vera (orgs.).
Cinema marginal e suas fronteiras: filmes produzidos nas décadas de 60 e 70.
São Paulo: Centro Cultural Banco do Brasil, 2001.
RAMOS, Fernão.
História do cinema brasileiro.
São Paulo: ArtEditora, 1990
[1ª ed.: 1987].

RAMOS, Fernão; MIRANDA, Luiz Felipe (orgs.). *Enciclopédia do cinema brasileiro.*
São Paulo: Editora Senac São Paulo, 2000.
ROCHA, Glauber.
Revisão crítica do cinema brasileiro.
São Paulo: Cosac Naify, 2003.
SADOUL, Georges.
História do cinema mundial.
3 vols. São Paulo: Martins, s/d.
SALES GOMES, Paulo Emílio.
Cinema: trajetória no subdesenvolvimento.
Rio de Janeiro: Paz e Terra/ Embrafilme, 1980.
SANTOS NETO, Benedito Ferreira dos.
Três reflexões sobre a direção de arte no cinema brasileiro. 2019. 138 f. Dissertação (Mestrado em Arte e Cultura Visual) – Universidade Federal de Goiás, Goiânia, 2019.
SCHWARZMAN, Sheila.
Humberto Mauro e as imagens do Brasil.
São Paulo: Edunesp, 2004.
SILVA NETO, Antonio Leão da.
Dicionário de filmes brasileiros.
São Paulo: Futuro Mundo, 2002.
SONTAG, Susan.
Sobre a fotografia.
São Paulo: Companhia das Letras, 2004.
SOUZA, Carlos Roberto de.
Nossa aventura na tela. São Paulo: Cultura, 1998.
SOUZA, José Inácio de Melo.
Imagens do passado: São Paulo e Rio de Janeiro nos primórdios do cinema.
São Paulo: Editora Senac São Paulo, 2004.
TASHIRO, Charles Shiro. *Pretty Pictures, Production Design and the History Film.*
Austin: University of Texas Press, 1998.
XAVIER, Tainá; MARTINS, India Mara. "A presença do 'feminino' na direção de arte no cinema brasileiro". *In*: TEDESCO, Marina Cavalcanti (org.). *Trabalhadoras do cinema brasileiro: mulheres muito além da direção.* Rio de Janeiro: NAU Editora, 2021, p. 37-57.

Créditos das Imagens

16-17
Projeto de cenário
Andrés Sandoval

54-55
Detalhes de projeto de cenário
Pierino Massenzi, Clóvis Bueno, Marcos Flaksman e Adrian Cooper

---

Pierino Massenzi
56
Retrato de Pierino Massenzi
Fotografia João Bueno, 2004
Acervo Vera Hamburger
58-59
Estúdios da Cia. Cinematográfica Vera Cruz
São Bernardo do Campo, década 1950
Acervo Cinemateca Brasileira
59
Diploma de Pierino Massenzi
Arquitetura, pintura, decoração e cenografia. Real Accademia de Belle Arte de Roma, 1945
Acervo Pierino Massenzi

Caiçara
62
Fotografia de cena
Exterior da casa
Eliane Lage e Mário Sérgio
Acervo Cinemateca Brasileira
63
Fotografia de cena
Interior da casa
Eliane Lage e Abílio Pereira de Almeida
Acervo Cinemateca Brasileira

Tico-tico no fubá
66-67
Fotografias de cena
Cidade cenográfica
Acervo Cinemateca Brasileira
Projeto de cenário – esboço
Cidade cenográfica – planta
Pierino Massenzi
Acervo Pierino Massenzi
68
Fotografia de cena
Cidade cenográfica
Marisa Prado
Acervo Cinemateca Brasileira
69
Fotografia de cena
Casa da família de Zequinha de Abreu
Marisa Prado
Acervo Cinemateca Brasileira

70
Projeto de cenário – esboço
Interior do circo – picadeiro, balcão da banda e plateia – perspectiva
Pierino Massenzi
Acervo Pierino Massenzi
71
Fotografia da cena
Interior do circo – picadeiro, balcão da banda e plateia
Ziembinski e outros
Acervo Cinemateca Brasileira
Fotografia da cena
Circo – balcão da banda
Vittório Gobbis e banda
Acervo Cinemateca Brasileira
Fotografia de filmagem
Circo – balcão da banda
Victório Gobbis e banda
Acervo Cinemateca Brasileira
72
Projeto de cenário – esboço
Acampamento do circo – picadeiro, balcão da banda e plateia – perspectiva
Pierino Massenzi
Acervo Pierino Massenzi
Fotografia de cena
Acampamento do circo – dia
Anselmo Duarte e outros
Acervo Cinemateca Brasileira
Fotografia de cena
Acampamento do circo – noite
Tônia Carreiro e Anselmo Duarte
Acervo Cinemateca Brasileira
73
Fotografia de cena
Acampamento do circo
Palhaço Piolim (Abelardo Pinto)
Acervo Cinemateca Brasileira
74-75
Fotografias de cena
Trailer de Branca – interior
Tônia Carreiro e Anselmo Duarte
Acervo Cinemateca Brasileira

Paixão de gaúcho
76
Fotografia de construção
Reforma da igreja e da cidade cenográfica
Acervo Cinemateca Brasileira
77
Fotografia de construção dos cenários
Cidade cenográfica
Acervo Cinemateca Brasileira

Ângela
78-79
Fotografia de locação
Fazenda da baronesa
Acervo Cinemateca Brasileira
80-81
Projeto de cenário – esboços
Sala de jantar da mansão de Gervásio
Pierino Massenzi
Acervo Pierino Massenzi

81
Fotografia de construção
Sala de jantar da mansão de Gervásio
Pierino Massenzi e equipe
Acervo Cinemateca Brasileira
82
Fotografia de cena
Sala de jantar da mansão de Gervásio
Eliane Lage e Abílio Pereira de Almeida
Acervo Cinemateca Brasileira
83
Fotografia de cena
Sala de jantar da mansão de Gervásio
Eliane Lage e Nair Lopes
Acervo Cinemateca Brasileira
Fotografia de cena
Sala de jantar da mansão de Gervásio
Eliane Lage, Nair Lopes e Abílio Pereira de Almeida
Acervo Cinemateca Brasileira
84
Fotografia de cena
Mansão de Gervásio
Eliane Lage
Acervo Cinemateca Brasileira
Fotografias de cena
Mansão de Gervásio
Eliane Lage e Mário Sérgio
Acervo Cinemateca Brasileira
85
Fotografia de cena
Casa de jogo
Carlos Thiré, Alberto Ruschel, Albino Cordeiro, Pio Piccinini e Renato Consorte
Acervo Cinemateca Brasileira
Projeto de cenário – esboços
Casa de jogo
Pierino Massenzi
Acervo Pierino Massenzi
Fotografia de cena
Casa de jogo
Alberto Ruschel
Acervo Cinemateca Brasileira
86
Projeto de cenário – esboços
Escritório de Gennarino – planta e corte
Pierino Massenzi
Acervo Pierino Massenzi
Fotografias de construção
Escritório de Gennarino
Acervo Cinemateca Brasileira
87
Estudo de decupagem em planta
Escritório de Gennarino
Acervo Pierino Massenzi

88
Fotografias de cenário
Casa de Vanju
Acervo Cinemateca Brasileira
Projeto de cenário – esboço
Casa de Vanju – planta
Pierino Massenzi
Acervo Pierino Massenzi
Estudo de decupagem em planta
Casa de Vanju
Acervo Pierino Massenzi
89
Fotografia de cena
Casa de Vanju
Inezita Barroso e Ruth de Souza
Acervo Cinemateca Brasileira
90
Fotografia de cena
Eliane Lage e Alberto Ruschel
Acervo Cinemateca Brasileira
91
Fotografia de teste de maquiagem
Eliane Lage
Acervo Cinemateca Brasileira

Nadando em dinheiro
92
Fotografia de cena
Amácio Mazzaropi e outros
Acervo Cinemateca Brasileira
93
Projeto de cenário – aquarela
Pierino Massenzi
Acervo Pierino Massenzi

O cangaceiro
94-95
Fotografia de cena
Caminhos do sertão
Acervo Cinemateca Brasileira
96
Projeto de cenário – esboços
Acampamento dos cangaceiros – perspectivas
Pierino Massenzi
Acervo Pierino Massenzi
Fotografia de cena
Acampamento dos cangaceiros
Acervo Cinemateca Brasileira
97
Fotografia de cena
Acampamento dos cangaceiros
Acervo Cinemateca Brasileira
98
Desenho de cena
Acampamento dos cangaceiros
Carybé
Acervo Copyrights Consultoria Ltda.
99
Fotografias de prova de figurino
Milton Ribeiro e Vanja Orico
Acervo Cinemateca Brasileira
100
Projeto de cenário – esboços
Prisão de Olívia – perspectiva
Pierino Massenzi
Acervo Pierino Massenzi

413

101
Fotografia de cena
Prisão de Olívia – interior
Marisa Prado e Alberto Ruschel
Acervo Cinemateca Brasileira
Fotografias de cena
Acampamento dos cangaceiros –
prisão de Olívia – exterior
Marisa Prado, Alberto Ruschel e
Maria Luiza Sabino
Acervo Cinemateca Brasileira
102
Fotografia de cena
Entrada da cidade – pousada dos
cangaceiros
Acervo Cinemateca Brasileira
103
Fotografia de filmagem
Igreja
Acervo Cinemateca Brasileira
Desenho de cena
Entrada da cidade – igreja
Carybé
Acervo Copyrights Consultoria Ltda.
Projeto de cenário – esboço
Entrada da cidade – planta e
elevação
Pierino Massenzi
Acervo Pierino Massenzi
104-105
Fotografia de cena
Caminho dos cangaceiros
Acervo Cinemateca Brasileira

Luz apagada
106-107
Fotografia de cena
A ilha do farol
Acervo Cinemateca Brasileira
108
Projeto de cenário – esboço
Exterior do farol e ancoradouro –
perspectiva
Pierino Massenzi
Acervo Pierino Massenzi
Fotografias de construção
Exterior do farol
Acervo Cinemateca Brasileira
109
Projeto de cenário – esboço
Interior da casa do faroleiro – planta
e perspectiva
Pierino Massenzi
Acervo Pierino Massenzi
110
Fotografia de cena
Interior da casa do faroleiro
Sérgio Hingst e Xandó Batista
Acervo Cinemateca Brasileira
Fotografia de cena
Interior da casa do faroleiro
Maria Fernanda, Fernando Pereira e
Ermínio Spalla
Acervo Cinemateca Brasileira
Fotografia de cena
Interior da casa do faroleiro
Mário Sérgio
Acervo Cinemateca Brasileira

111
Fotografia de cena
Escada do farol
Fernando Pereira
Acervo Cinemateca Brasileira
Fotografia de filmagem
Estúdio Cia. Cinematográfica Vera
Cruz, década de 1950
Acervo Cinemateca Brasileira
112-113
Fotografia de cena
Cabine do farol
Fernando Pereira
Acervo Cinemateca Brasileira
Projeto de cenário – esboço
Cabine do farol – perspectiva
Pierino Massenzi
Acervo Pierino Massenzi
113
Fotografia de cena
Barco – maquete
Acervo Cinemateca Brasileira

Uma certa Lucrécia
114-115
Fotografia de cena
Casa da costureira
Dercy Gonçalves, Odete Lara e
outros
Acervo Cinemateca Brasileira
116
Projeto de cenário – esboço
Salão dos Borges – perspectiva
Pierino Massenzi
Acervo Pierino Massenzi
116-117
Fotografia de cena
Salão dos Borges
Bailarinos
Acervo Cinemateca Brasileira
117
Fotografia de cena
Palácio dos Borges – sala de banhos
Acervo Cinemateca Brasileira
118
Projeto de cenário – esboço
Canal de Veneza – perspectiva
Pierino Massenzi
Acervo Pierino Massenzi
119
Projeto de cenário – esboço
Canal de Veneza – saída da taverna e
ponte – planta
Pierino Massenzi
Acervo Pierino Massenzi
Fotografia de cena
Canal de Veneza – ponte
Mário Sérgio e outros
Acervo Cinemateca Brasileira
120
Fotografia de cena
Interior da taverna
Lyris Castellani
Acervo Cinemateca Brasileira
Fotografia de cena
Interior da taverna
José Parisi e outros
Acervo Cinemateca Brasileira

120-121
Fotografia de cena – esboço
Saída da taverna – perspectiva
José Parisi e outros
Acervo Cinemateca Brasileira
121
Projeto de cenário – esboço
Interior da taverna – perspectiva
Pierino Massenzi
Acervo Pierino Massenzi
122-123
Fotografia de cena
Cozinha musical – bailarinos
Acervo Cinemateca Brasileira

Ravina
124-125
Projeto de cenário – esboço
Exterior da casa
Pierino Massenzi
Acervo Pierino Massenzi
126
Projeto de cenário – esboço
Interior da casa – perspectiva
Pierino Massenzi
Acervo Pierino Massenzi
127
Fotografia de cena
Interior da casa – andar térreo
Eliane Lage
Acervo Cinemateca do MAM do Rio
de Janeiro
Projeto de cenário – esboço
Interior da casa – planta e corte
Pierino Massenzi
Acervo Pierino Massenzi
128
Projeto de cenário – esboço
Detalhe do piso
Pierino Massenzi
Acervo Pierino Massenzi
Fotografia de cena
Interior da casa – andar térreo
Eliane Lage
Acervo Cinemateca do MAM do Rio
de Janeiro
129
Fotografia de cena
Interior da casa e vista da janela
Eliane Lage e Mário Sérgio
Acervo Cinemateca do MAM do Rio
de Janeiro

Noite vazia
130-131
Fotografia de cena
Apartamento do encontro
Mário Benvenutti e Odete Lara
Acervo Cinemateca Brasileira

Clóvis Bueno
136
Retrato de Clóvis Bueno
Fotografia Zeca Guimarães, 2004
Acervo Vera Hamburger

Pixote, a lei do mais fraco
138
Fotografia de cena
Fernando Ramos da Silva
Fotógrafo Ayrton Magalhães
Acervo HB Filmes
144-145
Fotografia de cena
Fernando Ramos da Silva
Fotógrafo Ayrton Magalhães
Acervo HB Filmes
146 -147
Fotografias de cena
Casa de Sueli – sala, quarto e
banheiro
Marília Pêra, Fernando Ramos da
Silva e outros
Fotógrafo Ayrton Magalhães
Acervo HB Filmes
148
Fotografia de cena
Reformatório de menores – pátio e
refeitório
Fernando Ramos da Silva e outros
Fotógrafo Ayrton Magalhães
Acervo HB Filmes
149
Fotografia de cena
Avenida São João
Fernando Ramos da Silva
Fotógrafo Ayrton Magalhães
Acervo HB Filmes

Índia, a filha do Sol
150-151
Desenhos de figurino
Clóvis Bueno
Acervo Clóvis Bueno
152-153
Projeto de cenário
Casa do inspetor e casa do cabo –
perspectiva
Clóvis Bueno
Acervo Clóvis Bueno

O beijo da mulher aranha
154-155
Fotografia de cena
A mulher aranha
Sonia Braga
Fotógrafo Ayrton Magalhães
Acervo HB Filmes
156
Fotografia de cena
Casa de detenção – pátio e
corredores das celas
Raul Julia, William Hurt e outros
Fotógrafo Ayrton Magalhães
Acervo HB Filmes
156-157
Fotografia de construção
Cela de Molina
Equipe de cenotécnica
Fotógrafo Ayrton Magalhães
Acervo HB Filmes

158
Fotografia de filmagem
Hector Babenco, Raul Julia, William
Hurt e equipe
Fotógrafo Ayrton Magalhães
Acervo HB Filmes
158-159
Fotografias de cena
Cela de Molina
Raul Julia e William Hurt
Fotógrafo Ayrton Magalhães
Acervo HB Filmes

Brincando nos campos do Senhor
160-161
Fotografia de cena
Aproximação do avião sobre a aldeia
Iriwana Karajá
Fotógrafo Phil Bray
Acervo Paul Zaentz
162-163
Fotografia de cenário
Vista aérea da cidade cenográfica
Fotógrafo Phil Bray
Acervo Paul Zaentz
164
Fotografia de locação
Igarapé Uriboquinha
Fotógrafo Clóvis Bueno
Acervo Vera Hamburger
Projeto de cenário
Cidade cenográfica (Madre de Deus)
– implantação
Beto Mainieri
Acervo Beto Mainieri
164-165
Projeto de cenários
Cidade cenográfica – elevações
das casas e edificações a serem
construídas
Beto Mainieri
Acervo Beto Mainieri
166-167
Fotografia de construção
Cidade cenográfica
Fotógrafo Moa Ramalho
Acervo Moa Ramalho
168
Fotografia de construção
Cidade cenográfica – casa 9
Fotógrafo Moa Ramalho
Acervo Moa Ramalho
Fotografia de cenário
Cidade cenográfica – conjunto de
casas
Fotógrafo Moa Ramalho
Acervo Moa Ramalho
Fotografia de continuidade
Cidade cenográfica – casa da
costureira
Fotógrafa Vera Hamburger
Acervo Vera Hamburger
Projeto de cenário
Cidade cenográfica – casa 9 – planta,
fachada e vistas laterais
Beto Mainieri, cenógrafo
Acervo Beto Mainieri

169
Projeto de cenário
Cidade cenográfica – conjunto de
casas – perspectiva e planta
Beto Mainieri, cenógrafo
Acervo Beto Mainieri
170
Projeto de cenário
Igreja – interior perspectiva
Beto Mainieri, cenógrafo
Acervo Beto Mainieri
171
Referência iconográfica
Altar da igreja
Acervo Beto Mainieri
Fotografia de construção
Interior da igreja – altar
Fotógrafo Beto Mainiere
Acervo Beto Mainiere
Projeto de cenário
Altar da Igreja – vista e corte
Beto Mainieri, cenógrafo
Acervo Beto Mainieri
172
Fotografia de construção
Igreja – interior e exterior
Pupe e equipe de cenotécnica e
construtores locais
Fotógrafo Clóvis Bueno
Acervo Vera Hamburger
173
Fotografia de construção
Igreja – interior e exterior
Equipe de cenotécnica e
construtores locais
Fotógrafo Moa Ramalho
Acervo Moa Ramalho
Fotografia de cenário
Cidade cenográfica
Fotógrafo Phil Bray
Acervo Paul Zaentz
174-175
Projeto de cenário
Hotel Anaconda – planta do térreo,
planta do 1º pavimento, corte e vista
Beto Mainieri, cenógrafo
Acervo Beto Mainieri
176
Fotografia de construção
Hotel Anaconda
Equipe de cenotécnica
e construtores locais
Fotógrafo Moa Ramalho
Acervo Moa Ramalho
176-177
Fotografia de cenário
Hotel Anaconda
Fotógrafo Clóvis Bueno
Acervo Vera Hamburger

177
Fotografia de cena
Hotel Anaconda – quarto de Leslie
e Andy
John Litthgow e Daryl Hanna
Fotógrafo Phil Bray
Acervo HB Filmes
Fotografia de cena
Hotel Anaconda – varanda
Tom Berenger e Tom Waits
Fotógrafo Phil Bray
Acervo HB Filmes
178
Fotografia de cena
Casa de Gusmão
Tom Berenger e Tom Waits
Fotógrafo Phil Bray
Acervo HB Filmes
Projeto de cenário
Casa de Gusmão – planta, cortes e
vistas
Beto Mainieri, cenógrafo
Acervo Beto Mainieri
179
Fotografia de filmagem
Cidade cenográfica – pista de pouso
Fotógrafo Phil Bray
Acervo HB Filmes
Fotografia de filmagem
Cidade cenográfica – pista de pouso
Equipe de filmagem
Fotógrafo Paul Zaentz
Acervo Paul Zaentz
180
Projeto de cenário
Aldeia indígena cenográfica –
perspectiva
Marlise Storchi
Acervo Marlise Storchi
181
*Desenhos de pesquisa de
maquiagem e figurino indígenas*
Rita Murtinho
Acervo Rita Murtinho
Fotografia de construção
Aldeia indígena cenográfica
Fotógrafa Marlise Storchi
Acervo Simita Delaire
182
Fotografias de construção
Aldeia indígena cenográfica
Equipe de cenotécnia e
construtores locais
Fotógrafa Marlise Storchi
Acervo Simita Delaire
Projeto de cenário
Aldeia indígena cenográfica – planta
e cortes
Marlise Storchi
Acervo Marlise Storchi
183
Fotografia de cena
Aldeia indígena cenográfica
Fotógrafa Marlise Storchi
Acervo Simita Delaire

184-185
Desenhos de pesquisa de figurino
Vestimenta indígena
Rita Murtinho
Acervo Rita Murtinho
186-187
Fotografias de cena
Aldeia indígena cenográfica
Tom Berenger e outros
Fotógrafo Phil Bray
Acervo HB Filmes
Fotografia de filmagem
Aldeia indígena cenográfica
Equipe de efeitos especiais
Fotógrafo Phil Bray
Acervo HB Filmes
Fotografia de cena
Aldeia indígena cenográfica
Aidam Quinn
Fotógrafo Phil Bray
Acervo HB Filmes
188
Fotografia de cena
Missão
John Lithgow, Kathy Bates, Daryl
Hanna, Aidam Quinn e outros
Fotógrafo Phil Bray
Acervo HB Filmes
Fotografia de cena
Missão
John Lithgow, Aidan Quinn e outros
Fotógrafo Phil Bray
Acervo HB Filmes
Projeto de cenário
Casa da missão – vista frontal
Beto Mainieri
Acervo Beto Mainieri
189
Projeto de cenário
Casa da missão – vista lateral
Beto Mainieri
Acervo Beto Mainieri
Projeto de cenário
Casa da missão – perspectiva
esquemática da estrutura
Beto Mainieri
Acervo Beto Mainieri
Projeto de cenário
Missão – casa, igreja e escola –
perspectiva
Beto Mainieri
Acervo Beto Mainieri

Kenoma
190-191
Projeto de cenário
Galpão de Lineu e moinho –
perspectiva
Vera Hamburger
Acervo Vera Hamburger
192
Projeto de cenário
Roda do moto-perpétuo
Vinicius Andrade
Acervo Vera Hamburger

193
Fotografias de locação
Galpão de Lineu – interior e exterior
Fotógrafa Vera Hamburger
Acervo Vera Hamburger
194-195
Projeto de cenário
Galpão de Lineu e moinho –
perspectiva
Vera Hamburger
Acervo Vera Hamburger
Projeto de cenário
Galpão de Lineu e moinho – planta,
corte longitudinal do galpão, corte
longitudinal e transversal da torre
Vera Hamburger
Vinicius Andrade
Acervo Vera Hamburger
196-197
Fotografias de construção
Galpão de Lineu e moinho
Equipe de cenotécnica e
construtores locais
Fotógrafas Patrícia Rabbat e
Vera Hamburger
Acervo Vera Hamburger
198
Fotografia de cenário
Roda do moto-perpétuo
Fotógrafa Vera Hamburger
Acervo Vera Hamburger
Projeto de cenário
Roda do moto-perpétuo – módulos
Vinicius Andrade
Acervo Vera Hamburger
199
Projeto de cenário
Engrenagens da máquina
(traquitanas)
Clóvis Bueno e Vinicius Andrade,
projetistas
Acervo Vera Hamburger
Fotografia de cenário
Máquina do interior do galpão
Fotógrafo Jacob Solitrenick
Acervo Vera Hamburger
200
Fotografias de cenário
Engrenagens da máquina de Lineu
Fotógrafa Vera Hamburger
Acervo Vera Hamburger
201
Storyboard de cena
Galpão de Lineu – cena do acidente
Clóvis Bueno
Acervo Vera Hamburger
202
Fotografias de cena
Galpão de Lineu – interior, torre e
roda
José Dumont
Fotógrafo Ramón Cañelles
Acervo Vera Hamburger
202-203
Fotografia de filmagem
Torre e roda
Fotógrafo Ramón Cañelles
Acervo Vera Hamburger

Castelo Rá-tim-bum, o filme
204-205
Projeto de cenário
Leão porteiro – vista frontal
Andrés Sandoval
Acervo Vera Hamburger
206
Projeto de cenário
Leões porteiros – vista frontal e
lateral
Porta de entrada do castelo – vista
frontal
Andrés Sandoval
Acervo Vera Hamburger
Fotografia de cenário
Fachada do castelo
Fotógrafa Vera Hamburger
Acervo Vera Hamburger
207
Projeto de cenário
Fachada do castelo – vista frontal
Clóvis Bueno
Acervo Vera Hamburger
208-209
Fotografia de pesquisa
Referência para a árvore do hall
Fotógrafa Vera Hamburger
Acervo Vera Hamburger
Projeto de cenário
Árvore do castelo
Clóvis Bueno
Acervo Vera Hamburger
Projeto de cenário
Hall do castelo – planta executiva e
planta de piso
Joe Ogasawara
Acervo Vera Hamburger
Fotografias de cenário
Hall e árvore
Fotógrafo Gal Oppido
Acervo Vera Hamburger
210-211
Fotografias de construção
Hall do castelo – entrada
Fotógrafas Talita Miranda e Jeyne
Stakflett
Fotomontagem Zol Design
Acervo Vera Hamburger
Projeto de cenário
Hall do castelo – projeto de cenário
e elevações
Joe Ogasawara
Acervo Vera Hamburger
212
Fotografias de construção
Hall do castelo – entrada
Fotógrafas Talita Miranda e Jeyne
Stakflett
Acervo Vera Hamburger
Projeto de cenário
Hall do castelo – detalhamento das
colunas
Joe Ogasawara e Andrés Sandoval
Acervo Vera Hamburger

213
Estudo de pintura em aquarela
Hall do castelo – estudo de pintura
para afresco baseado em obra de
Hyeronymus Bosch
Akira Goto e equipe
Acervo Vera Hamburger
214-215
Desenhos de figurino
Morgana, Victor, Nino e Losângela
Stradivarius
Verônica Julian
Acervo Verônica Julian
215
Fotografias de adereço
Livro de poderes de Morgana
Fotógrafo não identificado
Acervo digital Vera Hamburger
216-217
Projeto de cenário
Quarto de Morgana
Andrés Sandoval
Acervo Vera Hamburger
218
Projeto de cenário
Quarto de Morgana – planta e corte
longitudinal; estudo estrutural
Andrés Sandoval
Acervo Vera Hamburger
219
Fotografias de construção
Quarto de Morgana
Fotógrafas Talita Miranda e Jeyne
Stakflett
Acervo Vera Hamburger
220
Storyboard
Quarto de Morgana – levitação de
Nino
Líbero Malavoglia
Acervo digital Vera Hamburger
Fotografia de cena
Quarto de Morgana – levitação de
Nino
Diegho Kozievitch
Fotógrafo Werinton Kermes
Acervo digital Politheama Filmes
221
Estudo de cor
Quarto de Morgana – cúpula
Andrés Sandoval
Acervo Vera Hamburger
Fotografia de filmagem
Quarto de Morgana – levitação de
Nino
Rosi Campos e Diegho Kozievitch
Fotógrafo Werinton Kermes
Acervo digital Politheama Filmes
222
Projeto de cenário
Biblioteca e observatório do
professor Victor – planta, corte
transversal e corte longitudinal
Andrés Sandoval
Acervo Vera Hamburger

223
Esboço de cenário
Biblioteca e observatório do
professor Victor
Andrés Sandoval
Acervo Vera Hamburger
224
Estudo de cor
Biblioteca e observatório do
professor Victor
Andrés Sandoval
Acervo Vera Hamburger
Estudo de enquadramento
Biblioteca e observatório do
professor Victor
Andrés Sandoval
Acervo Vera Hamburger
225
Fotografia de cenário
Observatório
Fotógrafo Gal Oppido
Acervo Vera Hamburger
Projeto de adereço de cenário
Telescópio
Andrés Sandoval
Acervo Vera Hamburger
Projeto de cenário – esboço
Biblioteca e observatório do
professor Victor
Clovis Bueno
Acervo Vera Hamburger
226
Projeto de cenário – esboço
Quarto de Nino
Clóvis Bueno
Acervo Vera Hamburger
Projeto de cenário
Quarto de Nino – cortes transversal
e longitudinal
Joe Ogasawara
Acervo Vera Hamburger
227
Fotografias de cenário
Quarto de Nino
Fotógrafo Gal Oppido
Acervo Vera Hamburger
Esboço dos bonecos
Bonecos Mau, Sujo e Feio
Clóvis Bueno
Acervo Vera Hamburger

Carandiru
228-229
Fotografia de cenário
Casa de detenção – locação
adaptada
Fotógrafa Claudia Jaguaribe
Acervo HB Filmes
230-231
Fotografias de cenário
Casa de detenção – locação
adaptada
Fotógrafa Marlene Bérgamo
Acervo HB Filmes

232-233
Fotografias de cena
Casa de detenção – pátio e cenários
de interior
Fotógrafa Marlene Bérgamo
Acervo HB Filmes
233
Fotografia de filmagem
Casa de detenção – pátio e cenários
de interior
Fotógrafa Marlene Bérgamo
Acervo HB FILMES
234-235
Fotografia de filmagem
Casa de detenção – pátio em dia de
show de Rita Cadillac
Rita Cadillac, Walter Carvalho e Lula
Carvalho
Fotógrafa Marlene Bérgamo
Acervo HB FILMES
235
Fotografias de cena
Casa de detenção – entrada do
pavilhão
Fotógrafa Marlene Bérgamo
Acervo HB Filmes
236
Fotografias de filmagem
Casa de detenção – *hall* das escadas
Clóvis Bueno e o contrarregra
Magrão entre outros
Fotógrafa Marlene Bérgamo
Acervo HB Filmes
Fotografia de cena
Casa de detenção – *hall* das escadas
Fotógrafa Marlene Bérgamo
Acervo HB Filmes
237
Fotografia de cena
Casa de detenção – campo de
futebol
Fotógrafa Marlene Bérgamo
Acervo HB Filmes
238-239
Projeto de cenário
Pavilhão 9 – corredores e celas –
plantas e cortes
Joe Ogasawara
Acervo Vera Hamburger
Fotografias de cenário e filmagem
Pavilhão 9 – corredores, celas e
enfermaria
Fotógrafa Marlene Bérgamo
Acervo HB Filmes
240-241
Projeto de cenário
Pavilhão 9 – cela de Majestade –
planta e cortes
Joe Ogasawara
Acervo Vera Hamburger
Fotografias de cenário
Pavilhão 9 – cela de Majestade
Fotógrafa Lucia Mindlin Loeb
Acervo Lucia Mindlin Loeb
Fotografia de cena
Pavilhão 9 – cela de Majestade
Maria Luísa Mendonça
Fotógrafa Marlene Bérgamo
Acervo HB Filmes

242
Fotografias de cena
Pavilhão 9 – cela de Lady Di
Rodrigo Santoro e Gero Camilo
Fotógrafa Marlene Bergamo
Acervo HB Filmes
243
Projeto de cenário
Pavilhão 9 – cela de Lady Di – planta
e cortes
Joe Ogasawara
Acervo Vera Hamburger
Fotografia de cenário
Pavilhão 9 – cela de Lady Di
Fotógrafa Lucia Mindlin Loeb
Acervo Lucia Mindlin Loeb
244
Fotografia de cena
Pavilhão 9 – corredores e celas
Lázaro Ramos
Fotógrafa Marlene Bergamo
Acervo HB Filmes
Fotografias de cenário
Pavilhão 9 – colagens e pinturas
cenográficas
Fotógrafa Marlene Bergamo
Acervo HB Filmes
245
Fotografias de filmagem e de cena
Túnel da fuga
Hector Babenco, Walter Carvalho e
Lula Carvalho e outros
Fotógrafa Marlene Bergamo
Acervo HB Filmes
246-247
Fotografia de cena
Pavilhão 9 – corredores – cena final
Fotógrafa Marlene Bergamo
Acervo HB Filmes
248
Fotografia de cena
Pavilhão 9 – campo de futebol/
barraca de visita
Milton Gonçalves
Fotógrafa Marlene Bergamo
Acervo HB Filmes

Marcos Flaksman
252
Retrato de Marcos Flaksman
Fotógrafa Sandra Fanzeres
Acervo Sandra Fanzeres

O que é isso, companheiro?
254
Fotografia de cena
O sequestro
Fernanda Torres
Fotógrafo Vantoen Pereira Jr.
Acervo LC Barreto
260-261
Fotografia de cena
Porta do quarto/cativeiro
Pedro Cardoso
Fotógrafo Vantoen Pereira Jr.
Acervo LC Barreto

262-264
Projeto de cenário
Casa do cativeiro – plantas e cortes
Marcos Flaksman e equipe
Acervo Marcos Flaksman
266
Fotografia de cena
Casa do cativeiro – *hall* de entrada e
sala de estar
Marco Ricca e outros
Fotógrafo Vantoen Pereira Jr.
Acervo LC Barreto
267
Projeto de cenário
Casa do cativeiro – 2º pavimento,
planta e corte
Marcos Flaksman e equipe
Acervo Marcos Flaksman

O Xangô de Baker Street
268-269
Material de pesquisa
William Hogarth
*Marriage a la Mode: IV, The Toilette,
c.* 1743
Acervo álbum Art/Latinstock
269
Material de pesquisa
Fotógrafo Augusto Malta
Praça XV de Novembro, Rio de
Janeiro, 1897
Acervo Instituto Moreira Salles
Material de pesquisa
Imagem do Rio de Janeiro no século
XIX
Fotógrafo Marc Ferrez
Coleção Gilberto Ferrez
Acervo Instituto Moreira Salles
270-271
*Fotografia de levantamento de
locação*
Praça do Comércio e Mercado
Marcos Flaksman e equipe
Acervo Marcos Flaksman
Projeto de cenário
Praça do Comércio e Mercado –
planta, vistas e estudo de cor
Marcos Flaksman e equipe
Acervo Marcos Flaksman
272
Projeto de cenário
Quiosque da Praça do Mercado
Marcos Flaksman e equipe
Acervo Marcos Flaksman
Projeto de cenário
Placas de comércio da Praça do
Mercado
Marcos Flaksman e equipe
Acervo Marcos Flaksman
272-273
Fotografia de filmagem
Praça do Mercado
Fotógrafo Zeca Guimarães
Acervo Zeca Guimarães

273
Estudos de enquadramento
Janela do assassino
Marcos Flaksman e equipe
Acervo Marcos Flaksman
*Estudo de enquadramento sobre
fotografia de locação*
Janela do assassino
Marcos Flaksman e equipe
Acervo Marcos Flaksman
274-275
*Levantamento de locação e definição
de intervenções cenográficas*
Ruas da Cidade – Rua do Ouvidor,
cidade do Rio de Janeiro
Marcos Flaksman e equipe
Àcervo Marcos Flaksman
275
*Levantamento de locação e definição
de intervenções cenográficas*
Ruas da Cidade – Rua das
Carmelitas, cidade do Porto
Marcos Flaksman e equipe
Acervo Marcos Flaksman
276
Pesquisa iconográfica
Luteria
Fontes diversas não identificadas
Pesquisa Marcos Flaksman e equipe
Acervo Marcos Flaksman
277
Projeto de cenário
Luteria – perspectiva
Marcos Flaksman e equipe
Acervo Marcos Flaksman
278
Pesquisa iconográfica
Princesa Isabel e Baronesa de
Muritiba
Pesquisa Marcos Flaksman e equipe
Fotógrafo Marc Ferrez
Acervo Marcos Flaksman
Levantamento de locação
Casa da Baronesa
Marcos Flaksman e equipe
Acervo Marcos Flaksman
Projeto de cenário
Casa da Baronesa – cortinas
Marcos Flaksman e equipe
Acervo Marcos Flaksman
279
Fotografias de locação
Casa da Baronesa
Fotógrafo Marcos Flaksman e equipe
Acervo Marcos Flaksman
280
Referência de cor para pintura
Pesquisa Marcos Flaksman e equipe
Acervo Marcos Flaksman

281
Projeto de elemento de cena para efeito especial
Quarto de hotel – papel de parede
Marcos Flaksman e equipe
Acervo Marcos Flaksman
Desenho e fotografias de estudo para efeito especial
Baía da Guanabara – entrada da embarcação
Marcos Flaksman e equipe
Acervo Marcos Flaksman

282
Desenho de projeto
A dama das Camélias – telão de fundo, estudo de cor
Marcos Flaksman e equipe
Acervo Marcos Flaksman
Prancha de levantamento de locação e referências iconográficas
Teatro São Pedro
Marcos Flaksman e equipe
Acervo Marcos Flaksman

282-283
Desenho de cenário
A dama das Camélias – vista
Marcos Flaksman
Acervo Marcos Flaksman

Sexo, amor e traição
284-285
Projeto de cenário
Apartamento de Carlos e Ana – quarto do casal
Daniel Flaksman e Marcos Flaksman
Acervo Marcos Flaksman

286
Projeto de cenário
Apartamento de Carlos e Ana – planta e pesquisa iconográfica
Daniel Flaksman e Marcos Flaksman
Acervo Marcos Flaksman

287
Projeto de cenário
Apartamento de Carlos e Ana – perspectiva
Daniel Flaksman e Marcos Flaksman
Acervo Marcos Flaksman

288
Fotografias de cena
Apartamento de Carlos e Ana
Fábio Assunção, Murilo Benício, Caco Ciocler, Malu Mader
Fotógrafos Noelia Albuquerque e Vantoem Pereira
Acervo Total Entertainment
Fotografia de cenário
Apartamento de Carlos e Ana
Daniel Flaksman
Acervo Marcos Flaksman

289
Projeto de cenário
Estudos de vistas das janelas
Daniel Flaksman
Acervo Marcos Flaksman

290
Levantamento de locação
Apartamento de Miguel e Andréia
Daniel Flaksman
Acervo Marcos Flaksman

291
Fotografia de cena
Apartamento de Miguel e Andréia
Heloísa Périssé, Alessandra Negrini e Malu Mader
Fotógrafos Noelia Albuquerque e Vantoem Pereira
Acervo Total Entertainment

Se eu fosse você
292-293
Fotografia de cena
Agência Total
Tony Ramos e Glória Pires
Fotógrafos Noelia Albuquerque e Vantoem Pereira
Acervo Total Entertainment

294
Fotografia de locação
Agência de Publicidade Total
Fotógrafo Daniel Flaksman
Acervo Marcos Flaksman
Projeto de cenário
Agência de Publicidade Total – perspectivas
Daniel Flaksman
Acervo Marcos Flaksman

295
Fotografia de construção
Agência de Publicidade Total
Fotógrafo Daniel Flaksman
Acervo Marcos Flaksman
Fotografias de cena
Agência de Publicidade Total
Tony Ramos, Thiago Lacerda e outros
Fotógrafo Vantoem Pereira
Acervo Total Entertainment

296
Fotografia de filmagem
Casa do casal – suíte
Tony Ramos e Glória Pires
Fotógrafo Vantoem Pereira
Acervo Total Entertainment
Fotografia de filmagem
Casa do casal – suíte
Tony Ramos, Glória Pires e Lara Rodrigues
Fotógrafo Vantoem Pereira
Acervo Total Entertainment
Desenhos de projeto de cenário
Casa do casal – suíte – perspectiva
Daniel Flaksman
Acervo Marcos Flaksman

297
Fotografias de cena
Casa do casal – suíte
Tony Ramos e Glória Pires
Fotógrafo Vantoem Pereira
Acervo Total Entertainment
Projeto de cenário
Casa do casal – suíte – perspectiva
Daniel Flaksman
Acervo Marcos Flaksman

298-299
Fotografias de cena
Sala de aula de música e consultório de psicanálise
Glória Pires, Mario José Paz e outros
Fotógrafo Vantoem Pereira
Acervo Total Entertainment

O veneno da madrugada
300-301
Fotografia de cena
Praça da cidade – detalhe
Fotógrafa Marina Marchetti
Acervo Marina Marchetti

302
Projeto de cenário
Vila cenográfica – planta
Daniel Flaksman e Ricardo Ferreira
Acervo Marcos Flaksman

302-303
Projeto de cenário
Vila cenográfica – maquete
Daniel Flaksman e Ricardo Ferreira
Acervo Marcos Flaksman

304
Fotografias de pesquisa
Vila cenográfica
Fotógrafo Marcos Flaksman
Acervo Marcos Flaksman
Projeto de cenário
Vila cenográfica – igreja, vista frontal e lateral
Marcos Flaksman e equipe
Acervo Marcos Flaksman

305
Projeto de cenário
Vila cenográfica – igreja, planta, vistas e cortes
Daniel Flaksman e Ricardo Ferreira
Acervo Marcos Flaksman

306
Fotografias de pesquisa
Fotógrafo Marcos Flaksman
Acervo Marcos Flaksman
Projeto de cenário
Vila cenográfica e hotel – vista e estudo de cor
Daniel Flaksman e Marcos Flaksman
Acervo Marcos Flaksman
Projeto de cenário
Vila cenográfica – cruzeiro da praça
Daniel Flaksman e Ricardo Ferreira
Acervo Marcos Flaksman
Projeto de cenário
Casas da vila – perspectiva
Marcos Flaksman
Acervo Marcos Flaksman

307
Fotografias de pesquisa
Vila cenográfica – detalhe de acabamento
Marcos Flaksman e equipe
Acervo Marcos Flaksman
Projeto de cenário
Vila cenográfica – casa A – planta baixa, vista frontal e lateral e planta de cobertura
Daniel Flaksman e Ricardo Ferreira
Acervo Marcos Flaksman

308-309
Fotografias de construção
Vila cenográfica, hotel e igreja
Fotógrafo Daniel Flaksman
Acervo Marcos Flaksman

309
Projeto de cenário
Hotel – planta de piso, cobertura e vista
Daniel Flaksman e Ricardo Ferreira
Acervo Marcos Flaksman

310
Fotografia de filmagem
Vila cenográfica – igreja
Fotógrafa Marina Marchetti
Acervo Marina Marchetti

311
Fotografia de cena
Vila cenográfica – praça
Leo Medeiros
Fotógrafa Marina Marchetti
Acervo Marcos Flaksman

312
Fotografias de cena
Vila cenográfica – interiores
Fabiano Ferreira Costa, Luah Galvão e Leo Medeiros
Fotógrafa Marina Marchetti
Acervo Marina Marchetti

313
Fotografia de cena
Vila cenográfica – praça
Leo Medeiros
Fotógrafa Marina Marchetti
Acervo Marina Marchetti

Irma Vap – o retorno
314-315
Fotografia de cena
Plateia do teatro
Ney Latorraca e Marco Nanini
Fotógrafa Ana Stewart
Acervo Copacabana Filmes

316
Fotografias de preparação dos atores
Ney Latorraca e Marco Nanini
Fotógrafa Ana Stewart
Acervo Copacabana Filmes

317
Fotografia de cena
Fachada da casa dos irmãos
Marco Nanini, Fernando Caruso e Thiago Fragoso
Fotógrafa Ana Stewart
Acervo Copacabana Filmes

318
Reprodução fotográfica de pesquisa
Casa dos irmãos
Daniel e Marcos Flaksman
Acervo Marcos Flaksman

318-319
Projeto de cenário
Casa dos irmãos – planta e perspectivas
Daniel e Marcos Flaksman
Acervo Marcos Flaksman

320
Fotografias de referência da locação
Casa dos irmãos – portas e janelas
Fotógrafo Daniel Flaksman
Acervo Marcos Flaksman
Projeto de cenário
Casa dos irmãos – detalhe e
perspectivas
Daniel e Marcos Flaksman
Acervo Marcos Flaksman
321
Desenho de projeto
Casa dos irmãos – cortes e estudo
de *backlight*
Daniel Flaksman
Acervo Marcos Flaksman
322
Fotografias de cena
Casa dos irmãos
Marco Nanini, Ney Latorraca,
Leandro Hassum, Francisco Milani
Fotógrafa Ana Stewart
Acervo Marcos Flaksman
323
Fotografia de cena
Quarto de Darcy
Ney Latorraca
Fotógrafa Ana Stewart
Acervo Copacabana Filmes
Fotografia de cena
Cenário do espetáculo *Irma Vap*
Ney Latorraca e Marco Nanini
Fotógrafa Ana Stewart
Acervo Copacabana Filmes
324
Fotografia de cena
Show de Cleide criança
Fotógrafa Ana Stewart
Acervo Copacabana Filmes
324-325
Projeto de cenário
Show de Cleide criança – detalhes
e vistas
Marcos Flaksman
Acervo Marcos Flaksman

Obs.: as reproduções fotográficas
dos desenhos e do material de
trabalho de Marcos Flaksman foram
reproduzidos por Sandra Fanzeres.

Adrian Cooper
328
Retrato de Adrian Cooper, 2004
Fotógrafa Vera Hamburger
Acervo Vera Hamburger

A marvada carne
330
Fotografia de cena
Beira do riacho
Fernanda Torres
Fotógrafo Antonio Carlos D'Ávila
Acervo André Klotzel/Tatu Filmes

336-337
Desenhos e modelagem
Santo Antônio
Beto Mainieri
Acervo Adrian Cooper
338-339
Pesquisa iconográfica
Casa do caipira paulista
Autor não identificado
Acervo Adrian Cooper
339
Pesquisa iconográfica
Lavoura de café em Araraquara
Fotógrafo Guilherme Gaensky
Acervo iconográfico do Museu da
Cidade de São Paulo
340-341
Projeto de cenário
O bairro cenográfico imaginado em
terreno ideal – perspectiva
Adrian Cooper
Acervo Adrian Cooper
341
Fotografia de cena
Casa de Nhô Quim
Adilson Barros
Fotógrafo Antonio Carlos D'Ávila
Acervo André Klotzel/Tatu Filmes
Fotografia de cena
Nhô Quim encontra a Mulher Diaba
Regina Casé e Adilson Barros
Fotógrafo Antonio Carlos D'Ávila
Acervo André Klotzel/Tatu Filmes
342
Projeto de cenário
Bairro da Velha Torta – implantação
Adrian Cooper
Acervo Adrian Cooper
342-343
Projeto de cenário
Capela do Bairro da Velha Torta –
perspectivas
Adrian Cooper
Acervo Adrian Cooper
344-345
Projeto de cenário
Casa de Totó e Carula – perspectiva
Adrian Cooper
Acervo Adrian Cooper
Fotografias de construção
Casa de Totó e Carula – adaptação
de locação – fachada
Autor não identificado
Adrian Cooper e construtor
Acervo Adrian Cooper
Projeto de cenário
Casa de Totó e Carula – adaptação
da locação
Adrian Cooper
Acervo Adrian Cooper
346
Fotografia de cena
Casa de Totó e Carula – altar
Fernanda Torres
Fotógrafo Antonio Carlos D'Ávila
Acervo André Klotzel/Tatu Filmes

346-347
Projeto de cenário
Casa de Totó e Carula – interior –
perspectiva
Adrian Cooper
Acervo Adrian Cooper
Fotografia de cena
Casa de Totó e Carula
Fernanda Torres e outros
Fotógrafo Antonio Carlos D'Ávila
Acervo André Klotzel/Tatu Filmes
348-349
Projeto de cenário
Casa de Tomaza – interior e exterior
– perspectiva
Adrian Cooper
Acervo Adrian Cooper
349
Fotografias de cena
Casa de Tomaza – cozinha
Fernanda Torres, Adilson Barros e
Lucélia Machiavelli
Fotógrafo Antonio Carlos D'Ávila
Acervo André Klotzel/Tatu Filmes
350-351
Fotografia de cena
Loja de televisores
Adilson Barros
Fotógrafo Antonio Carlos D'Ávila
Acervo André Klotzel/Tatu Filmes

Sonho sem fim
352-353
Fotografia de divulgação
Carlos Alberto Riccelli e outros
Fotógrafo Arthur Cavalieri
Acervo Lauro Escorel
354
Levantamento de locação
Rua da Cidade – perspectiva
Adrian Cooper
Acervo Adrian Cooper
355
*Projeto de cenário e elementos de
cena*
Fachada do cinema e cartazes
Adrian Cooper
Acervo Adrian Cooper
356-357
Projeto de cenário
Estúdio fotográfico – perspectivas
Adrian Cooper
Acervo Adrian Cooper
358-359
Projeto de cenário
Recepção do hotel – perspectiva
Adrian Cooper
Acervo Adrian Cooper
359
Fotografia de divulgação
Copa do hotel
Carlos Alberto Riccelli e Imara Reis
Fotógrafo Arthur Cavalieri
Acervo Lauro Escorel

O Judeu
360-361
Fotografia de cena
O teatro do infanto judeu
Fotógrafa Luciana de Francesco
Acervo Tatu Filmes
362
Pesquisa iconográfica
Nuno Gonçalves
Painel de monges e *Painel de
pescadores*, detalhe do retábulo de
São Vicente (1460-1470)
Acervo álbum Art/Latinstock
Pesquisa iconográfica
*São Vicente e os membros da
Câmara Reinante*, detalhe do painel
de São Vicente (*c.* 1460)
Nuno Gonçalves
Acervo álbum Art/Latinstock
Pesquisa iconográfica
Inferno (séc. XVI)
Autor não identificado
Acervo AKG-Images/Newscom/
Glow Images
363
Projeto de cenário
Praça do Auto de Fé – perspectiva
Adrian Cooper
Acervo Adrian Cooper
364-365
Projeto de cenário
Arquibancada do Santo Ofício na
Praça do Auto de Fé – perspectiva
Adrian Cooper
Acervo Adrian Cooper
366
Fotografia de cena
A corte
Fotógrafa Luciana de Francesco
Acervo Tatu Filmes
367
Projeto de cenário
Teatro – adaptação de locação –
perspectiva
Adrian Cooper
Acervo Adrian Cooper
368
Projeto de cenário
Teatro – adaptação de locação –
perspectiva
Adrian Cooper
Acervo Adrian Cooper
369
Projeto de cenário
Teatro – telões do cenário
Adrian Cooper
Acervo Adrian Cooper
370-371
Projeto de cenário
Taverna – perspectivas
Adrian Cooper
Acervo Adrian Cooper
372-373
Fotografia de cena
Dina Sfat
Fotógrafa Luciana de Francesco
Acervo Tatu Filmes

Memórias póstumas de Brás Cubas

374-375
Esboço em aquarela
Casa de Brás Cubas – primeira fase
Adrian Cooper
Acervo Adrian Cooper

376
Material de pesquisa
Painel histórico
Adrian Cooper
Acervo Adrian Cooper

377
Pesquisas iconográficas
Paisagem costeira
Autor não identificado
Acervo Álbum AKG-Images/
Latinstock
Família brasileira à mesa (c. 1830)
Jean-Baptiste Debret
Acervo AKG-Images/Latinstock
Brasil colonial
Autor não identificado
Acervo AKG-Images/Latinstock

378
Projeto de cenário
Casa de Brás Cubas – sala de estar –
perspectiva em papel-manteiga para
sobreposição
Adrian Cooper
Acervo Adrian Cooper

379
Fotografias de construção
Casa de Brás Cubas – adaptação de
locação
Fotógrafo Adrian Cooper
Acervo Adrian Cooper

380-381
Projeto de cenário
Casa de Brás Cubas – banquete –
perspectivas em papel-manteiga
para sobreposição
Adrian Cooper
Acervo Adrian Cooper

382
Projeto de cenário
Casa de Brás Cubas – escritório –
perspectivas em papel-manteiga
para sobreposição
Adrian Cooper
Acervo Adrian Cooper

383
Projeto de cenário
Casa de Marcela – perspectivas em
papel-manteiga para sobreposição
Adrian Cooper
Acervo Adrian Cooper

Desmundo

384-385
Projeto de cenário
Vila cenográfica – perspectiva
Chico Andrade
Acervo Adrian Cooper

386
Levantamento de cenário
Caravela – exterior
Chico Andrade
Acervo Adrian Cooper
Fotografia de cena
Caravela – dia
Fotógrafo Ching C. Wang
Acervo AF Cinema e Vídeo

387
Fotografia de cena
Caravela – noite
Fotógrafo Ching C. Wang
Acervo AF Cinema e Vídeo

388
Projeto de cenário
Vila cenográfica – implantação
Zeca Nolf, Chico Andrade e Adrian
Cooper
Acervo Adrian Cooper
Projeto de cenário
Vila cenográfica – maquete
Chico Andrade, Adrian Cooper e equipe
Acervo Adrian Cooper

389
Projeto de cenário
Vila cenográfica – paliçada de
proteção e entrada
Adrian Cooper
Acervo Adrian Cooper
Fotografia de cena
Paliçada – entrada
Fábio Malavoglia e Débora Olivieri
Fotógrafo Ching C. Wang
Acervo AF Cinema e Vídeo

390-391
Projeto de cenários e adereços
Vila cenográfica – curtume e casa
do ferreiro
Adrian Cooper
Acervo Adrian Cooper

392-393
Fotografias de cena
Vila cenográfica – casamento
Simone Spoladore, Débora Olivieri
e outros
Fotógrafo Ching C. Wang
Acervo AF Cinema e Vídeo
Projeto de adereços
Casamento
Adrian Cooper
Acervo Adrian Cooper

394
Fotografia de cena
Casa de Ximeno – exterior
Caco Ciocler
Fotógrafo Ching C. Wang
Acervo AF Cinema e Vídeo
Projeto de cenário
Casa de Ximeno – exterior –
perspectivas e corte
Adrian Cooper
Acervo Adrian Cooper

395
Projeto de cenário
Casa de Ximeno – sótão fase 1
Adrian Cooper
Acervo Adrian Cooper
Projeto de cenário
Casa de Ximeno – sótão fase 2
Adrian Cooper
Acervo Adrian Cooper
Fotografia de cena
Fotógrafo Ching C. Wang
Casa de Ximeno – sótão – fase 2
Simone Spoladore
Acervo AF Cinema e Vídeo

396
Projeto de cenário e adereços
Casa de Ximeno – sala e quarto
Adrian Cooper
Acervo Adrian Cooper

397
Fotografia de cena
Casa de Ximeno – cozinha
Fotógrafo Ching C. Wang
Acervo AF Cinema e Vídeo
Projeto de cenário e adereços
Casa de Ximeno – cozinha
Adrian Cooper
Acervo Adrian Cooper

398
Fotografias de teste de figurino
Personagem Francisco Albuquerque
Osmar Prado
Fotógrafo Ching C. Wang
Acervo AF Cinema e Vídeo

398-399
Desenhos de figurino
Personagens Oribela e Francisco
Albuquerque
Marjorie Gueller
Acervo Marjorie Gueller

400
Fotografia de cena
Orfanato
Débora Olivieri
Fotógrafo Ching C. Wang
Acervo AF Cinema e Vídeo

401
Fotografia de cena
Igreja
Débora Olivieri e outros
Fotógrafo Ching C. Wang
Acervo AF Cinema e Vídeo
Fotografia de cena
Pinguela
Fotógrafo Ching C. Wang
Acervo AF Cinema e Vídeo

402-403
Fotografia de locação
Fazenda de Francisco Albuquerque
Fotógrafo Zeca Nolf
Acervo Adrian Cooper

403
Projeto de cenário
Fazenda de Francisco Albuquerque –
implantação
Zeca Nolf
Acervo Adrian Cooper

404
Fotografias de cena e filmagem
Fazenda de Francisco Albuquerque
Fotógrafo Ching C. Wang
Acervo AF Cinema e Vídeo

405
Projeto de cenário
Fazenda de Francisco Albuquerque
Chico Andrade
Acervo AF Cinema e Vídeo

406
Projeto de cenário
Fazenda de Francisco Albuquerque
– despensa
Adrian Cooper
Acervo Adrian Cooper
Fotografia de cena
Fazenda de Francisco Albuquerque
– despensa
Berta Zemel
Fotógrafo Ching C. Wang
Acervo AF Cinema e Vídeo

407
Fotografia de cena
Fazenda de Francisco Albuquerque –
quarto do castigo
Simone Spoladore
Fotógrafo Ching C. Wang
Acervo AF Cinema e Vídeo

* Todos os esforços foram feitos para contatar os atores que aparecem nas imagens deste livro, bem como os fotógrafos. Os editores e a autora pedem desculpas caso tenham cometido algum equívoco nos créditos. Caso isso tenha ocorrido, por favor entre em contato com a editora para que sejam feitas as correções para a próxima edição.